D1832246

सफ़र एक डोंगी में डगमग

[यात्रा-वृत्तांत]

सफ़र एक डोंगी में डगमग

राकेश तिवारी

सार्थक
राजकमल प्रकाशन का एक उपक्रम

ISBN : 978-81-267-2673-8

मूल्य : ₹ 450

© राकेश तिवारी

पहला संस्करण : 2014

सार्थक राजकमल प्रकाशन का एक उपक्रम

प्रकाशक
राजकमल प्रकाशन प्रा. लि.
1-बी, नेताजी सुभाष मार्ग, दरियागंज
नई दिल्ली-110 002

शाखाएँ
अशोक राजपथ, साइंस कॉलेज के सामने, पटना-800 006
पहली मंजिल, दरबारी बिल्डिंग, महात्मा गांधी मार्ग, इलाहाबाद-211 001
36 ए, शेक्सपियर सरणी, कोलकाता-700 017

वेबसाइट : www.rajkamalprakashan.com
ई-मेल : info@rajkamalprakashan.com

मुद्रक
बी.के. ऑफसेट, नवीन शाहदरा, दिल्ली-110 032

SAFAR EK DONGI MEIN DAGMAG
by Rakesh Tiwari

इस पुस्तक के सर्वाधिकार सुरक्षित हैं। प्रकाशक की लिखित अनुमति के बिना इसके किसी भी अंश की फोटोकापी एवं रिकॉर्डिंग सहित इलेक्ट्रॉनिक अथवा मशीनी, किसी भी माध्यम से अथवा ज्ञान के संग्रहण एवं पुनर्प्रयोग की प्रणाली द्वारा, किसी भी रूप में, पुनरुत्पादित अथवा संचारित-प्रसारित नहीं किया जा सकता।

अपने श्याम को समर्पित

अनुक्रम

लंगर उठने से पहले

1

घर की अलमारी में ढेरों किताबें, किताबों में अनगिनत दिलचस्प किस्से, जीवन-चरित्र, यात्रा-विवरण और ललित लेख, होश सँभालते ही इन्हें उलटने का सुयोग अनायास ही पाया।

अँधेरी रात में एकान्त नदी-तट पर जाना, माँझी की छोटी डोंगी की गुपचुप चोरी और अँधेरे की काली छाती चीरते जल-तल के प्रशस्त पाट पर आहिस्ते-आहिस्ते सरकते जाना, सपेरों से दोस्ती और साँपों के विष-कोटर निकालने की विद्या सीखने के उपक्रम जैसे कथानक बेहद रोमांचक लगते।

चार आदमियों को साथ लिये बगैर स्कूल के सान्ध्यकालीन जलसों तक में जाने से डरता, फिर भी, जोखिम और रहस्य भरे किस्सों की ओर सहज झुकाव, दूरस्थ प्रदेशों के अनजाने-अनदेखे कोनों की यात्रा करते, विकट परिस्थितियों से जूझते कथा-नायकों के सपने सँजो बैठा। वैसी ही काल्पनिक यात्राओं का नायक बनकर तरह-तरह की विकटताओं से दो-दो हाथ करने के ताने-बाने बुने।

पिताजी अक्सर कहते—जो ज्ञान किताबों में नहीं, वह घूमने से मिलता है। घुमक्कड़ 'राहुल' की चर्चा करते, 'घुमक्कड़ शास्त्र' पढ़ने पर जोर देते और इस तरह रोपित बीज से देश-देशान्तरों तक अनजानी-अनदेखी धरती का परिचय पाने की लालसा अँखुआई, पर्वत-मैदान, वन-उपवन, नदी-पाट, तट-धारा कैसे लगते हैं? कैसा दिखता है इनका प्रकृत-स्वरूप? इस जिज्ञासा ने उकसाया। चाँद-तारे, सिकता-सलिल और तुषार-कणों से खेलने को टेरती आदिम बनजारा आवाज ने जोर मारा। जोखिम और रहस्य के प्रति सहज आकर्षण ने खींचा। धरती का चक्कर लगाने, ध्रुवों तक चलते जाने और 'एवरेस्ट' पर चढ़ने में कितना श्रम लगा होगा? सोचता और थाह लेता कि क्या मैं भी ऐसा कुछ साध सकता हूँ?

अखबारों में खबरें छपतीं—फलाँ ने यह किया, पदक पाया; उसने इतने अंक पाए, विदेश गया—और उतनी ही ऊपर उठने की अभिलाषा सिर उठाने लगती। कल का फिसड्डी आज विश्वविद्यालय का नेता, वह मेरा शत्रु मुझसे आगे, थोड़ी ईर्ष्या

के साथ सहज स्पर्धा की भावना जागती। क्या मैं उनसे कम हूँ? क्या मेरा नाम उनके साथ नहीं आना चाहिए? डरता, कहीं उन स्नेहिल नजरों से चाँद घेरनेवालों में मेरी पहचान तो मिटती नहीं जा रही? जोखिम भरे किसी कारनामे की चर्चा सुन याद न करेंगी क्या? वे मधुर क्षण, मुद्दत से बिसरे चेहरे एक के बाद एक आते, जुगनू जैसे जलते-बुझते भाग जाते।

2

झीलों पर तिरती तरणियों की तसवीरें, किस्सों के माँझी-नायक और सिनेमा के आकर्षक दृश्य—मेरे भीतर नाव चलाने का चाव बढ़ाते रहे। पहली बार मौका लगा सन् '69 में, दिल्ली घूमने गया था, 'इंडिया गेट' के 'बोट क्लब' की नावें देखते ही जी ललचाया।

आदमी-औरत, जवान-बूढ़े और बच्चे धमा-चौकड़ी मचाए हुए थे। चार-पाँच मोटे आदमियों को लिये-दिए एक डोंगी डगमगाकर डूबने लगी। घबराए हुए मोटू लोग इधर-उधर झपटे तो डोंगी बैठ चली। उनके चेहरों पर परछाइयाँ दौड़ने लगीं, पतलून-कमीज सब भीग गए, डूबने के भय से हाथ-पैर छटकाने लगे। अच्छा-खासा हंगामा मच गया। उनमें से एक भी तैरना नहीं जानता था, कुछ पल छटपटाकर सबके पैर नीचे चल दिए, नाक-मुँह में पानी भर गया। सामने वाले के डील से ही सहमकर हिम्मत छोड़ते अनाड़ी पहलवान की तरह पानी गहरा समझकर वे जमीन छूने से बचना चाह रहे थे और जब उनके पैर जमीन पर टिके तो पता चला पानी कुल ढाई फीट ही गहरा था।

कुछ ही पलों के हादसे के इस अन्त के साथ उनके चेहरों की रंगत लौटी लेकिन यह वाकया देर तक लतीफा बना रहा। पास-पड़ोस के तफरीहबाज हँसी से दोहरे हुए जाते और कुछ मनचलों ने 'टिकट तेरा सिंगल मगर तू डबल' जैसे फिकरे कसे।

छोले-भठूरे, टिकिया और मटर के दोने थामे बच्चे, सैलानी युगल छोटी-छोटी नावों में कूदते और नहर के पिछले किनारे तक ठहाकों-किलकारियों और रोमांच के साथ चप्पू लड़ाते, एक-दूसरे पर पानी उछालते छप-छप डगमग चलते जाते।

कुछ नावों पर चालक होते, कुछ को लोग खुद ही खेते। नाव पर घूमने के लिए प्रति घंटे के हिसाब से टिकट खरीदने पड़ते। मेरी भूख थोड़ी देर में कहाँ मिटती! पूरे दो घंटे का टिकट लेकर झट डोंगी पर कूद गया। नहर के उस किनारे तक जल्दी से एक चक्कर लगा आने की उतावली में चप्पुओं पर हाथ जमाया।

दूसरी नावों के जुड़वाँ चप्पुओं की सधी चाल देखकर नाव चलाना जितना आसान लगा था, सचमुच मौका मिलने पर उन्हें साधना उतना ही कठिन लगा। एक

हाथ भी सही नहीं चला। दूसरी नावें मस्ती से उमगती दूर तक दौड़ लगाती, चिढ़ाती रहीं लेकिन मेरी नाव अड़ियल टट्टू जैसी जहाँ की तहाँ पाँव पटकने के अलावा कुछ न कर सकी। झुँझलाकर कभी दायाँ हाथ चलाया, कभी बायाँ। दोनों हाथों से एक सी ताकत न लगती और चप्पू भी उठने में आनाकानी करते। ज्यादा जोर लगाने की कोशिश में फचाक से पानी उछलता, हमें भिगोता और दूसरी नावों की सवारियों को भिगोकर बेलाग फटकारें सुनवाता। सारे हौसले पस्त हो गए और मैं अपमानित-सा, मुँह लटकाए, नाव छोड़कर भागा।

3

उन दिनों, हर शाम लखनऊ के मोतीनगर पार्क के एक कोने पर कब्जा जमाना हमारा रोज का धन्धा था। वहाँ तरह-तरह के जीव जुटते। कुछ लड़के खेलने में लगे रहते तो कुछ बकैत टाइप के तोड़ाई-पिटाई के चर्चे करते, उठती रेखों पर हाथ फेरते, मर्दानगी जताई जाती और बड़े लड़के खूबसूरत लड़कियों का जिक्र करते। किस कोठी में कौन मोहिनी रहती है? किसकी किससे लगी-बुझी है? कौन माल चालू है? सारी सही-गलत खबरें वहाँ उड़ती रहतीं। खिड़की-झरोखों और कोनों-अँतरों से कनखियाँ चलतीं। कस्बे से जन्मी आस्थाएँ बाहर-बाहर कवच चढ़ाए रखतीं लेकिन अपने से जुड़े चर्चे भीतर तक गुदगुदाते और कोई गिरा काम करने की ग्लानि उपजाते।

ऐसे माहौल में एकाएक पार्क से मेरी लगातार गैर-हाजिरी लोगों को चौंकाने के लिए काफी थी। सन्देह सर उठाने लगे। पीछे-पीछे अन्दाज भिड़ने लगे, फिर एक दिन खुलासा सवाल-'यूँ तुम रोज-रोज आखिर जात कहाँ हौ? कउनौ माल फाँसे हो का?'

एक-से-एक छिद्रान्वेषी सवाल नंगाझोरी लेने को आतुर।

कुछ रहस्य ओढ़कर चुहल लेने और ऐसी चर्चाओं में मीठी डुबकियाँ लगाने में मजा आता। सो बात चालू रखने की लालच में इधर-उधर की बातें बनाकर टालता गया और सन्देही बिरवे में शाखें-प्रशाखें फूटती रहीं। आखिर एक साथी पीछे ही पड़ गया-'आज हमहूँ चलब तुम्हरे साथ।'

थोड़ी ना-नुकर के बाद उसे साइकिल पर बिठाकर पैडल दबा दिए। रह-रहकर वह ऐसी 'मुस्की' मारता जैसे कोई बड़ा राज पा गया हो। रास्ते में पूछने लगा-'अब बताइन द्यौ भइया, हमसे छुपावै ते न बनी। कहाँ रहत है? कैसन है?'

टालता गया। रहस्य का मजा ही लटकाए रखने में है। आखिर साइकिल घुमाता गोमती के एकान्त तट की ओर घूम गया। साथी के चेहरे पर धूप-छाँव का खेल मचा

था। घाट किनारे साइकिल टिकाकर नाव खोली तब तो उसका सारा धीरज सिमटकर आश्चर्य भरे सवालों में फूट पड़ा–'का एत्ती दूर रहत है? का तुम उइ पार जइहौ?'

नाव डगमगाई तो घबराया–'अरे...ई तो हालत है...तुम्हरौ जवाब नाहीं।'

असल में, दिल्ली में नाव चलाने का हादसा मुझे बिच्छू-सा डस गया था और उसी पल मैंने इस खेल में पारंगत होने का इरादा बाँध लिया था। संयोगवश एक साथी के साथ टहलने आया और यहाँ डोंगियाँ बँधी देखकर एक बार फिर से चप्पू सँभालने की कोशिश की। चलना सीखते बच्चे के पहले-पहल कदमों की तरह पहले तो चप्पू अलल-टप्पू कदम बढ़ाते रहे और डोंगी बच्चे जैसी लड़खड़ाती रही। फिर, एक बार, 'इंडिया गेट' वाला हाल। लेकिन इस बार कोई देखनेवाला न था, भीड़ न थी, हँसी-ठट्ठा न था। एकान्त ने परिहास-बोध काट फेंका। धीरे-धीरे चप्पू गहरे पानी में धँसकर संयत गति से उलथने लगे। कुछ दिनों के रियाज से डोंगी इशारों पर थिरकने लगी। जान पड़ा कोई बड़ा मोर्चा जीत लिया हो।

नैनीताल जाना हुआ तो वहाँ के एक मल्लाह से दोस्ती गाँठकर अक्सर तल्ली-ताल से मल्ली-ताल और मल्ली-ताल से तल्ली-ताल तक झील में फेरी लगाता सवारियाँ उतारता। इलाहाबाद में 'मिंटो पार्क' के यमुना घाट के कन्हइया माँझी ने छूट दे रखी थी—'जब चाहौ डोंगी खोल लै जाव।' बनारस प्रवास में कभी-कभी बेबात की उदासी जब बुरी तरह घेर लेती तो सिन्धिया-घाट की डोंगी की शरण लेता, और फिर रामनगर तक के लम्बे चक्कर में सतर[1] चली जा रही डोंगी से कटती धार की तरह उदासी छँटती जाती, हाथ सधते जाते।

अब, दूर तक डाँड़ चलाने की चाह पलने लगी। कम खर्च और ज्यादा साथियों की जरूरत नहीं। रहने और सोने के लिए 'सकल जगत एहि तरणी के तन में।' अभियान का खाका खिंचने लगा। सोचा कि सबसे लम्बे रास्ते के लिए 'दिल्ली से कलकत्ता' तक यमुना-गंगा का साथ रहेगा। इस फैसले तक पहुँचने में करीब सात साल लगे। नदी अभियानों का लेखा मन लगाकर मथा, नक्शों पर कई-कई बार दिल्ली से कलकत्ता तक घूमा। हासिल यह कि एक महल हवा में खड़ा हो गया जिसे अब जमीन पर उतारना था।

4

अगला साल बीतते-बीतते अचानक एक साहब मेरे पास आकर बोले–'परीक्षा बाद पुरानी योजना पर अमल करिए, मैं आपके साथ चलूँगा। इसके लिए जो कुछ करना हो बताइए।'

---

1. एक सीध में

ये नरेन्द्र थे। कहीं से उन्हें मेरे इरादों की भनक मिली और उसमें भागीदार होना उन्हें मजेदार लगा। पूछते-भटकते चले आए।

पहले ही काफी कुछ झेल चुकने के कारण उनकी बातों को मैंने बहुत हलके से लिया और तटस्थ भाव से टाला–'सबसे पहले नाव का इन्तजाम करिए। तब तक पेपर दे लूँ फिर मिलेंगे।'

सोचा कि सबसे कठिन समस्या नाव की है और इनके बस की यह व्यवस्था कहाँ? बनारसी-ब्योरा टिका रहे हैं। इधर-उधर भागकर कह देंगे नहीं हुआ। फिर मिलेंगे तो दाएँ-बाएँ नजरें चुराएँगे।

अचरज हुआ, जब वे मँजे हुए खिलाड़ी की तरह खेले। अच्छे चालक और मजे के दमदार निकले। दूसरे ही दिन नाव छाँटने अस्सी-घाट लिवा ले गए। गंगा किनारे आते ही मेरे सन्देह पर उनकी प्रतिभा की दराँती चली।

किनारे बँधी सुन्दर चौबीस फुटी डोंगी का सौदा लगभग तय था। लम्बी मजबूत मांसल बाँहों की थिरकती मछलियाँ उनकी शारीरिक क्षमता की गवाही दे रही थीं। फिर भी, नई-नई उठी आस—दीवार पर मजबूत पलस्तर चढ़ाने के इरादे से पूरी गम्भीरता ओढ़कर एक पैतरा और बदला–'मल्लाह को सौ रुपए बयाना देकर डोंगी को रँग डालिए।'

नरेन्द्र के हावभाव निर्मल लगे। अभियान के लिए उनकी सच्ची लगन में विश्वास जगा–'भला ब्योरा देने की गरज से कोई रोगन-रंग पर रुपए खरच कर नाव सजाता है?' सनकीपन के लक्षण उजागर दिखे। विश्वास की बुनियाद पक्की पड़ गई।

धन के लिए पाँच, ग्यारह, इक्कीस के पत्तों का चन्दा बटोरो अभियान चला, उपलब्धि रही लगभग डेढ़ सौ रुपए की गाढ़ी कमाई। बाकी का नरेन्द्र और मेरे जिम्मे। लेकिन, अब एक और खेल चला। जब-तब नरेन्द्र के घर का टेलीफोन घनघनाने लगा—

'छोटी नाव से इतनी दूर जाना जोखिम और बेवकूफी का काम है। वह तो सनकी है ही, आप नरेन्द्र को हरगिज न भेजिए। नदी की बड़ी भँवरें मील-मील भर से खींचती हैं। अनाड़ी शौकीन, इनको पता तक न चलेगा।'

यह सब सुन-सुनकर उनके घर वालों के मन में अपशकुन के मेघ घिरने लगे। वे आशंकित स्वरों में नरेन्द्र को रोकने-समझाने लगे। उनकी नजरों में मैं ग्रहण का सूर्य हो गया। घर के आस-पास मेरी उपस्थिति उनकी आँखों में काँटे-सा करकती। नरेन्द्र से मिलने उनके घर जाता तो हमेशा जवाब मिलता 'नहीं हैं'। और, थोड़ी देर बाद नरेन्द्र उसी घर से निकलते दिखते। उनके साथी उनसे कहते–

'दरियाव में घरियाल-मगरमच्छ रहै लैं। दोपहरी में धूप सनाका मारै ली और लूह[1] देखबा त पता लागी। एकदम्मै बौराए गइल हौवा का?'

1. गरम हवा के झोंके

नरेन्द्र अजब दुविधा में फँस गए। साथ रहते तो विरोधी पॉलिश उतर जाती। अलग हटते तो डूबने-उतराने लगते। 'पंडित जी', उनके एक मित्र, विरोधियों के सरगना थे। एक दिन मिले तो हमने फुसलाया, सोचा क्यों न इन्हें नाव पर घुमाकर अपनी महारत का सिक्का जमा लिया जाए–

'चलिए, आपको नाव की सैर कराते हैं। फिर जैसा मन करे करिए!'

हवा झपाटे मार रही थी। मस्तूल पर चढ़ते ही पाल हवा से भरकर तन गया और नाव कमान से छूटे तीर की तरह लहरों पर छूट चली। एक किनारा धारा से सट गया और दूसरा दो फीट उठँग चला। सटे किनारे से हरदम अन्दर घुस आने को आतुर जल-तरंगों का रूप देख 'पंडित जी' सनाका खा गए। दाँव उलटा पड़ा। भय खाए 'पंडित जी' का खिलाफत आन्दोलन और तूल पकड़ गया।

बावजूद इस सबके तैयारी पुरजोर चलती रही। नाव को ट्रक से ले जाना तय हुआ। 'गोलगड्डा' से 'पड़ाव' तक के कई फेरे लगाए, काफी धूल फाँकी, तब कहीं सवारी की व्यवस्था हुई। श्याम को लखनऊ से ट्रक के साथ जाने के लिए बुलाया। हमेशा की तरह वे एक पुकार पर सौ काम छोड़कर भागे आए। ब्राह्म-मुहूर्त में चलने की तैयारी हुई।

चलने की बेला आई तो नई सुबह नई अदा दिखलाती आई। हर तरह से तैयार मल्लाह अब नाव देने से ही मुकर गया। लगा नाटक करने—'बाबू साहब, इहै (नाव) हमार माई-बाप हौ, पेट के रोटी हौ। हम आपन नइया बाहर लै जाए बदै जिन दै सकती। तू लोगन शौखीन चलवइया हौआ। कहूँ नइयवै डुबाय देबा!'

इस अनचीते वार से अचकचाकर हमने उनको दिए गए बयाने की रकम का ठसका मारा लेकिन वह तनिक नहीं दरका। उस युवा केवट ने प्रौढ़ व्यवसायी जैसी पटुता दिखलाई–'ऊ त पाल बनावै औ नइया के मरम्मत में लाग गइल।'

हम सोचने लगे कि 'रात भर में ही इसे यह दिव्य ज्ञान कहाँ से और कैसे प्राप्त हो गया? कल तक सब तरह से तैयार होकर आज माई-बाप, रोजी-रोटी का रोना रो रहा है! कहीं नरेन्द्र के घरवालों का हाथ तो नहीं?'

नाव डूबने पर पूरी भरपाई का वायदा किया। विकल्प न सूझने पर भरपूर चिरौरी की, ठोड़ी में हाथ लगाया, न माना तो थोड़ा कड़े पड़े—'पहले ही बताते तो कुछ इन्तजाम भी करते! तब तो तुम बोले नहीं, अब दुनिया भर का पँवारा लेकर बैठे हो!'

उसने एक न सुनी। उलटे, नाराज होकर, फन काढ़े नाग जैसा मूड़ी हिलाने लगा।

'एकर दाम दू हजार रुपइया हौ। पहले रुपइया दै द्या तब लै जाव।'

फिर थोड़ा थमकर, और दबाव डालकर बोला–'एकरे बिना नइया जिन दै सकती।'

कर ही क्या सकते थे। विवश भाव से पुरानी कहावत विचारते रहे–'लाला कचहरी, बनिया हाट। अहिर पतेरे, केवट घाट।'

अब क्या हो ? विकट परिस्थिति में फँसे। युद्ध की तैयारी की, बड़े जोश से रणक्षेत्र में उतरे और जुझारू बाजों की आवाज पर कुछ कर गुजरने को उतारू हाथ मूँठ पर लपके तो खाली म्यान पर जा पड़े।

मल्लाह पूरी रकम लिये बिना नाव देने को तैयार न हुआ और हमारे पास अलादीन का चिराग न था। मन मारे घर लौटे। बड़ी झुँझलाहट, गुस्सा और खिसियाहट उपजी। जाने कितनों से मास्टर-प्लान की चर्चा हो चुकी थी। चन्दा जुटा चुके थे। सारी दुनिया में शोर था–'हाथी आया हाथी आया' और यहाँ खचड़ा खच्चर भी कदम बढ़ाने को तैयार न था। चौतरफा पड़ रही इस मार से मैदान छोड़कर भागने को उछल रहे मेरे इच्छा-रथ के घोड़ों की रास अब मेरे श्याम ने सँभाल ली। विरोधी दल के कार्य-कलाप उन्होंने देखे थे। अब अभियान को मेरी और अपनी आन का मुद्दा मानकर वे मजबूत इरादे से बोले–'अभियान होगा और इसी साल इसी महीने होगा।'

5

मैदान में हम दो ही बचे। चार सौ रुपए अपने और तीन सौ श्याम के, चन्दे से जुटा धन पिछली दौड़ में स्वाहा। इलाहाबाद के पुराने साथियों ने आसन्न परीक्षा का हवाला टिका दिया। फिर भी, श्याम हिम्मत बाँधे रहे–'केवल इतना सोचो कि दिल्ली से कलकत्ता तक अकेले नाव चला सकते हो या नहीं, बाकी मुझ पर छोड़ो।'

श्याम मेरे पुराने दोस्त और उनकी सामर्थ्य भी इतनी कि पैसा और कैसा भी जुगाड़ जुटा लेना उनके लिए कठिन नहीं।

सन् 1976, मार्च के महीने में एक बार फिर से नाव की तलाश चली। लखनऊ में गोमती के एक छोर से दूसरे छोर तक दौड़े। शहीद-स्मारक के पास की नावें बेकार लगीं। गऊ घाट का मल्लाह नाव बेचने को तैयार न हुआ। लखनऊ ने भी हरी झंडी दिखा दी तो शाम ढलते कानपुर चले। नाव मिल पाने की उम्मीद मर चली लेकिन श्याम सबल ने हिम्मत नहीं हारी। अपने पूर्व सहपाठी, जो कानपुर में पुलिस में सब-इंस्पेक्टर के पद पर तैनात थे, को याद कर वे मस्ती में बोले–'चलो सब-इंस्पेक्टर लम्बू को पकड़ते हैं लेकिन उसे और चोर को पकड़ना एक बराबर है। सुबह तीन बजे पकड़ना सही रहेगा।'

क्या करते, इमरजेंसी ड्यूटी ठहरी। सुबह-सवेरे न मुँह धोया न मंजन किया, चल दिए गिरफ्तारी का वांरट लिये। कल्याणपुर के हलके में दबिश दी लेकिन पिंजड़ा खाली मिला।

श्याम ने कहा–'नाव खरीदनी ही है सस्ती मिले या महँगी।' गंगा किनारे सरसैया घाट पर मोल-भाव हुआ। हीरा माँझी की लकड़ी के फ्रेम पर टीन चढ़ी, एक सिरे पर नुकीली और एक पर सपाट, डोंगी भा गई। उसमें डाँड़ (चप्पू) फँसाने के लिए लगे लोहे के बघौड़े (कड़े) और दिशा-निर्देशन के लिए छोटी किलवारी लगी थी। कीमत पाँच सौ पच्चीस रुपए पर अटकी।

डोंगी तो पसन्द कर ली पर टेंट खाली। रुकने का ठिकाना नहीं। निष्फल भाग-दौड़ से झुँझलाने लगा। श्याम बोले–'कोई न मिले तो चलकर के.एन. राय साहब से मिलते हैं।'

यह सुनते ही मैं भड़का–'क्या होगा इनसे मिलकर, कौन हैं ये?'

'यहाँ सी.ओ. सिटी वन हैं। चेन्ना रेड्डी साहब के जरिए मुलाकात है।'

'अरे छोड़ो यार! पुलिस वाले भी कभी किसी के हुए हैं या तुम्हारे ही होंगे? मिले होंगे रेड्डी साहब के यहाँ, पहचानेंगे भी नहीं।'

'मिलने में क्या हर्ज है? हमेशा ऐसे ही बोलते हो। तुमको बेइज्जती लगे तो मत बोलना। मैं बेइज्जत हो लूँगा।'

श्याम जल्दी आशा नहीं छोड़ते। वे चले तो भुनभुनाता हुआ मैं भी पीछे लग लिया। बड़ा चौराहा पर, बड़ी कोतवाली के बगल के बँगले के खुले दरवाजे से बेधड़क घुसने में श्याम ने संकोच न किया।

आसपास खाकी वर्दी का रोब नजर आया। वायरलेस पर विशिष्ट यांत्रिक आवाजाही। बाहर के कमरे में मिलनेवाले कतार में बैठे थे। कुछ का चेहरा उतरा, कुछ के सकुचाए-सिमटे चेहरे सिपहिया रोब के इश्तहार जान पड़े। जाननेवाले अनौपचारिक लोग चिक उठाकर सीधे भीतर जाते और असमंजस वाले पर्ची लिखकर भेजते और बुलाहट का इन्तजार करते। रह-रहकर सारे शहर की आफत सी.ओ. साहब के टेलीफोन पर टूटती, अर्दली रिसीवर उठाकर सधे अन्दाज में बोलता– 'हलो, सी.ओ. सिटी वन,' फिर, एक हाथ से रिसीवर थामे दूसरे में नाई के बक्से जैसा टेलीफोन लटकाए बेहद व्यस्त अन्दाज में भीतर घुसता।

पर्ची पहुँचते ही श्याम का बुलावा आया। मेरा वहाँ क्या काम? यह सोचकर मैं बाहर ही रहा। थोड़ी देर में सी.ओ. साहब खुद ही नंगे पाँव बाहर आकर मुझे बुला ले गए। बोले–'सभी पुलिस वाले एक से नहीं होते।' आकर्षक और प्रभावशाली व्यक्तित्व के धनी राय साहब से परिचय हुआ। नाउम्मीदी के दौर से गुजरता लगभग तटस्थ भाव से उन्हें अभियान के बारे में बताता रहा। आशा के प्रतिकूल वे गहरी रुचि से सुनते रहे। चाय-बिस्किट के साथ जिज्ञासा भरे प्रश्न चले–

'पूरा रास्ता जानते हो?'

'पहले नाव चलाई है?'

'कौन-कौन जाएगा? खाओ-पियोगे क्या?'

'डर नहीं लगता?'

आकर्षक मुस्कराहट में डूबे उनके सहानुभूति भरे लहजे ने रहा-सहा असमंजस भी काट फेंका।

'काम खतरे का है, मैं तो कहूँगा न करो, लेकिन ठान ही ली है तो हर सम्भव सहायता के लिए तैयार हूँ।'

श्याम के चेहरे पर आश्वस्तता झलकने लगी। मैं सोचने लगा—इतने मिलनसार और सदाशयी अधिकारी पुलिस में कैसे?

जैसे तपती धूप में चलते-चलते घनी छाँव मिल गई।

राय साहब से मिली प्रेरणा ज्यादा ही वजनी रही। उनकी मदद से नाव खरीदने में सहूलियत मिली। कानपुर से दिल्ली तक ले जाने की समस्या फिर भी बनी रही। अब तक हम ढीठ बन चुके थे, राय साहब को फिर घेरा।

भीतर कुछ लोग मिलने आए थे, हमें भी वहीं बुलाया। राय साहब ने गौरव के साथ परिचय कराया। खुद ही सारे अभियान का रोमांचक खाका खींचते रहे। बड़े और प्रभावशाली लोगों की बातों में रुचि लेना सबको भाता है। वे लोग भी अपवाद न थे, सो एक बार राय साहब के चलते हम भी उनकी नजरों को भाए। चलते समय एक सरल-सामान्य व्यक्ति की तरह उन्हें नंगे पाँव विदा करने चले तो हमसे पूछा—'अब क्या इरादा है?'

हमने बताया—'दिल्ली तक नाव ले जाने के लिए ट्रक का जुगाड़ करना है। मैं यहीं रुकूँगा। श्याम लखनऊ जाकर पैसे लाएँगे।'

परिचित हो चली मुस्कराहट के साथ एक साथी से बोले—'अरे महाराज, बच्चों की नाव दिल्ली तक पहुँचवाइए।' फिर, हमारी ओर घूमे—'तुम लोग इन्हें पहचानते नहीं? ट्रांसपोर्ट नगर के राजा हैं।'

टी.पी. नगर के सी.ओ. सिटी श्री साधु सिंह ने प्रतिउत्तर में हँसते-हँसते जड़ा—'राय साहब, आप नेतागिरी कब से करने लगे?'

राय साहब ने बेझिझक बोलने में देर न की—'ऐसे ऐडवेंचरस लड़कों की नेतागिरी मंजूर है।'

श्री साधु सिंह ने एक ट्रांसपोर्ट कम्पनी के मालिक से हमारा परिचय कराया। हमारे अभियान और उसके उद्देश्य का विवरण दिया। मालिक में अभियान के प्रति पूरी रुचि दिखी। किसी बड़े काम में भागीदार होने जैसे भाव दिखाते हुए उन्होंने ड्राइवर छोकरे को आत्मीय लहजे से हुकुम दिया—'बहादुर लड़के हैं। 'हिस्ट्री' बनाने जा रहे हैं। इनको ठीक से पहुँचाओ। तुम्हारा भी नाम कहीं 'धर्मयुग' में लिख देंगे।'

नाव ट्रक पर लदी। मन कहता कब चलें और कब दिल्ली पहुँचें।

6

गुरुद्वारों से उठकर कहीं दूर से तैरते चले आ रहे अरदास के बोल। पास, कहीं लोगों की बातचीत। घों-ऽ-ऽ घों-ऽ-ऽ-ऽ करते गुजरते ट्रक। हलकी ठंडी हवा। चाँद गायब और थोड़ी सफेदी लिये तारों भरा आसमान। सुबह होने में कुछ ही देर। हिंडन नदी का पुल पार कर दिल्ली की सीमा में पहुँचे। घूमती सड़क, ताजी सुबह, साफ-सुथरी दिल्ली। मन उत्साह से भर गया।

अब डोंगी को सही जगह पहुँचाने की समस्या आई। ओखला-हेड के पहले यमुना के ऊपर कई जगह फाटक लगे हैं इसलिए पानी-पानी वहाँ पहुँचना सम्भव नहीं। सुबह आठ के बाद शहर में भारी वाहनों के आने-जाने पर रोक लग गई। ट्रांसपोर्ट का मैनेजर कानपुर के साथियों पर झुँझलाया—'मुफ्त नाव भिजवाई और अब यहाँ पहुँचाओ, वहाँ पहुँचाओ।'

वह इसके लिए तैयार न था।

जरूरी नहीं कि हर आदमी नदी-नाव में दिलचस्पी रखे और मुसीबत में फँसों की मदद करे। मैनेजर ऐसा ही आदमी था। ड्राइवर उससे बिलकुल उलटा निकला, सहज मददगारी उसमें कूट-कूटकर भरी थी। थोड़े से मेल-जोल ने उसके दिल के किसी नरम हिस्से पर हमारी जगह भी टाँक दी थी। कुछ देर बाद वह जोखिम उठाकर कश्मीरी गेट के पास नाव उतारने को तैयार हो गया। यह जगह करीब थी और रास्ते में पकड़े जाने के खतरे भी कम।

भीड़ भरी सड़कों पर रास्ता बनाता ट्रक तेजी से चला। सँकरे इलाके पार किए, दो-तीन चौराहे घूम गए, खुली चौड़ी सड़क पर आकर चैन की साँस ली। लेकिन, कुछ ही आगे मजिस्ट्रेट साहब का काफिला धूमकेतु-सा उदित हो गया। ट्रकों की चेकिंग जोरों पर दिखी। ड्राइवर नजर बचाकर किनारे निकला।

एक सिपाही ने यह लुका-छिपी पकड़ ली और सीटी बजाकर रुकने का इशारा करने लगा। ड्राइवर ने गाड़ी धीमी की, फिर, एकाएक रफ्तार बढ़ाकर भागा। हम रोमांचित हो उठे। ड्राइवर बराबर बगल के शीशे पर नजर गड़ाए देखता रहा कि 'कहीं पीछा तो नहीं किया जा रहा।' किसी भी सिपाही की सूरत नहीं दिखी तो वह बेफिकर हो गया।

अगले चौराहे की लाल बत्ती पर ट्रक रोकना पड़ा और उसी समय बगल से एक सिपाही प्रेत जैसा प्रकट हो गया। उसने ट्रक पीछे मोड़ने का हुकुम फरमाया। हम बुरी तरह सिटपिटाए।

असल में ड्राइवर पीछा करनेवालों पर दाएँ बाजू के शीशे में नजर रखे था, और हुआ यह कि रोज ही ऐसे मामलों से निपटनेवाला चुस्त सिपाही बाएँ बगल में ट्रक से सटकर मोटरसाइकिल से पीछा करता रहा। उसकी आँखों में धूल झोंकने की

कोशिश कर रहे हमारे ड्राइवर साहब चरका खा गए। ट्रक को मुड़ते न देख सिपाही दरवाजा खोलकर भीतर घुस आया। इसी वक्त ट्रैफिक का सिग्नल मिला और ड्राइवर, सिपाही सहित, गाड़ी ले उड़ा। अब सिपाही अचकचाकर जोर-जोर से चीखने लगा– 'ओए, तू गड्डी रोक दे। ओए, तू गड्डी रोक दे।'

ड्राइवर ढीठ था, चुप्पी साधे रहा। सिपाही तमतमा उठा, दाँत पीसकर बोला– 'ओए, तू गड्डी रोक दे। ओए, तू गड्डी रोक दे।'

ड्राइवर कुछ न बोला। वह गाड़ी चलाने में मगन रहा। सिपाही चीखा–'गड्डी रोक। मैं कह रह्या तू गड्डी रोक।'

ट्रक बढ़ता रहा। सिपाही आग-बबूला हो उठा, दरवाजा खोलकर उसने तेजी से पीछे खिसकती सड़क देखी, कूदने की सोचते ही उसे मौत का फरमान दिखा होगा। हम पर उड़ती नजर फेंककर ड्राइवर पर गुर्राया–'ओए! तू गड्डी रोक।'

इतनी देर बाद ड्राइवर ने मासूमी से चिरौरी की–'प्रा ऽ जी! गलती हो गई।'

जैसे कोई बात ही न हुई हो।

सिपाही ने सुनी अनसुनी करते हुए दोबारा वापस मुड़ने का हुकुम ठोंका।

अब ड्राइवर बड़े ही दीन स्वर में बोला–'अग्गू ते मैं गलती न करूँगा।'

लेकिन, उसी रफ्तार से ट्रक दौड़ाता और पूरी मुस्तैदी से उसे दाएँ-बाएँ घुमाता रहा। केवल अपनी बात कहते समय ही सिपाही की ओर देखता और केवल उन्हीं क्षणों में उसके चेहरे पर दीनता उभरती। सिपाही अब खुद भी कुछ डर गया। उसकी आवाज में घबराहट झलकने लगी। सोचता होगा, ड्राइवर जाने कहाँ ले जा रहा है! अब उसने धमकाया–'तू रोकदा ए या मैं सीटी माराँ!'

ड्राइवर ने याचना भरी नजरों के साथ प्रार्थना की–'तुसी अज छड द्यो।'

उत्तर मिला–'तू गड्डी मोड़। चल मजिस्ट्रेट कोल।'

सिपाही 'सरदार' और ड्राइवर भी 'सरदार'। दूसरा रास्ता न देख ड्राइवर ने दाँव मारा–'तुसी पंजाबी, मैं भी पंजाबी। गल्ती होई, तुसी अज छड द्यो। मैनूँ जेल हो जाणीं।'

सिपाही पर इसका कोई असर नहीं पड़ा। घायल सिंह की तरह और भी जोर से गुर्राया–'मैं कह रह्या तू गड्डी मोड़, मैं बी असली पंजाबी हूँ, तैनूँ जेल भेज छड़ना।'

ट्रक मास्टर चन्दगीराम के अखाड़े के पास रुक गया। सिपाही ट्रक मोड़ने की जिद पर अड़ा रहा। ड्राइवर का चेहरा मुरझाए फूल-सा लटक गया। हमसे बोला– 'मुझे तो जेल होंणी ही है। आप लोग अपनी कश्ती उतार लो।'

हम उसे उस हाल में छोड़ने को तैयार न हुए। सिपाही की बड़ी मिन्नतें कीं लेकिन वह पसीजा नहीं। अब तक आस-पास जमा हुए लोग भी सिपाही को मनाने में लग गए। लेकिन वह अंगद के पाँव जैसा अड़ा रहा। बस एक ही रट–'गड्डी मोड़।'

हमने भी उसे समझाया लेकिन बोली मार गई। श्याम ने कुछ नवनीत-लेपन की कोशिश की–'बादशाओ, तुसी छड्ड द्यो, त्वाड़ी बड़ी मेहरबानी होयगी।'

उसने एक न सुनी। सीधा-सपाट मारा–'तू इत्थे बोल रह्या है, उत्थे मजिस्ट्रेट ने मेरी नौकरी खा लेणी। तू मुण्डा की जाणें!'

श्याम चुप लगा गए।

वह ड्राइवर की ओर मुखातिब हुआ–'चल-चल, जल्दी गड्डी मोड़।'

फिर कुछ नरम होकर बोला–'मैं कोशिश करांगा तैनूँ घट जुरमाना होए।'

मजबूरन ड्राइवर ने गाड़ी घुमा ली। मजिस्ट्रेट के सामने पहुँचे। चालान पेश हुआ। जुर्म पूछा गया। फैसला तुरन्त हुआ–'एक सौ पचास रुपए जुरमाना नकद या पैंतालीस दिन की बामशक्कत कैद।'

ड्राइवर के दीन चेहरे पर नजर पड़ते ही दिल मसोस उठा। उसने हमारे लिए खतरा उठाया था। हमने मजिस्ट्रेट को मनाना चाहा लेकिन 'स्टूडेंट' शब्द सुनते ही वह लाल कपड़ा देखकर बिगड़े बैल जैसा बिदका। हारकर जेबें टटोलीं और ड्राइवर की रुखसती कराई।

अब घाघ सिपाही दाँत निपोरे सामने खड़ा था–'ओ देख तैनूँ घट जुरमाना कराया है एवैं तू हुंणे ही बन्द हो जांदा। हाँ, कुछ दे दे इसदे वास्ते।'

हालाँकि मजिस्ट्रेट को सलाम मारने के अलावा उसने किसी बात की हिम्मत न की थी लेकिन ड्राइवरों को रोज इन्हीं से निपटना पड़ता है। 'इन मगरमच्छों से बचकर सड़क की दरिया में चलना बड़ा कठिन है।' सिपाही की ओर उपेक्षा से देखते हुए उसने घृणापूर्वक मुँह मोड़कर पूछा–'की चाइदा है?'

'पंजा रुपए (पचास रुपए)।'

'नहीं भई, हैं नहीं।'

'ते पंजी (पच्चीस) दे दे।'

ड्राइवर ने दस रुपए जेब से निकाले। सिपाही ने इधर-उधर चोर नजर फेंककर झट मुट्ठी में दबा लिये।

7

छुटकारा पाकर हम फिर से चन्दगीराम के अखाड़े के पास पहुँचे। नाव उतारने की जगह तय न थी। इत्तफाक से बेला रोड पर यमुना किनारे 'हिन्द बोट क्लब' का बोर्ड दिख गया। क्लब वालों से बात करने पर वहाँ डोंगी उतारने की इजाजत भी मिल गई। हमारे इरादों की बात सुनकर थोड़ी ही देर में कई लोग मेहरबान हो गए। एन.सी.सी. की नावों की देख-रेख करनेवाले बुजुर्ग थापा जी ने हमारा सामान अपने

घर में रखवाया। रात बिताने के लिए राम सिंह ने झोंपड़ी का दरवाजा खोल दिया। इस तरह हम एक नहीं दो-दो घरों का संरक्षण पाकर समर्थ और सम्पन्न बन गए।

डोंगी 'टेस्ट' करने की नीयत से हम सबने मिलकर उसे पहली बार पानी पर उतारा। यूँ तो नाव का धर्म ही तैरना है लेकिन इस नाव को तैरते देख जैसी खुशी हुई उसे बयान नहीं किया जा सकता। लगा कि जैसे यह नाव दूसरी नावों से अलग है और इसका पानी पर तैरना कोई बहुत ही खास बात। समय और परिस्थितियाँ छोटी बातों को भी खास बना देती हैं।

दूसरे दिन थापा जी के साथ बाजार गए और दो बाँस, पाल चढ़ाने के लिए लकड़ी की छोटी घिर्री, गोनरी के लिए पचास मीटर लम्बी नायलॉन की पतली रस्सी, सफेद और लाल पेंट, 'ब्लैक-जापान', तारपीन का तेल और एक किलो 'लीक-स्टॉप' खरीदकर लादे-फाँदे वापस लौटे।

नाव के जोड़ों में दबा-दबाकर लीक-स्टॉप रूँधा, फिर पूरे दिन सूखने को छोड़ दिया। नायलॉन की पतली रस्सी के साथ एक नीली चादर के चारों किनारे सिल डाले। ऊपर के एक चौड़े किनारे पर थोड़ा मोटी रस्सी के फुँदने बनाए, जिससे इसे मस्तूल पर चढ़ाते समय बाँस में पहिनाने में सहूलियत रहे। इस तरह एक छोटा सुन्दर पाल तैयार हो गया। नाव के भीतर-बाहर तली पर और उससे लगे किनारों पर जल निरोधक 'ब्लैक-जापान' की दो परतें चढ़ा दीं। किनारों को गाढ़े लाल रंग से रँगकर लकड़ी के ऊपरी फ्रेम पर चुंगी के बैरियर की तरह सफेद-काला रंग चढ़ाया और ऊपरी पटरों पर झक सफेद। नाव के नुकीले कोनों को सिंह-मुख से सजाने की परम्परा रही है। सिंह-मुख को 'ग्रास' भी कहते हैं इसलिए यह कोने 'ग्रास' कहलाने लगे और बाद में 'गिलास' कहलाए। अपनी डोंगी के कोनों को भी उसी तरह सजाने की कोशिश करके हार गए तो उसे रक्त-रची 'चंडी-जिह्वा' के शुभ प्रतीक के रूप में गाढ़े लाल रंग से सजाया। तैयारी पूरी देखकर श्याम कुछ देर इधर-उधर टहलकर बोले—'नाव का नाम क्या रखोगे?'

'राहुल।' मैंने तुरन्त जवाब दिया तो मेरी ओर देखने लगे।

'राहुल जी' के बारे में थोड़ा विस्तार से बताया—'चालीस बरस तक धरती पर चक्कर लगाकर, शास्त्रीय परम्परा में घुमक्कड़ धर्म की प्रतिस्थापना करनेवाले, सैलानी-सम्राट, महापंडित राहुल सांकृत्यायन के नाम पर यह नाम रखा है।'

वह सब जानकर डोंगी के चारों ओर चक्कर लगाते हुए बोले—'बहुत खूब! इसका पता ही नहीं था। इस पर हमारी 'युवा परिभ्रमण एवं सांस्कृतिक समिति का नाम भी लिखो।'

'ऐसा ही लो मेरे भाई, तुम्हारा ही इन्तजार था।' और दोनों बगल समिति का नाम भी लिखा गया।

डोंगी के इन्तजाम से फुरसत पाकर श्याम को दूसरी चिन्ता सताने लगी–'यात्रा की शुरुआत के समय किसी मंत्री का होना भी जरूरी है।'

मैं भड़का–'मंत्री को क्यों बुलाया जाए? वो क्या करेगा? ऐसे ही पैसों की कमी है, ऊपर से मंत्री के चक्कर में फेंको। नहीं जाना किसी अंत्री-मंत्री के पास।'

'तुम सब जगह अपनी ही ना लगाया करो। 'प्रोपेगंडा' होना आज के जमाने में बहुत जरूरी है और वह मंत्री के आते ही आपोआप हो जाता है।'

आखिर श्याम अपनी बात मनवाकर ही माने। एक मंत्री के यहाँ गए। दूसरे के यहाँ गए। कोरे आश्वासन। कोई न कोई विवशता बताकर टाल-मटोल। लखनऊ यूनिवर्सिटी में पढ़े और नौकायन के शौकीन डॉक्टर शंकर दयाल शर्मा ने हमारा मान रखा। उन्होंने हमें पर्यटन एवं नागर विमानन मंत्री के यहाँ भेजा। पर्ची भेजी तो झट बुलावा आया।

'कैसे, कहाँ तक जाओगे? कितने आदमी हो?'

...

'बस दो।'

...

'जरूर आऊँगा। पी.ए. से टाइम ले लीजिए।'

मेरे लिए तो जैसे सूरज पश्चिम से उगा। यहाँ का रंग ही दूसरा दिखा। राय साहब की तरह ये भी मेरे पूर्वनिर्धारित फ्रेम में फिट नहीं हुए। इतने सरल मंत्री भी होते हैं पहली बार पता चला। श्याम झटपट आमंत्रण-पत्र छपवाने में लग गए।

8

'ओखला-हेड' पर यमुना पर 'बैराज' बने होने के कारण कश्मीरी गेट से अभियान की शुरुआत सम्भव न थी। इसलिए आगे की तैयारी करने 'ओखला-हेड' पहुँचे। यहीं से यमुना में नाव डालनी थी लेकिन यहाँ तो गजब हो गया। परिस्थितियाँ देखकर खोपड़ी चकरा गई। बैराज के आगे यमुना में इतना कम पानी कि पैदल ही नदी पार कर जाते और पैरों में पानी न लगता। आगे बालू के टीले ही टीले मिलते हैं।

पानी बिना नाव तैरती कहाँ? सारी योजना लड़खड़ा गई। मंत्री जी से टाइम ले लिया, शहर भर में डुग्गी पीटी और यहाँ सब गुड़-गोबर। अब एक ही दिन में कौन सा चमत्कार हो कि यमुना जलाजल हो जाए! जो भी सुनेगा ताने देगा–'घर लंघन लौड़ी सावन गावैं।'

आपे से बाहर होकर श्याम पर बिगड़ा–'और सारी दुनिया को न्योता दो। मंत्री जी को बुलाओ। इसीलिए कहता था किसी को बुलाने की जरूरत नहीं।' जैसे यमुना में पानी के होने की जिम्मेदारी भी श्याम की ही हो।

उनका ध्यान मेरी ओर नहीं, समस्या-समाधान में उलझा था। वे भी धर्मसंकट में फँस गए। इसी को कहते हैं पाँव तले से जमीन खिसकना। सिर पीट लेने का मन करने लगा। मैं बड़बड़ाता रहा और वे मौन साधे सोचते रहे। करीब पन्द्रह मिनट यों ही बीते। फिर उन्होंने मौन तोड़ा–'नहर से नहीं चल सकते क्या ?'

'तुम भी कमाल करते हो! नहर से चलकर पहुँचेंगे कहाँ ?' मैं और भड़का।

वे सहज भाव से बोले–'आगरा तक जाती है।'

मैं थोड़ा नरम होकर बोला–'क्यों नहीं, आगरा तक जाती है? आगे चलकर पतली हो जाती है। उसमें नाव चलेगी कैसे ? फिर आगरा में भी तो यमुना सूखी है। आगे क्या उड़कर जाएँगे ? फिजूल की बातें मत उछाला करो।'

मेरे उबाल का ठिकाना नहीं। थोड़ा सँभले तो नक्शों की उलट-पलट शुरू की। नजर गड़ाए देर तक सोचते रहे। तब जाकर आशा का एक स्रोत सूझा-

'चम्बल में मतलब भर पानी मिल जाए तो काम बने। आगरा तक नहर से चलें फिर धौलपुर से चम्बल में नाव डाली जाए। वह आगे यमुना में मिलती ही है।'

नहर की पूरी जानकारी 'रेड्डी साहब' के रुक्के की बदौलत 'नहर-महकमे' से मिल गई। नक्शा मिला और जगह-जगह आनेवाले व्यवधानों की जानकारी भी हो गई। धौलपुर से आए दो आदमियों से मिली चम्बल में स्टीमर चलने की खबर ने रही-सही आशंका भी मिटा दी। श्याम भीगी गौरैया की तरह फूलकर चहके–

'स्टीमर चलते हैं तो नाव चलाने भर का पानी भी जरूर होगा। रही नहर की बात, तो सौ-दो सौ किलोमीटर मुसीबत ही सही। देखी जाएगी।'

9

एक भैंसे से खिंचनेवाली 'बुग्गी गाड़ी' तय कर लाए। उस पर डोंगी लादकर खुद भी सवार हो गए। कश्मीरी गेट के शरण-दाताओं से विदा लेकर डुगरते हुए 'ओखला गेट' की ओर चले। लाल किले के पीछे से गुजरे। कभी यहाँ यमुना की धारा में बाबर के जंगी बेड़े चला करते थे। अब पक्की सड़कों पर बसें दौड़ती हैं। यमुना मील भर पूरब खिसक गई है।

ओखला पहुँचकर डोंगी नहर में उतारी। मस्तूल पर चढ़ा समिति का नीला ध्वज जैसे हमारी खुशियों का सारा रंग सोखकर उमंग में लहराने लगा। श्याम के उत्साह का ठिकाना नहीं। इधर से उधर भागते दिखते। वह भी क्या नजारा था! उनकी

कोमल गोल-मटोल काया और इतनी फुर्ती। उन्हीं के जुगाड़ी दिमाग का चमत्कार था कि नहर विभाग ने दफ्तर की सोफा-कुर्सी किनारे के लॉन में सजा दीं। उन पर चादरें बिछाईं और चारों ओर पानी छिड़कवाया। यह सब उन्होंने राज्यपाल महोदय के रुतबे और मंत्री जी के आगमन के नाम पर करवाया। मंत्री का आना मजाक तो न था, थाने से दरोगा-सिपाही खुद-ब-खुद आ डटे। सारी व्यवस्था दुरुस्त हो गई। सब कुछ फिट-फाट कराकर श्याम मंत्री जी को लिवाने चल दिए।

डोंगी खुलती है

1

भाग-दौड़, मारा-मारी के बाद 22 मार्च, 1976 की वह खुशनुमा शाम आई। रोज की तरह धीरे-धीरे अस्त होता सूरज का गोला आकार पाने लगा। आसमान हलका सिन्दूरी हो चला। लॉन की करीने से कटी-छँटी मखमली हरी घास पर सोफे, और मेजों पर रखे गुलदानों में रंग-बिरंगे फूलों के मनभावने गुच्छे सज गए। बगल की चौड़ी नहर के किनारे बँधी डोंगी के आस-पास जिज्ञासुओं की भीड़ जुटने लगी।

लोग अभियान की जानकारी पाना चाहते। सुनकर अचरज करते। नहर में चलकर कलकत्ता पहुँचने का खयाल उनके लिए पहेली बन जाता। बताने पर भी लोग मानते नहीं। जो समझ लेते, कुरेद-कुरेदकर पूछते।

नहर के उस पार, दिल्ली में रहनेवाले मेरे रिश्तेदारों का पहला जत्था एक काली कार से उतरा। उनके हाथों में थी मिठाई, नमकीन, रोली-चावल-हल्दी और डालडा के खाली डिब्बे। खाली डिब्बे वे हमारे कहने पर लाए थे। हमने उन डिब्बों के ढक्कन अच्छी तरह से बन्द करके उन्हें डोंगी के भीतरी फ्रेम के साथ कस दिया जिससे उनमें बन्द हवा डोंगी को तेज लहरों में डूबने से बचाए रखे।

एक-एक कर अतिथियों के खेवे आते गए। उत्साहित मन तरंगित हो उठा। अब, मंत्री जी के आने भर की कसर थी। फूल-मालाओं को ताजा बनाए रखने के लिए उन पर पानी छिड़का जा रहा था। सिपाही अपनी जगह मुस्तैदी से डटे थे।

स्नेहिल शुभकामनाएँ सोंधी गमक जैसी सुहाने लगीं–

'कांग्रैचुलेशंस।'

'बेस्ट ऑफ लक।'

'ओह, सच ऐन ऐडवेंचरस टास्क।'

'ऑल द बेस्ट फॉर ए सक्सेसफुल ट्रिप।'

जीवन भर विदेशों में रही मेरी एक कजन ने मुँह गोल करके आश्चर्य से पूछा–'ओह! गैल्स आर ऑलसो अकम्पनीइंग यू?'

एक तो ऐसे ही अपनी अंग्रेजी कमजोर, ऊपर से गर्ल का 'गैल' जैसा उच्चारण, ऊपर से निकल गया। मेरा मुँह बड़े से प्रश्नचिह्न जैसा खुला रह गया। एक मित्र ने बताया तो गाड़ी पटरी पर लगी–

'पूछ रही है क्या लड़कियाँ भी तुम्हारे साथ जा रही हैं?'

'ओह! नहीं।' सकुचाकर हँस दिया।

उनमें से एक ने फुसफुसाकर कहा–'आपके लिए सुन्दर सी डहेलिया की माला बनाई थी, घर भूल गई।'

मंत्री जी की सवारी पर नजर पड़ते ही सिपाहियों ने, विंड-स्क्रीन के वाइपर की तरह तेज-तेज भागकर रास्ता साफ कराया। मौके पर तैनात सरकारी अमले में पहले स्वागत करने की होड़ मच गई। मंत्री जी को जो पहले दो फूलों के गुच्छे भेंट किए गए वे उन्होंने हमारे हाथों में थमाकर अपनी ओर लपकती मालाएँ हाथोहाथ सँभालीं और मुस्कराते हुए हमारे गलों में डाल दीं।

सभी की आखें मंत्री जी और हम पर लग गईं। लोग कहते–'यही लड़का नाव लेकर जाएगा।'

यूँ सबकी निगाहों की धुरी बनना मन ही मन भाया लेकिन निर्लिप्त जैसा बने रहने की कोशिश करता रहा।

चाय-बिस्कुट के हलके दौर के साथ बातें चलीं। परिचय हुए।

'आप इनके मामा हैं? इतनी दूर तक नाव चलाने की इजाजत कैसे दे दी।'

'बच्चे काबिल हों तो इजाजत देने में हर्ज ही क्या है?'

'खाने-पीने, ओढ़ने-बिछाने का क्या इन्तजाम है?'

धीमे-धीमे चाय के घूँट लेते हुए मंत्री जी नहर विभाग के इंजीनियर की ओर घूमकर बोले–'इंजीनियर साहब! बच्चों का खयाल रखिएगा। इन्हें मतलब भर पानी-वानी मिल जाए।'

फिर हमसे पूछा–'सुरक्षा के क्या साधन हैं?'

बात ही बात में चलने का समय आ गया। रोली, अक्षत, हल्दी, दूब और नारियल से सुसज्जित थाल आया। मंत्रोच्चारण के साथ डोंगी के सिरे पर नारियल फोड़ा गया। रोली-हल्दी लगी, चावल और फूल चढ़े। हमारे माथों पर तिलक लगा, मालाएँ पहनाकर अक्षत छिड़का गया। शुभकामनाओं, आशीर्वादों के साथ डोंगी खुलते ही तेज धारा में तीर-सी निकल चली। किनारों पर लोग साथ-साथ दौड़े। कुछ युवकों ने आवाज लगाई–'ओए चौधरी! कलकत्ता से मिठाई लाणा।'

साँझ ढल चली। अँधेरा घिरने लगा। पहला पुल पार करते ही आड़ में थम गए। एक बाँस मस्तूल से बाँधकर नाव पर टिकाया। उस पर तिरपाल डालकर डेरा जमाया। खा-पीकर उसके नीचे पड़ लिये। पलकें मूँदते ही दिन भर की घटनाएँ घुमड़ने लगीं–'लोगों का मेला...काली कार।...इजाजत कैसे दी ?...सुन्दर माला।' 'अहा! कितने स्नेह भरे मधुर बोल...।' फिर...इकबाल साहब का चेहरा उभरा। कलकत्ता के व्यवसायी। यहाँ घूमने आए थे। अभियान का ब्योरा सुनकर अपने परिवार से मिलाने ले गए। हैरत में पड़ी उनकी माँ स्नेह छलकाती आँखों में विस्मय भरकर बड़े ही ममतामयी स्वर में पूछने लगीं–'क्या उम्र है तुम्हारी ? शादी-ब्याह हुआ है ? डर नहीं लगता ?' सोचते-सोचते जाने कब नींद लग गई।

2

पुल पर सवारियों की आवाजाही हो गई। चिड़ियाँ चहचहाकर शान्त हो गईं और दाने-चारे के जुगाड़ में कहीं दूर उड़ चलीं। रात भर भनभनाते मच्छरों का समूह छुप गया। एक-एक, दो-दो स्नानार्थी घाट की सीढ़ियों पर दीखने लगे। सुबह के सूरज की नरम किरणें फैल चलीं। तब कहीं हम नींद से जागे। तिरपाल खोला, सामान बाँधा। आगे बढ़े।

बमुश्किल मील-डेढ़ मील का फासला तय करते ही सामने नहर पर पुलिया नजर आई। दूर से ही उसकी चौड़ाई और ऊँचाई आँखों में तौली तो जान पड़ा आसानी से नीचे से निकल जाएँगे। दाबे हुए पुलिया तक चले गए। लेकिन अन्दाज गलत साबित हुआ। तेज धार में डगमगाती डोंगी पुलिया की मेहराब से टकराकर अटक गई। चप्पू हाथों से छिटककर दूर जा पड़े। पानी में कूदकर डोंगी निकालने के फेर में उस पर लटक-लटककर झूले, दम-भर खींचा, दाएँ दबाया, बाएँ दबाया, किसी तरह डोंगी पीछे आई। पसीने में नहा गए।

बढ़ने का एक ही रास्ता नजर आया कि डोंगी को नहर से निकालकर आगे फिर नहर में डाला जाए। नहर के भीतर से मैंने और बाहर से श्याम और कुछ राहगीरों ने डोंगी को ऊपर ढकेलते हुए ललकारा–

'जोर लगाओ... हैं-ऽ-स्स सा-ऽ-ऽ-'

'जोर से बोलो...हैं-ऽ-स्स सा-ऽ-ऽ-'

'एक साथ–हैं-ऽ-स्स सा-ऽ-ऽ-'

थोड़ा खिसक कर डोंगी अंगद के पाँव जैसी अटक गई। नीचे से उसमें पानी भरने लगा। सबने मिलकर फिर एक बार जोर मारा–'हैं-ऽ-स्स सा-ऽ-ऽ–', 'हैं-ऽ-स्स सा-ऽ-ऽ-'। डोंगी जो अटकी तो सूत भर भी न चढ़ी।

आस-पास से गुजरनेवालों ने यह सब देखा तो मजमा लगा दिया। स्कूल जाते बच्चों ने देखा, बस्ता-साइकिल छोड़-छोड़कर दौड़े आए। दूर-दूर तक आवाज गई–

'हैं-ऽ-ऽ-स्स सा-ऽ-ऽ-', 'हैं-ऽ-स्स सा-ऽ-ऽ-'

नहर में नाव, एक अजूबा। ग्रामीण, मजदूर, जिसने भी सुना दौड़कर आया। सबने मिलकर रस्सा थामा, जोर आजमाया–

मिलकर बोलो–'हैं-इ-ऽ-स्स सा-ऽ-ऽ-'

जोर से बोलो–'हैं-इ-ऽ-स्स सा-ऽ-ऽ-'

यह जोर-आजमाइश देखकर वहाँ से गुजर रहे ट्रैक्टर चालक ने अनायास ही ब्रेक मारा, और तभी एक लड़के का दिमाग कौंधा। उसने ट्रैक्टर पास लाने को कहा और बात की बात में एक रस्सा ट्रैक्टर के पीछे कस दिया। किसी को भी कुछ कह पाने का मौका ही न मिला। भारी 'जीटार' ट्रैक्टर आगे बढ़ा–

'घर्र-ऽ-ऽ-ऽ-, घ-ऽ-र्र-ऽ-ऽ-'

डोंगी खिसकने लगी। मजमा हर्षित हो उठा। बच्चा पलटन तालियाँ बजाने लगी और जोरदार हल्ला मारा–'हो-ऽ-ऽ-ऽ हो-ऽ-ऽ-ऽ-'

डोंगी एक बार फिर मोड़ पर आकर अटक गई।

'घर्र-ऽ-ऽ-घर्र-ऽ-ऽ-'

शोर थम गया।

'घर्र-ऽ-ऽ-घर्र-ऽ-ऽ-' फिर हल्ला उठा। 'हो-ऽ-ऽ-ऽ-'

डोंगी न खिसकी। ड्राइवर ने गेयर बदला–'घर्र-ऽ-ऽ-घर्र-ऽ-ऽ-'

बच्चों ने शोर मचाया–'हो-ऽ-ऽ-ऽ-'

डोंगी आगे खिसकी। रस्सा तना, तनता गया, तनता गया और आखिर एक झटके से टूटे रस्से सहित डोंगी फ-ऽ-चा-ऽ-क से पानी में जा गिरी। पचीस हॉर्स पावर का इंजन भी हार गया। हल्ला बैठ गया। लोग भाग-भागकर किनारे पर आ गए। काम बनते न देख थोड़ी देर में ट्रैक्टर वाला बढ़ लिया। कुछ बच्चों को स्कूल याद आने लगा, वे भी चल दिए।

अब कुछ ग्रामीण पट्ठे लँगोट बाँधकर नहर में कूद आए। तदबीरें भिड़ने लगीं। अगले हिस्से के कड़े से रस्सा बाँधकर पुल पर खड़े लोगों ने पकड़ा। सबने मिलकर एड़ी-चोटी का जोर मारा। बाहर के खिंचाव से डोंगी ऊपर चढ़ी, नीचे से हमने धक्का दिया। खींचा, ढकेला, अगला हिस्सा झटके से पुल पार कर गया। लेकिन अब पिछला हिस्सा अटक गया। दबाया, उठाया। लेकिन, कोऊ विधि तरनी तरी नहीं। निराशा के साँप लोटने लगे। किनारे के हुजूम से बोलियाँ उठने लगीं–

'पहली ही पुलिया पे यू हाल है। कलकत्ता तक जाएँगे नहर सू।'

'यू सब तो पहले ही सोचनो हो!'

हमारा हौसला बैठने लगा, मन ही मन पछताए–'इतना बड़ा अभियान साध लिया और चलते ही यह हालत! कैसे पहुँचेंगे कलकत्ता?...बड़ी हेठी होगी।'

तभी एक गाँव वाले की सूझ पैठ गई–'कुल्हाड़ी मँगाओ, पुलिया में अटक रही डोंगी की ऊँची 'पठवारी' कूं काट ही दो।'

हाल के हाल गाँव से कुल्हाड़ा आया।

'खटर ख-ऽ-टा-ऽ-ऽ-क खटर ख-ऽ-टा-ऽ-ऽ-क।'

'ख-ऽ-च-ऽ-चों-ऽ...ऽ-'

'पठवारी' कटकर अलग जा पड़ी। डोंगी एक झटके में पार निकल गई। लोगों ने हाथ लहराए। मददगार पीछे छूट चले। सैलानी जीवन की सबसे बड़ी विडम्बना है कितने ही नए-नए खुशदिल, आकर्षक और मददगार लोगों से मिलना, संकट में उनसे मदद पाना और दुबारा कभी न मिल पाने की कचोट दबाए उनसे बिछुड़ते जाना।

3

बदरपुर गेट के पास नहर के आर-पार बन्द कपाट मुँह चिढ़ाने लगे। जैसे—कहते हों—पीछे से पार हो गए तो हो गए, अब देखें कैसे निकलते हो बच्चू? आशंका में डूबे धीरे-धीरे हाथ चलाते रहे। गेट और हमारे बीच का फासला कम होता गया। पहला व्यवधान ही तीन घंटे कमरतोड़ मशक्कत करा चुका था और अब दूसरा ढिठाई से ताल ठोंकने लगा। इसी समय नहर विभाग के एक कर्मचारी ने सलाम मारा–'नाव बढ़ाइए, फाटक खोले जाएँगे।' यह ए.ई. साहब के निर्देश का प्रताप था।

फाटक खुलते ही नहर का पानी हरहराकर बाहर निकला। डोंगी धार में आ गई। फाटक के पार पास ही स्थित कारखाने के नाले का पानी तेजी से नीचे गिरकर झाग उठाता दिखा। उस पार खड़ी एक बुढ़िया हमें आगे बढ़ते देखकर घबरा गई। उसे लगा कि फाटक से निकलते ही ये बावले नाले के पानी के नीचे आ जाएँगे इसलिए आगाह करती हुई चीखने लगी।

धारा के बीच आई डोंगी फाटक के नीचे आते ही प्रवाह के जोर से तिरछी हो गई। कैसे सँभालें, यह सोचने का समय ही न मिला। मूकदर्शक-सा देखता रहा। डोंगी का अगला सिरा फाटक के खम्भे से टकराया, फिर, पिछले सिरे ने भी एक टक्कर ली और झपाटे से आगे निकलकर सही-सलामत सीधी हो गई। घुट्टी तक चढ़कर अटकी जान थर्मामीटर के पारे जैसी धीरे-धीरे नीचे आई।

1875 में तैयार हुई इस नहर में 200 किलोमीटर तक नाव ले जाने का प्रावधान भी रखा गया था। लेकिन इनकी देख-रेख पर आनेवाला व्यय 'नौ की लकड़ी नब्बे

दाम' हो गया। खर्चा आमदनी से कहीं अधिक आने लगा तो 1904 में नहर का नौ परिवहन बन्द करा दिया गया। इसलिए बड़ी उमर वालों के अलावा दूसरे गाँववालों के लिए नहर में डोंगी चलना भी एक चमत्कार ही था।

बीच नहर में डगमग, डगमग करती बढ़ती डोंगी देखकर किनारे की पटरियों पर चलते राहगीरों की आँखें फैल गईं। वे जहाँ के तहाँ थमकर नाव पर नजर गड़ाए उसके नजदीक आने का इन्तजार करते। जैसे-जैसे नाव पास से गुजरती उनकी निगाहें भी साथ-साथ घूमती जातीं और फिर धीरे-धीरे खुद भी उस तरफ घूम जाते। नाव आगे निकलती तो पीछे-पीछे भागते हुए चिल्लाते—'नहर में नाव जाय रई,... नहर में नाव जाय रई।'

यह इबारत करेंट की तरह सनसनाती हुई माहौल में उतरती और अगल-बगल के खेतों में काम करते किसानों, स्कूलों में पढ़ते बच्चों, गाँवों में मर्द-औरतों के कानों में सीधी घुसकर झकझोरती चली जाती। आश्चर्य और उत्सुकता के साथ लोग हाथ का काम छोड़-छोड़कर नाव देखने दौड़ते। इनमें से ज्यादातर लोगों के लिए पहली बार नाव देखना उतना ही रोमांचपूर्ण था जितना हमारे लिए होवरक्राफ्ट।

श्याम ने मनोरंजन का अच्छा नुस्खा ईजाद कर लिया। अपनी भुवन-मोहिनी काया को सन्तुलित करते वे नाव पर खड़े होकर बड़ा-सा झंडा लहराने लगते। झंडा जितनी तेजी से लहराता, स्कूलों के चंचल बच्चे उतनी ही तेजी से डोंगी के पीछे लपकते। भोले बच्चों की उमड़न देखकर लगता मानो सगरे ब्रजधाम के ग्वाल-बाल भाजि परे हों।[1] मास्टर जी ने लाख समझाया, डपटा भी, लेकिन सब सुनी-अनसुनी करते बालक पीछे-पीछे भाग निकलते। बौखलाए हुए मास्टर जी पीछे-पीछे छड़ी लपलपाते दौड़ते और रुक-रुककर बच्चों को धमकाते जाते। आस-पास के बड़े-बूढ़े भी बच्चों में बच्चे बन जाते, मास्टर जी पर फब्तियाँ कसकर मुस्कुराते हुए जले पर नमक छिड़कते–'क्या हुआ मास्टर जी?'

तालियाँ बजाते हँसते बच्चे उनकी क्रोधाग्नि में घी डालते। तमतमाए हुए मास्टर जी की रेंज में जो भी बच्चा आया दाँत पीसते हुए छड़ियाँ सटकारकर उसकी पीठ लाल कर दी। तिलमिलाए बच्चे पीछे घूमकर गुरुजी के कुपित चेहरे को एक क्षण निहारते और फिर भागकर अगले साथियों के साथ हो जाते। मास्टर जी हाथ मलते रहते। इस तरह पूरा मजमा भोले बाबा की बरात जैसा नहर के अगल-बगल बढ़ता रहा। मील- आध मील चलकर थोड़े-थोड़े लोग लौट पड़ते और नए तमाशबीन जुट जाते, आपस में बातें करते साथ-साथ चलते जाते। कोई नया आदमी उनमें शामिल होता तो डोंगी देखते ही अचरज करता मानो संसार का आठवाँ आश्चर्य देख लिया हो–'नहर में नाव?–कहाँ से आय रए?–कहाँ कू जाय रए?'

---

1. भाग जाएँगे

4

दिल्ली–हरियाणा सीमा पर प्रहरी खड़े मिले। सशंकित सिपाहियों ने पहले तो कड़ी पूछताछ की, फिर आपसी सलाह–मशवरे के बाद आगे बढ़ने की इजाजत दे दी।

नहर के दोनों ऊँचे किनारों के बीच चलते अगल–बगल कुछ भी न दिखता। किनारों पर कीकड़ की मोटी–मोटी डालें पानी पर झुकी या उसमें डूबी हुई थीं। यह नजारा सामने आते ही मानो उम्र का खिंचा हुआ स्प्रिंग झटके से बचपन तक सिमट गया, अन्त्याक्षरी के लिए रटे पद्माकर के बोल नए सोते जैसे फूट पड़े–

तरनि तनूजा तट तमाल तरुवर बहु छाए।
झुके कूल सों जल परसन हित मनहुँ सुहाए॥

पूरा इलाका उड़ते हुए हवाई–जहाजों की आवाज से गूँजता रहा। आसमान पर धुएँ की लम्बी लकीरें दिखीं। एक यान गुजरता, पीछे से दूसरा चला आता, अपने पीछे धुएँ की पूँछ जैसी लकीर खींचता जाता। एक निश्चित ऊँचाई तक पहुँचकर उड़ते–उड़ते अचानक उकाब[1] जैसी तेजी से नीचे गोता मारता। धरती से ताजे फटे ज्वालामुखी जैसी रोशनी व धुएँ का गुबार उठता। यान नजरों से ओझल हो जाते और तब कभी बमों के धमाके और कभी मशीनगनों की तड़तड़ाहट सुनाई पड़ती। हवाबाजों का अभ्यास जारी था।

बल्लभगढ़ पहुँचने पर तगड़ा मोर्चा सामने आया। नहर का सारा पानी सात–आठ फीट की ऊँचाई से नीचे गिरता दिखा। धारा के साथ पुल के नीचे से डोंगी निकालते तो टुकड़े–टुकड़े हो जाती। इधर–उधर घूम–टहल कर पार निकलने का जुगाड़ निकालने लगे। पुल पर ज्यादा आवाजाही न देखकर किनारे के झाड़ों में डोंगी अटकाकर सघन कुंजों की शीतल छाया में चादर बिछाकर पड़ गए।

कुछ ही देर में दो–तीन स्कूली लड़के, बाजार से सौदा–सुलुफ करके लौट रहे कुछ ग्रामीण और एक इकतारे वाले भगत जी भी पसीना पोंछते छाया में आ बैठे। मारे ताप के सब ऐसे चुप मानो वहाँ कोई हो ही नहीं। सड़क और खेतों पर भभका उठता नजर आता। कभी–कभार तेजी से उड़कर आती एक–दो छोटी चिड़ियाँ झाड़ियों में छुप जातीं। दो घड़ी दम मारकर भगत जी ने इकतारा उठाया। पसीना सूखने और हलकी ठंडी हवा से चैतन्य सभी मुसाफिर उनकी ओर घूम गए। प्रेम–पगे बोलों से सन्नाटा कटने लगा–

बसो मोरे नैनन में नन्दलाल
मोर मुकुट मकराकृति कुंडल, अरुण तिलक दिए भाल
बसो मोरे नैनन...

शान्त तिपहरे में तन–मन को जुड़ाती भगत जी के मृदु कंठ और इकतारे से निकली मधुर सुर–तरंग नहर के पार, कुंजों–कुंजों में, खेतों में और पुल से गुजरती सड़क

1. बाज पक्षी

तक लहराकर इक्के-दुक्के मुसाफिरों को खींचने लगी। वे आते, एक ठौर बैठ जाते। भगत जी की पीड़ा तरल हो चली–

हे-ऽ-री मैं तो प्रेम दिवानी मेरो दरद न जाने कोय।
सूली ऊपर सेज हमारी सोवण किस विधि होय॥

इकतारा बजता रहा। भगत जी का मधुर गान अमृत-रस बरसा कर सिरोपाँव नहलाता रहा–

मेरे तो गिरधर गोपाल, दूसरो न कोई।
जाके सिर मोर मुकुट, मेरो पति सोई॥

वियोगिनी मीरा के टीस भरे सुर-सागर में डूबा मन डोंगी पे पड़ती छाया देखकर सतह पर आ लगा। साँझ के उतरते आने का खयाल आया तो उठ पड़ा। साथ ही कुछ और लोग भी उठ खड़े हुए। स्थिति का मुआयना करके कुछ देर सोच-समझकर एक मुसाफिर ने सलाह दी–'ऐसो करौ यहाँ से गुजरती काई बुग्गी पकर लो। बाई पै नाँव ला कैं बा पार नहर में उतार दो।'

भगत जी अपने में मगन अन्तरा उठाते रहे–'मेरे तो गिरिधर गोपाल–'

जब भी पुल पर से कोई बुग्गी निकलती हम फरियाद करते–'ऐ भाई! तनिक हमारी डोंगी पार कराय दे।'

देर तक यूँ ही पुकार लगाते रहे लेकिन किसी ने कान न दिया तो इकतारे वाले बाबा और भजन सुनने जुटे लोग मदद के लिए उठ आए। इस बार जो बुग्गी आई निकलने न पाई। सब लोग एक ही सुर में बोले–'परदेशी हैं इनन की मदद करो।'

बुग्गीवाला पहले तो तिनका[1], फिर, दुनियादारी पर उतर आया–'रुपिया-धेली दो और इनन का काम चलाओ।'

'हाँ-हाँ पइसा-धेला भी मिलेगा। तुम क्या समझते हो! कोई मँगता हैं!'

सबने बुग्गीवाले को डपट दिया।

इस तरह सबके सहयोग से समस्या सुलझ गई। बाकी लोग भी बढ़ आए। कम उम्र बच्चा पेड़ से साइकिल टिकाकर आया, ग्रामीणों ने झोला-झंगड़ किनारे रखा। भगत जी ने भी हाथ लगाया–'एक और एक ग्यारह, ये मारा–ये मारा।'

कँकड़ से टकराकर डोंगी की टीन की रगड़ से उठी किरकन सीने में छुरी-सी उतरी तो हम कसमसाए–'जरा सँभालकर। टक्कर हुई तो टीन में छेद हो जाएगा। फिर तो हुआ बेड़ा गर्क!'

लोग सँभल गए और ऐसे डोंगी सँभलवाई मानो नवेली दुल्हन की डोली हो।

नई-नई जगह। दोनों ओर पानी पर पड़ती कीकड़ की छाया अँधियारे का आभास कराने लगी। फाख्तों की अटूट घूँ-ऽ-ऽ-घूँ-ऽ-ऽ–सुन पड़ती। अन्य परिन्दों

---
1. नाराज हुआ

का सम्मिलित कलरव और चप्पू की चप्प-चप्प के साथ किनारों से टकराती हवा की सरसराहट हमारे लिए बिलकुल नई। खामोश सन्ध्या में खटर-खट्ट-खट्ट, खटर-खट्ट-खट्ट की आवाज ज्यादा तेज लगने लगी। कभी-कभार इक्का-दुक्का पक्षी उड़ पड़ता या अगल-बगल चरता गोरू बिदककर भाग खड़ा होता।

रात गहरी होने से पहले ही हमने शाहपुर कलाँ की पुलिया पर डेरा डाला।

एक किसान की भैंस खो गई थी। वह अपने साथी को टेरने लगा—'ज-ग-दी-शा—ऽ-ऽ-ऽ-ओ ऽ-रे-ऽ-ज-ग-दी-ई-ई श-ऽ-ऽ-'

कुछ बच्चे पुल पर खेल रहे थे। उनसे बातें हुईं। बुजुर्ग बटुर आए। भैंस की चिन्ता छोड़ वह किसान भी हमारे पास आया। सब गाँव चलने की जोहार करने लगे—'गाँव कूँ चलि कै कछु भोजन-पानी पा लौ।'

उस उजाड़ में हमारा इस तरह रुकना उन्हें ठीक न लगा। गाँव चलने और वहीं रात बिताने की जिद बढ़ने लगी। हमने समझाया–'अब तो डोंगी ही हमारा घर-गाँव हो गई है। और कहीं नहीं रुक सकते।'

मैं नाव पर डेरा डालने लगा। श्याम उनके साथ गाँव गए। उनके साथ गाँववालों के उपहार-रोटी-घी-अचार-दूध भी आया। कोई परदेसी भोजन पाए बिना गाँव की सरहद में कैसे सो जाता?

5

हर चार-पाँच किलोमीटर के बाद कोई न कोई नहरी पुल खड़ा मिलता। हमारा मुँह बन जाता। हर बार लगता बस यह झंझट किसी तरह पार हो जाए, और हर बार नाव निकालकर पानी पर डालते ही आगे की चिन्ता सताने लगती।

श्याम ने इस मुसीबत में भी मनोरंजन का साधन ढूँढ़ लिया। वे ठहरे हर हालात में हँसने का जुगाड़ खोज लेनेवाले खिलन्दड़े। जानबूझकर डोंगी फँसवा देते। पुल पर से गुजरनेवाले डोंगी देखकर उत्सुकतावश रुकते जाते और थोड़ी देर में भीड़ लग जाती। श्याम मजे से उनसे गप लड़ाते फिर सहसा मुझसे कहते–'चलो जोर लगाओ।' जैसे ही हम डोंगी पर हाथ लगाते, तमाशबीनों में से पन्द्रह-बीस जवान अपने-आप बढ़ आते। कभी-कभी मददगारों की तादाद इतनी ज्यादा हो जाती कि डोंगी पकड़ने के लिए जगह ही न बचती और कुछ लोगों को निराश होकर अलग खड़े रहना पड़ता। जो हाथ लगा पाते वे कृतज्ञता व्यक्त करते। बाकी के मन में मलाल रह जाता। जैसे यह भी कोई बड़ा भारी पुण्य हो। डोंगी न हुई रथ-यात्रा का रथ हो गया।

श्याम निर्देश देते और लोग जोर लगाते—

'हैं-इ-ऽ-स्-ऽ- सा, हैं इ -ऽ-स् -ऽ- सा।'

सबके सम्मिलित बल से डोंगी आसानी से उठ जाती और हम पुल के आगे फिर से बीच धारा में चल पड़ते। वे हाथ हिलाकर हमें विदाई देते और मुस्कुराते। ग्वाल-बालों की पलटन पीछे-पीछे भागने लगती। श्याम का नीला झंडा लहराने लगता और डोंगी–खटर-खट्ट, खट्ट, खटर-खट्ट, खट्ट...।

जहाँ-जहाँ नहर में प्रपात मिले, पास-पड़ोस के गाँव से बुग्गी का प्रबन्ध करना पड़ा। हर बार गाँव में घुसते ही पीछे बच्चों की भीड़ लग जाती। जितनी दूर जाना होता भीड़ उतनी ही बढ़ जाती। बुग्गी के साथ-साथ पचास-साठ बच्चे, बूढ़े-जवान और भौंक-भौंक कर भेजा खाते लावारिस कुत्तों का हुजूम चलता।

कभी-कभार पुल की मेहराबों में से एक गोल न होकर चपटी-आयताकार होती और नीचे पटरे पड़े होते। तब हम ए.ई. साहब का नाम भुना लेते। बड़े ताव से बेलदार को पटरे निकालने का हुक्म देते। सिरे से बँधे रस्से को मजबूती से थामकर डोंगी को धीरे-धीरे प्रपात में सरकाते हुए बिना किसी कठिनाई के पार हो जाते।

अक्सर प्रपातों के निकट बुग्गी नहीं मिलती। वीराने में आदमियों की कमी रहती और नाव को लगभग पचास-साठ गज ले जाना होता। ऐसे मौकों से निपटने का एक जोरदार तरीका छज्जूनगर के नहर विभाग के कर्मचारियों ने बताया। उन्होंने एक के बाद एक गोल पाइप और बाँस के टुकड़े तरतीब से जमीन पर बिछा दिए और डोंगी को किसी तरह पानी से निकालकर उस पर रख दिया। बस गाड़ी तैयार हो गई। दो-तीन आदमी नाव को ढकेलते और एक आदमी पाइप और बाँस निकाल-निकालकर आगे रखता। दस मिनट के भीतर मोर्चा फतह। एक बार यह तरकीब जान लेने के बाद आगे 'सेकसाई', 'कोसी', 'भरना', 'अड़ींग' कहीं भी दिक्कत न हुई।

बड़े पुलों में ऊँचे-ऊँचे बराबर नाप की तीन मेहराबें होतीं। इनके नीचे से गुजरना भी एक मजेदार अनुभव होता। मेहराबों के अन्दर चिड़ियों के घोंसले होते, उनमें पक्षी-शावक छुपे रहते। उस क्षेत्र में हमारे अयाचित प्रवेश से आक्रान्त पक्षी एक-एक उड़कर चारों ओर कुंडलाकार चक्कर लगाने लगते। उड़ पाने से मजबूर घबराए हुए छोटे बच्चे घोंसलों में से चोंच निकाले चीं-चीं करते बड़े प्यारे लगते। पुल के नीचे प्रवाह तेज होता और आगे पानी वलयाकार घूमता होता, उसमें पड़कर डोंगी गतिहीन सी घूमती और कुछ गज बढ़कर खुद ही बाहर भी निकल जाती।

दूर से आती डोंगी देखकर कोई उसे भोट[1] समझता और कोई बिना समझे ही अचरज भरा पहचानने को कोशिश करता। पास आने पर असलियत का पता चलता। पुल पर से गुजरते पैदल, साइकिल सवार, गाड़ीवान, बस-ड्राइवर सभी रुक-रुककर हमें उत्सुकतापूर्वक देखते, यातायात जाम हो जाता। हम धीमे-धीमे पुल के पास

1. मगर

पहुँचते, फिर उसके तेज प्रवाह में कई गज झटके से निकल जाते। ऊपर से लोग हाथ हिलाते हुए टेरते–'कहाँ से आय रए...कहाँ को जाय रए।'

धीरे-धीरे फासला बढ़ने के साथ लोगों की आकृति छोटी होती जाती। जब तक हम दर्शकों को अथवा दर्शक हमें देख सकते, पुल पर मजमा जुड़ा रहता। सबसे पहले ट्रक-बस आगे बढ़ते, फिर साइकिल सवार पैडल दबाते और आखिर में पैदल टिंघर[1] चलते। थोड़ी ही देर में पीछे से दूसरा पुल प्रकट होता, पहला धूमिल पड़ जाता। दोनों किनारों पर उगे सघन वृक्ष पास आते-आते एक में मिलकर पुल को छुपा लेते।

आसपास गाँव और खेत नजर आते। कभी-कभी उनमें कीकड़ के झाड़ होते। पशुओं के नाम पर सियार, भेड़िए और जल-जन्तुओं में मछलियों के दर्शन होते। पानी पर मुँह उठाए सरकते साँप दिखते, पास आते ही तेजी से सरककर घास में छिप जाते। सतह पर तेजी से चक्कर लगाते छोटे-छोटे अनगिनत काले कीड़े नजर आते। ग्रामीण कहते कि इन्हें निगल लेने से तैरना आ जाता है। कुछ कहते कि इसे आजमाया भी लेकिन तैरना तो दूर पानी में घुसने के डर ने भी टेंटुआ नहीं छोड़ा।

रात जहाँ भी लंगर पड़ा, सुहृदय ग्रामीणों की भीड़ लग गई। औरत-मर्द, बच्चे-बूढ़े जुट आते। नाव देखकर ताज्जुब में पड़ते। तरह-तरह के सवाल होते। हम रात बिताने की तैयारी करते, उधर गाँव चलकर भोजन पा लेने का आमंत्रण मिलता। दिन भर के थके-हारे हम गाँव जाने में बहुतेरा आलस्य दिखाते और खाना न खाने के तरह-तरह के बहाने बनाकर टालते लेकिन इन बातों पर गौर किए बिना लोग गाँव जाकर मोटी रोटियों पर मक्खन, तरकारी और अचार के साथ कटोरा भर-भर दूध ले आते। और अब तक हजार बहाने बनानेवाले हम उन पर भुखमरों जैसे टूट पड़ते।

मुँह-हाथ धोकर हम आराम से पड़ जाते। गाँववाले बीड़ियाँ सुलगा लेते, रात देर तक बातें होतीं। देश-जहान के चर्चे चलते। हमारे इलाके में कैसी खेती होती है? कैसे मकान बनते हैं? सब पूछा जाता। उसी बीच आँख लग जाती।

पता तब चलता जब आधी रात की गहरी नींद में खलल पड़ता। दिन-भर आंशिक अनुशासन को भी बहुत माननेवाली श्याम की काया रात में उन्मुक्त करवट बदलती तो डोंगी अनायास ही एक ओर दब जाती, डोंगी का असन्तुलन उन्हें पानी में पहुँचाने का कारण भी बन सकता था। उसकी वजह से जितनी तेजी से मैं चौंककर उठता उससे चौगुनी सजगता उनमें समा जाती। उठ जाते तो एक झोंक लड़ भी लेते।

'ये क्या तमाशा है। दिन भर के थके-हारे का रात में भी सोना दूभर।'

'कोई जानकर तो कर नहीं रहे।' वे भी खिसिया जाते।

फिर से सोने का उपक्रम बनता। गिरने की सम्भावना से आशंका-ग्रस्त श्याम को देर तक नींद न आती। एक-एक रात में ऐसा कई-कई बार होता।

---

1. धीरे-धीरे टहलना

6

जिज्ञासा भरे बच्चे डोंगी पर सवारी करने की जिद करने लगे। सबको नौका-विहार कराने लगते तो मंजिल तक पहुँचना दूभर हो जाता। लेकिन कभी-कभी एक-दो बच्चों की इच्छा पूरी भी की। परीक्षा देने निकला एक बच्चा डोंगी देखकर मचल गया।

'थोडी दूर तक लिये चलिए।'

'बहुत दूर जाना है, ऐसे रुक-रुककर चले तब तो हो गया!'

उनका साथी रोकता रहा—'इम्तिहान में देर हो जाएगी।' लेकिन साथ-साथ चलते हुए वह बराबर रट लगाए रहा—'स्कूल की तरफ जाय रहे हैं, वहीं हमें भी जानो है।'

बिठा लिया तो सवाल पर सवाल पूछने लगा।

'कहाँ से आय रए,...कहाँ को जाय रए?...तुम्हारा घर कहाँ है? तुम्हारी खबर अखबार में निकली हो।'

हमारी भी रुचि जागी—'तुम्हें कैसे मालूम?'

'मा-ऽ-सा-ऽ-ब कहत रहे निकलो हो।'

'हमें वह अखबार ला दोगे?'

'मा-ऽ-सा-ऽ-स देंगे तो ले आएँगे?'

'हमसे अखबार की कीमत भर पैसे ले लो।'

'पइसे रख लो हम यूँ ही लाए देंगे।'

उसका साथी पटरी पर चलते-चलते कुढ़ता रहा। श्याम ने जबरन एक अठन्नी लड़के की जेब में घुसा दी। सोचा—'पैसा दे दूँगा तो लौटकर जरूर आएगा।' नाव रुकते ही उसने सौ गज की फर्राटा दौड़ लगा दी। अब उसे परीक्षा का ध्यान आया, जिसके होने में अब कुछ ही देर बची थी। लौटना चाहता तो भी पर्चा छोड़कर कैसे आता। अभी गए, अभी आए के उसके वायदे के चक्कर में विश्वास न रखते हुए भी यह सोचकर आधा घंटा ठहर गए कि शायद पट्ठा बात का पक्का निकले।

7

सूजे पाँव वाले एक बूढ़े के साथ धीमे-धीमे चलती तीन बार वृद्धाएँ मिलीं। नजदीक पहुँचने पर एक ने बूढ़े को नाव पर बिठा लेने की चिरौरी की—'बेटा, या डोकरे क संग लै चल। याके पैर में सूजन आए गई ए। और भौत दूर चलनो है। राम जी तेरो भलो करिंगे।'

श्याम पसीज गए—'बिठा लो। अपना क्या फरक पड़ता है। बेचारा बूढ़ा है। पाँव सूजे हैं।' शायद उन्हें अपनी माँ के सूजे पाँव याद आ गए थे।

नाव पर बैठते-बैठते बूढ़ा बोला—'आजादी के पहले नहर में नाव देखी ही या फिर मथुरा-काशी में।'

फिर चैन की साँस लेकर कुछ देर सुस्ताने के बाद पूरा कच्चा चिट्ठा पूछ डाला–'कहाँ से आए...कहाँ को...'

सुबह होते डोंगी चल देती। चलते ही चलते मंजन–कुल्ला होता। श्याम ब्रेड पर मक्खन लगा–लगाकर बढ़ाते और मैं चलते–चलते खींचता जाता। वे चुपचाप बैठकर ऊब जाते। एक जगह टिककर बैठ नहीं पाते, रह–रहकर चुलबुलाते और उनके हिलने–डुलने से नाव की दिशा व रफ्तार गड़बड़ा जाती। बार–बार कहने पर भी वे अपनी आदत से मजबूर, कुछ देर तो अकड़कर बैठते और फिर आहिस्ते से आसन बदलने लगते। अपने हिसाब से तो वे बहुत हौले से पलटते लेकिन हाय रे उनकी काया, पूरी नाव थरथरा जाती और मैं झल्लाकर उन पर बरसने लगता। श्याम के लिए यह अनुशासन अझेल हो जाता। मन ही मन कसमसाकर चुप रह जाते और कड़ुवा सा मुँह बनाकर पड़े रहते। वृद्ध का नाव में बैठना उनके लिए नियामत बन गया। आँखों में मोती चमकते। बूढ़े की जवानी के किस्से कुरेदने लगे।

'बाबा! कभी इश्क–विश्क लड़ाया है?'

'जोबन–जवानी के दिनान में कौन नाए करै ऐ बेटा! जामें कौन कोई खास बात है! बीस बरस की उमर हती। अपनी बूढ़ी मैयो कूँ सिरी गोबरधन जी के दरसन कराएबे लै गए। भुइं मन्दिर की सी सीढ़ियनन पे मक्खन सी गोरी सिर पै गठरिया सँभारै एक बड़ी सुन्दर–सी छोरी दिखाई दई। लम्बान में तो मेरे कानन कूँ पौंचे, पन बा की आँखें जे बड़ी–बड़ी। कारी–कारी चटक बुँदियान बारी धोती और चोली बापै ऐसी फबै के का कऊँ माराज। चले तो ऐसो लगे जैसे पोखर के पानी पै लैहरें उठ रई होएँ औ रुक जाए तो मन में हिलौरे मारै। लौटत में साथ हैगो। फिर तो बु संगे–संगे लागी सौ लागी आज सोड़ी लुगाई बनि के लागी है। हवाल जाने निहोरे करके नाव रुकवाई हती। बोई ऐ मेरी लुगाई।'

बूढ़े की मजेदार बातों में मुझे भी बड़ा रस मिला। उधर ही कान लगाए डाँड़ चलाता रहा। कई ऊँचे पुल पार हो गए। श्याम ने कई बार पैतरा बदला, डोंगी बार–बार डगमगाई लेकिन बूढ़े किस्सा–गो के मोहक अन्दाज और विविध विषयक रोचक वाकयों में खोया मेरा ध्यान एक बार भी उधर न गया।

8

नहर किनारे चली जा रही एक कमउम्र मनभावनी ब्रजबाला डाँड़ों की खटर–खट्ट–खट्ट सुनकर ठहर गई। उसके हाथों में हँसिया थी, वसन बासन्ती। ज्यों–ज्यों पास पहुँचे उसका कौतुक बढ़ता गया। आगे बढ़ गए तो मन्द–मन्द मुस्कुराई, कपोल गुलाबी पड़ गए, शुभ्र दन्त–पंक्ति दामिनी–सी चमकी। सुन्दर–सुगढ़ वह

भोली किशोरी धीमे से आगे बढ़ी और फिर अल्हड़ पर्वतीय धारा जैसी दौड़ चली, रुकी, मुड़कर एक नजर हम पर डाली, फिर उछलती-कूदती पुल पर जमा-भीड़ में गुम हो गई।

पुल के नीचे मधुमक्खियों के छत्ते दिखे। घोंसलों में छुपे पक्षी हड़बड़ाकर उड़े। भीड़ में भी अलग दिखती पंजों के बल उझक-उझककर हमारी ओर देखती उस बाला की बड़ी-बड़ी जिज्ञासु आँखें हम पर एकटक जमी रहीं। डोंगी अपने-आप धारा के साथ बहती रही। पुल दूर होने लगा। भीड़ धुँधली होती गई। उसका बासन्ती कुर्ता दूर तक झलकता रहा। मधुर हासयुक्त वह भोली सूरत देर तक नजरों में समाई रही।

नहर से शाखाएँ-प्रशाखाएँ फूटती गईं और उसकी काया क्षीण होती गई। अन्तिम पन्द्रह किलोमीटर में नहर इतनी पतली हो गई कि चप्पू किनारों से लड़ने लगे। पुल और भी नीचे हो गए। ये क्षण अत्यन्त बेसब्री और उत्तेजना भरे थे। एक-एक गज बढ़ना एक बड़ी उपलब्धि जान पड़ने लगी। हर मील पर सोचते—चलो इतना जंजाल कटा, थोड़ा और कट जाए। बार-बार हिसाब लगाते, कितना बचा?

मथुरा (उत्तर प्रदेश) और गुड़गाँव (हरियाणा) जिलों की सीमा पर ही आगरा-कैनाल के तीन भाग हो गए थे। एक शाखा मथुरा होकर यमुना में मिल जाती है, दूसरी भरतपुर जिले की जमीन सींचती है। बीच की शाखा आगरा की ओर बढ़ गई। आगे इसके दो भाग हो गए। दोनों ही नहरें अलग-अलग रास्तों से गुजरकर गम्भीरी नदी में मिल जाती हैं। ऊपरी प्रवाह में कम पानी और नीचे ज्यादा की जरूरत है।

कदम-कदम पर हर्डल रेस जैसे व्यवधानों को पार करके साँझ के झुटपुटे में डोंगी आगरा-ग्वालियर मार्ग के पुल पर जा अटी। डोंगी की जरा-जीर्ण काया पर जितने छेद उतना ही आहत मेरा दिल। करीबन सौ मील की लड़ाई में ही उसके अंग-अंग लहूलुहान हो गए थे। बाकी के लम्बे रास्ते पर क्या होगा? पुलों से बेहिसाब सिर मारने में हुए डोंगी के जोड़ों के छेदों से रिस-रिसकर जितना पानी अन्दर आता, आशंका से भरा मेरा मन उतना ही गहरे डूबता गया।

श्याम शहर से खाना लाने चले गए। पुल पर जितने लोग उतने अन्दाज—

'यो डोंगा कहाँ सू आयो?'

'डोंगा कहाँ यू तो डोंगी है।'

एक सिपाही गुर्राया—'कहीं से चुराकर तो नहीं लाया ये?'

यह सोचे बगैर कि अँधेरे में रोब कसनेवाला सिपाही मामूली मल्लाह और हममें अन्तर क्यों करने लगा, उलटकर उसे हड़काया।

'तुम्हारा दिमाग तो ठीक है? इतने पुलों के रहते नहर से नाव चुराने की बेवकूफी कौन करेगा?'

यह सुनकर वह दूने जोर से बमका–

'तेरा दिमाग खराब है? एक मिनट में ठीक कर दूँगा।'

फिर, जैसे उसे अपनी गलती का अन्दाज लगा, ठीक करने के बजाय वह वहाँ से चलता बना। नीचे आने के लिए ललकारते मेरे बोल हवा में ही तैरते रह गए।

श्याम के लौटने पर पास ही के डोंगी देखने आए एक साहबान से अपनी घुड़साल में ठहरने का आमंत्रण पाकर हमारी प्रसन्नता का ठिकाना न रहा। सोचा– आज की रात तो आराम से चारपाई पर कटेगी। न सीमित जगह होगी, न करवट बदलने पर डोंगी डगमग करेगी और न साँप-बिच्छुओं के ऊपर चढ़ आने की आशंका ही सताएगी।

एक-एक कर सारा सामान घुड़साल तक पहुँचाया। सोने का जुगाड़ किया।

उधर बच्चों में इस सवाल पर बहस छिड़ गई कि डोंगी सामने के पुल के नीचे से निकल पाएगी या नहीं। उन्होंने फैसला कर लिया कि अगर मस्तूल निकाला जा सके तो निकल जाएगी वरना कदापि नहीं। हासिल यह कि लौटने पर हमने अजब माजरा सामने देखा। पूरी वानर-सेना मस्तूल से जूझ रही थी। सात-आठ पट्ठे उसे हिला-हिलाकर देख रहे थे कि मस्तूल नाव में कसा है या अलग हो सकता है। जीर्ण डोंगी की ऐसी दुर्दशा देखी न गई। डाँट-डपटकर उनको चलता किया और एक पल भी डोंगी अकेली न छोड़ने का फैसला किया।

श्याम अश्वशाला को ही दिव्य-शाला मानकर वहीं सोने की जिद करने लगे और मुझे डोंगी की दुर्दशा हरगिज बर्दाश्त न थी। आखिर हममें ही तू-तू, मैं-मैं हो गई। वे तुनककर घुड़साल में चले गए और मैं नाव पर ही सोया।

अस्तबल की उस झोंपड़ी में एक टूटी चारपाई पड़ी थी जिसकी मूँज बीच-बीच से भसककर लटक गई थी। हवा में भूसे-दाने-खली की खास बास बसी थी। इधर-उधर अल्लम-गल्लम सामान बिखरा था। रह-रहकर घोड़ा हिनहिना उठता और पूँछ फटकारकर अनचाहे अतिथि के प्रति अपनी रुष्टता दिखाता। ऊपर से भनभनाते मच्छर भाग्य-विधाता बन गए। ऐसे में श्याम चारपाई के खटमलों से भी लड़ते रहे।

दूसरी ओर मैं खुले आसमान तले, नहर किनारे नाव पर लेटा रहा। उधर घोड़े ने बार-बार हिनहिनाकर उनकी नींद उड़ाने का ठेका ले लिया और इधर भयंकर आँधी-पानी पिल पड़े। किसी तरह कम्बल में दुबका धूल-पानी से बचने की कोशिश करता रहा। हममें झगड़ा हो चुका था सो वे नाव पर और मैं घुड़साल में कैसे जाता?

सुबह मिले तो श्याम की आँखें उनींदी-उनींदी और लाल दिखीं, पपोटे सूजे और देह पर जगह-जगह लाल-लाल चकत्ते नजर आए।

9

दिन खुलते ही वानर-सेना फिर से जुटने लगी। इसी मुकाम पर दिन गुजारते तो डोंगी का एक भी टुकड़ा सलामत न बचता।

छोटी-सी नहर के ढाई फीट गहरे पानी में खड़ी डोंगी पर लहराता नीला झंडा सबके आकर्षण का केन्द्र बन गया। पुराने घिसे-पिटे सवालों के साथ नई टिप्पणियाँ–
'सैल कर रहे हैं जे लोग।'

'नाँए जी पानी की जाँच कर रए हैं।'

'रूक्को कमाएबे कौ अच्छौ धन्धो है।'

'अबे सारे! बड़ौ बेवकूफ हैगे।

'रुपयौ कहीं न्यौं मिलै है बावरे!'

'पैसौ कमाइबै कि ताईं कोई नहर में नाव चलावै है?'

'तेरे जैसे ऐ तो नौकर रख लैं।'

उन्हीं में से कोई डपटकर बोला। जरूर कोई असरदार आदमी रहा होगा।

पुल पर से गुजरती हर सवारी अपने-आप धीमी हो जाती। ड्राइवर झाँककर बाहर देखता, पुल पर जुटे लोगों से नाव का ब्योरा पूछता और फिर घर्र-घर्र करता आगे बढ़ जाता।

साइकिल सवार पुलिया के किनारों पर पैर टिकाकर रुकते।

पैदलों का क्या, जहाँ चाहे थम गए!

29 मार्च को रोहता की इस पुलिया पर नहर-यात्रा का आखिरी पड़ाव पड़ा। यहाँ से डोंगी बाहर निकालकर, ट्रक पर लादकर, धौलपुर में चम्बल तक पहुँचानी थी। श्याम इसके जुगाड़ में शहर गए और मैं पेड़ की छाँह में आराम करता रहा।

चम्बलं शरणं गच्छामि

1

ट्रकवाले ने सत्तर रुपए सँभाले और राजघाट के चम्बल तट पर डोंगी उतारकर चला गया। जितना गहरा पानी, उतनी ही गहरी हमारी सन्तुष्टि। नहर के ढाई फुटे पानी का जंजाल छूटने के बाद सामने दिखती गहरी धारा को उत्सुकता और उत्तेजना से अन्दाजने लगा। मन में आनन्द की सुखद हिलोरें, चम्बल पर उठती तरंगें जैसे लहरा-लहराकर गुदगुदाने लगीं। सोचने लगा—अब खुले हाथ डाँड़ खींच सकूँगा।

भूरे खुरदरे बीहड़ों में लोटती चम्बल की नीली धारा सामने थी। हलकी हवा से उठती लहरें किनारों से चप्प-चप्प आ टकरातीं। ट्रकों-बसों और मुसाफिरों को लगातार आर-पार पहुँचाते बड़े-बड़े स्टीमर नजर आते। मुँह उठाए सामने खड़े अध-टूटे पुल को किसी गड़बड़ी के कारण बीच-बीच से उड़ाने के लिए लगाए गए डाइनामाइट की आवाजें रह-रहकर घाटी में गूँजती-सिमटतीं।

इस पार ऊँचे कगार पर टँगा छोटा गाँव बड़ा सुन्दर लगा। किनारे के चाय वाले ने उँगली उठाकर सगर्व बताया—'हुआँ जो ऊँचो किनारो दिखाई देत है, बाढ़ में चम्बिल हुआँ तक चढ़ जात्त है।'

चम्बल, जिसका नाम सुनते ही रोमांच हो आता। मानसिंह, लाखन, रूपा...जैसे दस्यु-सरदारों के नाम और पत्र-पत्रिकाओं में छपी उनकी तसवीरें आँखों में नाच जातीं। गोलियों की तड़तड़ाहट, बारूद की गन्ध और दम तोड़ते इनसानों की चीख वाले दृश्य जेहन में उभर आते। चम्बल, जिसके ऊँचे और भयानक बीहड़ों की गोद में ऐसे लोग शरण लेते हैं जिनकी कीमत के इश्तहार लगाने की नौबत आती है। बड़ी शोहरत रही है चम्बल के पानी की। सुना था, इसके साफ नीले जल में मगर व घड़ियाल पल्था मारते हैं और इनसान जो इसे पीता है, सिरो-पाँव बागी हो जाता है।

चारों ओर नजरें घुमा-घुमाकर पहले से बनी तसवीर के अनुरूप घाटी के माहौल को महसूसने की कोशिश करते रहे। भीड़-भाड़ और आवाजाही ने रहस्यपूर्ण तसवीर को थोड़ा तोड़ा लेकिन गहरी पड़ चुकी छवि पर खास असर न आया। धारा, रेतीला पाट, गाँव, बीहड़ और मुसाफिर तक अजीब रहस्य भरे लगे।

चम्बल पार मुरैना जिले में पड़ता उसका हलका गुलाबी रेतीला पाट और इधर भरतपुर जिले की धरती। लोगों ने घाटी में घटित अनेकानेक भयानक कांड सुनाए। हर आदमी आगे कदम-कदम पर खतरे की बात करने लगा। चर्चा गरम थी—कुछ ही रोज पहले राजाखेड़ा के पास पड़ी डकैती में दो या तीन आदमियों को गोली मारकर चम्बल में फेंक दिया गया था।

2

महाभारत के 'द्रोण-पर्व' में नारद मुनि ने कथा सुनाई है—'राजा रन्तिदेव के दो लाख भोजन बनानेवाले थे। उनके यहाँ निरन्तर आनेवाले अभ्यागतों, विप्रों तथा अतिथियों को पकाए हुए तथा बिना पकाए हुए अमृततुल्य भोजन परोसे जाते थे। ब्राह्मणों को न्यायतः अर्जित धन से ही दान दिया जाता था। वेदों का धर्मतः अध्ययन करके उसने समस्त शत्रुओं को वश में कर रखा था। उनके यज्ञों में स्वर्ग की इच्छा रखनेवाले पशु स्वयं उपस्थित हो जाया करते थे। उनके अग्निहोत्र नामक यज्ञ के अवसर पर उनकी पाक-शाला से मेध्य पशुओं के चमणे[1] की राशि से चर्मण्वती नदी प्रभूत हुई। यही चर्मण्वती आज की चम्बिल, चामिल, चम्बल, चामर या चामल है।'

क्या खूब कहा है राजा रन्तिदेव के पुण्य प्रताप के बारे में कि उनके यज्ञ में मृत्यु की इच्छा रखनेवाले पशु खुद ही आ जाते थे! सीधे-सीधे नहीं कहा कि उनके यहाँ हजारों पशुओं का वध किया जाता था। इन्हीं पशुओं ने यहाँ के लोगों को शाप दिया होगा कि—'धर्म के नाम पर हमारा वध करनेवाले महाअधर्मी मानव जा, हमारे चरणों के ढेर से प्रभूत चर्मण्वती नदी का पानी एक-एक हत्या का मय ब्याज-सूद के बदला लेगा। इसे पीनेवाला इनसान अपने ही जाति-भाइयों के लहू का प्यासा होगा।' तभी से प्रारम्भ हो गई होगी यह खूनी परम्परा और तब से जाने कितना इनसानी लहू चम्बिल का पानी बन चुका है, जाने कितना अभी बहेगा!

3

अपने आपको टटोलने लगा—रोमांच की प्रतीक, इस रहस्यमयी घाटी से कुशलतापूर्वक पार हो सकूँगा? न तो एकदम निर्द्वन्द्व और न भयभीत ही। साहस करने का उत्साह और सकुचाहट भी—देखा जाएगा, जो होगा सो झेलेंगे, आ तो गए ही हैं।

एक रंगीन डोंगी के पास दो अनजान लड़कों को देख स्टीमर के कर्मचारी और चाय की दुकान वाले जुट आए। कुछ ही देर में सबसे परिचय हो गया, हम उनके

1. चमड़ा, चर्म

मेहमान बन गए। हमारा सामान स्टीमर पर पहुँचा दिया गया और आस-पास़ की दुकानों का हर सामान हमारे लिए मुफ्त हो गया। आधुनिक सभ्यता से अलग-थलग गाँव की गलियों में पले इन दुकानदारों का दिल महानगरों के राजमार्गों के विस्तार को भी मात दे गया।

नहर की लड़ाई में जख्मी डोंगी की मरहम-पट्‌टी जरूरी लगी। घाट के मल्लाहों ने आगाह किया–'कौनउ तगड़ी टक्कर में नदी के नोकीले पत्थरों की तीखी धार टीन की तरी को मुलायम खीरे की तरह चीर सकत है!'

श्याम अपने नव-परिचित मित्र के साथ खाना लाने चले गए और मैं लुंगी बाँधकर नाव के उपचार में जुट गया। बचा रह गया 'ब्लैक-जापान' निकाला, 'लीक-स्टॉप' सँभाला, धरे-धरे चिमड़ा गए ब्रशों को तारपीन के तेल में डुबा दिया। डोंगी उलटकर धो डाली और फिर उसे सूखने दिया। ब्लैक-जापान में तारपीन का तेल मिलाकर हलका किया। चिमड़ाए ब्रश नरम पड़ गए तो नाव पर एक कोटिंग 'ब्लैक-जापान' चढ़ाकर ऊपर से दरारों में लीक-स्टॉप दबाते गए। डोंगी सीधी कर दी। भीतर से भी दरारों में लीक-स्टॉप भरकर सूराख मूँदे। दो घंटे की इस मेहनत में अँगुलियाँ फट गईं।

श्याम के लौटते ही सबकी मदद से डोंगी पानी में उतारी। उसे हिलाया-डुलाया, उसके भीतर खड़े होकर उछले-कूदे। कहीं से भी पानी अन्दर नहीं आया, सभी छेद अच्छी तरह भर गए थे।

4

शाम होते-होते, स्टीमरों ने फेरी लगानी बन्द कर दी। सवारियों की आवाजाही की आवाज और मोटरों की घर्र-घर्र थम गई। घाटी में सन्नाटा उतर आया। दस्यु-भय स्पष्ट दिखा। कस्बे की ओर चलने से पहले लोगों ने श्याम को जल्दी लौट आने और कीमती सामान साथ न ले जाने की सलाह दी थी।

एकाएक आसमान गाढ़ा पड़ गया। हवा के झोंके तेज होने लगे। जल्दी ही धूल भरा तूफान आ धमका। दिन भर फेरी लगाकर कतार में खड़े स्टीमरों पर हलचल मच गई। जहाजी दौड़-दौड़कर रस्से कसने लगे। लोहे के लंगरों की खनखनाहट शान्त माहौल को चीरने लगी। नदी की धारा में अचानक खलबलाहट मच गई, ऊँची-ऊँची लहरें सिर उठाने लगीं। स्टीमर, दुकान, कपड़ों, सब पर रेत ही रेत। हू-ऽ-ऽ–हू-ऽ-ऽ-करते तेज हवाओं के झपाटे तारों-खम्भों से टकराकर सीं-ऽ-ऽ–सीं-ऽ-ऽ-सिसकारी भरते और स्टीमरों को झकझोर डालते। आधे घंटे ऐसे ही चला। फिर, धीरे-धीरे झोंके हलके होते गए, लहरें नीची हो-होकर बैठने लगीं, फिर सारा वातावरण ऐसा शान्त हो गया जैसे ऐसा ही रहा हो।

स्टीमरवालों ने रात के खाने पर बुलाया। उनके बंगाली मास्टर हमसे प्रभावित दिखे। वे हमें अपने यहाँ बिताए गए दिनों और कम गहरे पानी में अगल-बगल के पत्थरों से टकराने के डर से कलकत्ता से यहाँ तक बरसात में स्टीमर लाने के अनुभव सुनाते रहे।

चाय की दुकानवाले राम सिंह ने पहले ही चेतावनी दी थी–'रोटी भइया भले स्टीमर पर खाए लेऔ, मगर सोना मेरै घर पड़ियै।'

भोजन से तृप्त होकर उसकी दुकान में पहुँचे। श्याम ने बगल के बर्तनों के ढेर और ठंडी भट्ठी के पास एक चारपाई पर अपना बिस्तर जमाया। मैंने बारी-बारी से तीन चारपाइयों को आजमाया, हर बार टाँगें दो-दो फीट बाहर निकल गईं। परिस्थितिजन्य मुसीबत ने धराशायी होने को विवश कर दिया। राम सिंह का चेहरा अपराध-बोध से लटक गया। जैसे मेरी लम्बाई और चारपाई की छोटाई के लिए वही गुनहगार हों।

5

लोग डोंगी के पास जुटने लगे। एक दरियादिल चम्बल-पुत्र ने अपने एकमात्र छोटे-से खेत के सारे टमाटर तोड़कर हमें भेंट कर दिए। यह टमाटर का एक बोरा नहीं, उस बहुत बड़े आदमी का समूचा दिल ही था। एक केवट ने दो चप्पू दिए, उनमें मुसीबत से उबारने का बल और गहरा स्नेह समाहित था। दूसरे लोगों ने भी ऐसे ही बेशकीमती उपहारों से डोंगी और हमारा दिल भर दिया। श्याम द्वारा आमंत्रित धौलपुर के ए.डी.एम. साहब की सवारी दस बजे के करीब आई।

डोंगी खुली, रेलवे पुल, उसके पहले एक ओर बीहड़ों की दीवार, दूसरी ओर फैला रेतीला पाट। पानी के बीच-बीच में उभरी रेत पर लम्बी टाँगों वाले काले पतले पंछी। पुल के पीछे मुड़ती नदी, बीहड़ी दीवार व रेत का बदलता क्रम। सामने, वही अधटूटा पुल, बीहड़ पर टँगा गाँव, आते-जाते स्टीमर, पानी के बीच उठा खँडहर, किनारे के खेत की ढेंकुली, चाय की दुकान, स्टीमर खड़ा करने का प्लेटफॉर्म, उस पर खड़ी भीड़ और दूर बीहड़ों में समाती चम्बल की चमकीली नीली धारा। स्टीमर के मास्टर साहब पुल के दो खम्भों के बीच से नाव निकालने और धारा के बीच उभरी चट्टानों से बचने की तरकीबें समझाने लगे।

आगे बड़े तूफानों के आने की पूरी सम्भावना थी। ऐसे में अगर लहरें नाव को उछालने लगतीं और कहीं संयोग से नाव टेढ़ी होने पर श्याम पानी में गिर जाते तो उनके लिए खुद तैरकर किनारे पहुँचना, और मेरे लिए उन्हें बचाना असम्भव के बराबर होता। उनकी यूनिवर्सिटी की परीक्षाएँ नजदीक थीं और सबसे बड़ी समस्या

पैसे की। कुल दस-बारह रुपए ही मेरी जेब में और श्याम के पास मुश्किल से लखनऊ पहुँचने तक का किराया। ऐसे में उनका वापस लौटकर आगे के किसी शहर में रुपए भिजवाने का खयाल सबसे अच्छा लगा।

श्याम के मन में आशंका के हजारों सर्प फन मारने लगे। वे बहुत उदास हो गए। पीछे आनेवाले पुल तक ही हमारा-उनका साथ रह गया। वहाँ से उनके व मास्टर साहब के वापस लौटने और मेरे बढ़ने की बात तय हो गई। वे बोले-'अगर तुम सही-सलामत पार हो गए तब तो वाह-वाह, वरना लोग मुझ पर ही थूकेंगे।'

उन्हें दिलासा दिया-'लोगों के सोचने से क्या होता है!'

लेकिन उन्हें चैन कहाँ-'सब यही कहेंगे कि जब तक सब ठीक रहा नौका-विहार का मजा लूटा और असली खतरा आया तो दोस्त को झोंककर खुद भाग आए। अच्छी दोस्ती निभाई।' लाख समझाने पर भी मुँह लटकाए रहे।

कुछ ही पलों में डोंगी रेत पर सट गई। पुल के बड़े-बड़े ऊँचे मेहराब, नदी किनारे पानी में खेलते बच्चे, बीहड़ पर पोय (जानवर) चराते ग्रामीण और दिशा बदलती नदी की धारा साफ सामने आ गए। अधटूटे पुल का आगे निकला किनारा दूर से सूखे पेड़ के ठूँठ जैसा लगा।

डोंगी से उतरते श्याम के कदम बोझिल हो उठे। उनका मसखरा स्वभाव और स्फूर्ति बेगाने बन गए। लाल चेहरे की रंगत जैसे चम्बल की रेत ने सोख ली। रेत पर उतरकर मेरी ओर घूमे, होंठ कुछ कहने को थरथराए, बोल न निकले। आँखों की नरमी में स्नेह, सहानुभूति, पीड़ा, शुभकामना और प्रेरणा के भाव एक साथ तैर गए। नजरें चुराकर डाँड़ सँभाल लिये। छुपती आँखें एक ही पल को टकराईं और सैकड़ों उपाख्यानों जितने संवाद हो गए। किनारा दूर हटने लगा। वे हाथ हिलाते रहे। पुल का मेहराब पार हुआ, नदी मुड़ने लगी। वे खड़े रहे जैसे रेत ने उनके पाँव बाँध लिये हों।

6

रहस्यमय घाटी से गुजरने के रोमांच, नई मुसीबतों से दो-दो हाथ करने के हौसले, नए और अनजान के आकर्षण और अपनी ही तरह के विशिष्ट चम्बली-सौन्दर्य के जादू ने न केवल श्याम का साथ छूटने से उपजे खालीपन को भरा बल्कि कुछ ही पलों में औत्सुक्य और चुनौती स्वीकारने की भावना को भी उफना दिया।

नदी करवटें बदलने लगी। कहीं चौड़ी, कहीं पतली, गहरी, छिछली। एक ओर बीहड़, दूसरी ओर रेत, पानी में निकली ऊँची चट्टानें। साफ पानी में नीचे दिखती तली। कभी-कभी पानी की स्वच्छता की वजह से गहराई इतनी कम लगती कि जान पड़ता नाव अब जमीन से लगी, तब लगी, लेकिन वहाँ भी गहराई दो हाथ से

कम न होती। धारा कहीं शान्त, कहीं गतिहीन और कहीं पत्थरों के बीच कलकल करती। हर मोड़, हर पत्थर के पीछे से बराबर किसी दस्यु-दल के निकलने की आशंका सताती। लोगों ने सलाह दी थी–'पार उतारने को कैहें। उतार दियौ तो कछू नई कहिहैं।'

भय-मिश्रित उत्सुकता से उनका इन्तजार रहा। बार-बार लगता अबकी आनेवाले मोड़ पर होंगे, मोड़ निकल जाने पर सोचता—दूसरे के पीछे होंगे। खिंचे चेहरों पर ऐंठी मूँछें होंगी और लाल-लाल जालिम आँखों में मौत नाचती होगी। कन्धों पर बन्दूकें होंगी, गलों में कारतूसों की माला, कड़ककर पार ले चलने का हुक्म देंगे।

चप्पू चलाते-चलाते पसीने से भीग गए, परछाईं लम्बी पड़ गई, मोड़-पर-मोड़, कगार-पर-कगार पार होते गए, आदमी की तो कहा कहैं, पशु भी नहीं मिला। समय बिताने के लिए चप्पू खींचते-खींचते गला फाड़-फाड़कर अलापने लगा–

'नदी घाघरा-ऽ-ऽ-ऽ-ऽ-बाढ़त आवै-ऽ-ऽ-ऽ-ऽ-
तू-ऽ-रत चलै अरा-ऽ-ऽ-ऽ-र
एक डिहरी में साँवाँ कोदौं, एक डिहरी में मेंडुवा।'

एक के बाद दूसरा बिरहा यूँ जुड़ता जैसे एक ही श्रृंखला की कड़ियाँ–

'ओ-ऽ-गाले पर से हथवा हटावा ननगुटकी
के आइल बा बरतिया में चो-ऽ-ऽ-ऽ-ऽ-र।
आपन-आपन टिकुरी सँभारा मेहररुआ
के आइल बा बरतिया में चो–ऽ-ऽ-ऽ-ऽ-र।'

प्रकृतिजन्य मस्ती से अलापने के पल आज के जीवन में कम ही आते हैं। अन्तर्मन को पूरने का इससे बढ़कर कोई इलाज नहीं। अलमस्त आवारा घूमना, नाव चलाना, कुछ दिन निठल्लों जैसा बिताना, वर्षा-स्नान, गहरी झील देखते ही छलाँग मारना और ऊँचे पहाड़ों पर चढ़ जाने की तमन्ना जीवन की निशानी हैं। लम्बी मेहनत के बाद कुछ दिन का आराम जितनी ऊर्जा देता है उससे कई गुना ज्यादा दुनियावी गोरखधन्धों से अलग प्रकृति के एकान्त में कुछ नितान्त अपने दिन बिताने से मिलती है।

तीसरे पहर नदी किनारे एक तरबूज के खेत की झोंपड़ी से एक बच्चा बाहर आया। अपरिचित रंगीन डोंगी में इस तरह मेरा अलापते चलना निश्चय ही उसे विचित्र और अचरज भरा लगा होगा। चिल्ला-चिल्लाकर कुछ पूछने लगा। और आगे बढ़ने पर उलटी ओर लौटती माल लदी नावों के बेड़े, नावों पर जाल-टाल, अल्लम-गल्लम सामान वाला एक धीवर-कुल मिला जो मत्स्य-आखेट के अभियान पर निकला था। मेरी डोंगी उनके लिए विशुद्ध अचरज थी। सबने झटपट सलाम ठोंके।

हवा उलटी हो या उलटी धारा में चढ़ना हो तो नाव के मस्तूल के ऊपरी सिरे पर पतली रस्सियाँ मजबूती से कस देते हैं। फिर, पाँच-छह आदमी रस्सियों के एक-एक सिरे को थामकर नदी के किनारे-किनारे कमर, सीने या कन्धे के सहारे खींचते चलते हैं। नाव पानी में रहती है और एक आदमी उसकी किलवारी सँभालकर नाव को किनारे से दूर गहरे पानी में रखता है। इस तरकीब में रस्सी-खींचना सबसे खास काम है। रस्सी को संस्कृत में 'गुण' और खींचने को 'कर्षण' कहते हैं। इसी वजह से इसके लिए 'गुणकर्षण' शब्द गढ़ा गया जो कालान्तर में 'गुन', 'गोन' या 'गोनारी' हो गया।

7

दूर, बीहड़ों के ऊपर, रेंगते कुछ आदमी दिखे। उनके बगल से पानी की पतली धाराएँ नीचे आ रही थीं। एकबारगी जो उनकी आवाज सुनी तो लगा, डाकू होंगे, सो हुकुम बजाने किनारे पहुँचा। सहमते हुए, उत्सुकता के साथ प्रतीक्षा की।

बीहड़ों पर सरकते हुए थोड़ी देर में वे लोग नीचे आए तो पता चला, घरवाली को विदा करा के ला रहे पार के धोबी ने घाट पर नाव न देखकर मुझे ही टेर लिया था। रुक ही गया तो पार भी पहुँचाया। वह बेचारा बहुत घबराया, बार-बार मुझे ऊपर से नीचे तक देखता और सहम जाता। जाने क्या समझकर उसकी सिट्टी गुम थी। नीचे उतरकर उसने सत्तर सलाम ठोंके।

अकेले, उन्मुक्त, डोंगी पर चलते जाने, चलते जाने में बहुत आनन्द पाया। चम्बल के बीहड़ों के किस्से-कहानी सुने थे, नाम से ही सहम जाता और अब वहीं अकेला तिर रहा था, बिना किसी चिन्ता के, बेखौफ। इन बीहड़ों, घाटियों को देखने की बड़ी चाह थी। कुछ ऐसा संयोग सधा कि इनके बीच, चम्बल के उज्ज्वल वक्षस्थल पर ही कई-कई दिन-रात बिताने का मौका मिल गया।

चप्पू-दर-चप्पू आगे बढ़ते, मोड़ घूमते, पत्थरों से कतराते चले। दोनों ओर ऊँचे-ऊँचे खार और गहरे कटाव, इक्के-दुक्के गाँव, बमुश्किल कोई आदमी नजर आता। बीच-बीच में उजले पानी के बीच पत्थरों-चट्टानों के छोटे-छोटे टापू मिले। इन पर सारस, बगुले और तरह-तरह के छोटे-बड़े पक्षी दिखे। पास पहुँचते ही उनके बड़े-बड़े समूह एकबारगी उड़ पड़ते और कुछ पक्षी अपनी जगह बैठे रहते। नजदीक पहुँचने पर कुछ और उड़ जाते, कुछ उड़ने की तैयारी में पर तौलकर भी उड़ते नहीं। कुछ डोंगी पर सजग निगाह जमाए अपनी जगह जमे रहते।

डोंगी गुजर जाती, फासला बढ़ने लगता। पर तौलते पक्षी आश्वस्त होकर आराम से बोलने लगते। ऊपर उड़ा समूह बड़ा चक्कर काटता गोता लगाता निकलता और

अधिकांश पक्षी धीमे से पानी पर उतर जाते, बाकी एक और चक्कर काटकर फिर उतरते। इस तरह तीन–चार चक्करों में सभी अपनी पुरानी जगह पर डटे नजर आते।

तरह–तरह के जाने–अनजाने पक्षी, भूरे, स्लेटी, सफेद। काले पक्षी की आँखों का घेरा सफेद, सफेद का काला। किसी का वक्ष सफेद, किसी का लाल। शीख पर, जलमुर्गी, टिटिहरी, चक्रवाक, बगुला, सारस, मयूर। एक पैर पर ध्यान लगाए, तैरते, उड़ते। कूजते, मछली मारते, नाचते, डुबकी खाते, विविध–विहंगों की मोहक क्रीड़ा–

कूजत कहुँ कलहंस कहूँ मज्जत पारावत।
कहुँ कारंडव उड़त कहूँ जल–कुक्कुट धावत।
चक्रवाक कहुँ बसत कहूँ बक ध्यान लगावत।...

शाम तक हवा हलकी पड़ गई। स्थिर शान्त पानी के बीच मगर या घड़ियाल जैसा विशालकाय जन्तु उलटता दिखा। दूर कुछ आदमी ऊँटों की नकेल थामे टिंघुरते हुए। कुछ आदमी बोझा लादे घर लौटते। एहसास हुआ कि साँझ घिर रही है और अब डेरा डालने का जुगाड़ करना चाहिए। धौलपुर में ही लोगों ने कहा था– 'क़िनारे से दूर बीच में रुकौ जासे जानवर और बदमाश ढिंगा न आय पावैं।'

मेरे पास लोहे का लंगर न था लेकिन वहाँ के मल्लाहों ने मुझे एक खाली सीमेंट की बोरी देकर बताया था–'बोरी में आधी बालू भर के ऊपर से बाँधकर पानी में डाल देवो, जाको लंगर बन जावे।'

धारा घूमती हुई एक अर्द्धवृत्त बनाती दिखी। एक ओर दूर तक फैला गुलाबी रेतीला पाट और दूसरी ओर ऊँचे–ऊँचे खारों का भूरा सिलसिला। किसी–किसी खेड़े पर एक–दो पेड़, दूर बीहड़ पर गाँव। धारा के बीच–बीच में निकले पत्थर और उनसे टकराती जलधारा कलल–कल–कल करती। कोई–कोई मछली पानी की सतह पर दूर तक बिछलती नजर आती। चिड़ियों का कलरव सुन पड़ता और रह–रहकर मछलियों की डुबकियों की आवाज। डूबते सूरज की तिरछी वलयों से पश्चिमी गगन ललछौंहे, सफेद, पीले व बैंगनी रंग के मोहक बादलों के साथ एक बहुत बड़ा कैनवास बन गया। हवा थिर गई और हिलोरें लेता पानी शान्त हो गया। ऊँट की कूबड़ी पीठ पर लचकता आदमी दूर से छाया जैसा डोलता नजर आता। अकूत प्राकृतिक सौन्दर्य पसरा था। रोमांचक चम्बल घाटी की मनोहारी सुन्दरता बड़ी प्यारी लगी।

एक रंगीन डोंगी का इस तरह बीच धार में रुकना और उसमें बैठे अकेले नए आदमी को देख सामने के ऊँचे खेड़े पर बसे गाँव के लोग चौंके। एक आदमी देर तक बैठा–बैठा मेरे हर एक क्रिया–कलाप पर नजर रखे रहा। धीरे–धीरे बीहड़ों की परछाईं पानी में गहराई तक धँस गई। झींगुरों की झनकार और टिटहरी की टुटकार सुन पड़ने लगी। दो ऊँचे खारों के बीच से अस्त होते सूर्य की क्षीण रोशनी फूट पड़ी,

काले पड़ चुके बीहड़ पर बोझा लादे छाया डोलती रही। खा-पीकर देर तक अधलेटा सा गाँव की टिमटिमाती रोशनी पर नजर गड़ाए रहा।

'ओह! तो यह है चम्बल घाटी! बाहरी इलाकों में किसी को भी चौंकाने के लिए दो शब्दों का बम। इसकी कितनी रहस्यमय और भयानक तसवीर सामान्य जन-मानस में बन चुकी है। लेकिन यह तो बहुत सुन्दर, बड़ी ही मोहक है।

'पर वे कहानियाँ झूठी तो नहीं। किसी भी पल कुछ भी हो सकता है।'–'...हुँह, क्या हो सकता है?...ज्यादा से ज्यादा पकड़ ही तो लेंगे।'...'गोली भी तो मार सकते हैं!'...'बिना मतलब मार देंगे? इतने बेरहम तो न होंगे? भागने का रास्ता नहीं हो सकता?...–घरवालों पर क्या गुजरेगी...श्याम क्या सोचेगा?...–अब रास्ते में होगा...घरवाले और साथी तो जानते भी न होंगे कि मैं इस रास्ते जा रहा हूँ।'

8

रात जहाँ लंगर डाला, अन्दाजन राजस्थान-मध्यप्रदेश की सीमा पर उत्तर प्रदेश की सीमा से कुछ पहले ही होना चाहिए। उजाला होने से पहले ही नींद खुल गई। बीहड़ों में उदय होते सुन्दर सूरज का सुनहरा सौन्दर्य बिखर गया, धीरे-धीरे पूरा इलाका आलोकित हो उठा, चिड़ियाँ बसेरों से निकल पड़ीं। पानी फिर भी शान्त रहा।

बादलों की सुखद छाया से मौसम सुहावना हो गया। ठंडी हवा के झोंके हौले-हौले लहराकर नीले जल-तल पर खेलने लगे। इस हलकी छेड़छाड़ से ही धारा की सतह पर ऐसा कम्पन उठा मानो चम्बल सिहर उठी हो। श्यामल, धुआँरे, दूधिए बादलों के समूह गगन में छितराकर निर्द्वन्द्व विचरने लगे।

काले मेघ ने सूरज को ढक लिया। मेघ के किनारों से सूर्य-रश्मियाँ छिटकने लगीं। लगा कि एक बड़ा-सा हीरा चमचमा रहा हो। महाकवि कालिदास ने ऐसा ही नजारा देखकर लिखा होगा–'ऐ मेघ! जब तुम भगवान विष्णु का साँवला रूप चुराकर चर्मण्वती का जल पीने के लिए झुकोगे, उस समय आकाश में विचरनेवाले सिद्ध, गन्धर्व आदि को दूर से पतली दिखाई देनेवाली उस नदी की चौड़ी धारा के बीच तुम ऐसे दिखाई दोगे मानो पृथ्वी के गले में पड़े हुए एकलड़े हार के बीच में एक बड़ी मोटी इन्द्रनील मणि पोह दी गई हो।'

फर्क इतना ही कि उस समय मैंने मेघ को नीचे डोंगी से देखा और कालिदास का मेघ ऊपर से चम्बल की स्वच्छ सतह पर अपना ही रूप-बिम्ब निरख रहा था।

हवा तेज होती गई। सोचा, क्यों न चलती हवा का लाभ उठा लूँ! मस्तूल सीधा कर, उस पर एक छोटी घिर्री बाँधी और उस पर चादर चढ़ाकर पाल तान लिया। नाव के पिछले कुंडे में चप्पू फँसाया और 'स्टीयरिंग' जैसी किलवारी दिशा-

निर्देशन को तैयार। हवा के झोंकों के साथ डोंगी पानी पर फिसल चली। इतने दिनों के बाद हवा के दम पर पेंगें मारने की मौज के क्या कहने! ऐसे अन्दाज में पाल की रस्सियाँ और किलवारी सँभाली कि किशन कन्हैया भी वैसी ठसक से रथ की रास क्या थामते होंगे!

आगे बढ़ने पर एक ओर पत्थर की चट्टानें नोक उठाए दिखीं, किलवारी को घुमाकर उससे डोंगी को टकराने से बचाया। दूसरी ओर तली में पत्थर दिखे तो झट से काटा। डोंगी ऐसी लहराकर चली कि हॉकी का कुशल कैरीबाज भी उस पर निसार हो जाएँ।

दूर से, एक नौ-बेड़ा किनारा नापता दिखा। उसके नायक ने मुझे आगे बढ़कर आवाज दी। राजा इन्दर वाले नशे में खलल पड़ा तो मैंने अनख कर उधर देखा। सोचा, नहीं जाना किनारे, ऐसी बढ़िया हवा में क्या कोई नाविक किनारे जाता है? उसने दोबारा आवाज लगाई। उसे भी अनसुनी कर आगे बढ़ाना चाहा लेकिन तभी इस खयाल ने सारे ताव पर पानी डाल दिया कि कहीं ये बागी तो नहीं? अपने-आप किलवारी पर हाथ घूमा और डोंगी तीराभिमुख हो ली। वे नेकर और बनियाइन में दिखे। उनकी ऐनक चढ़ी आँखों में कौतुक भरा था। पतले कंकाली ढाँचे में वे प्रेत जैसे लगे। देखते ही सोचा–ये तो बागी नहीं हो सकते!

पता चला कि वे मगर और घड़ियालों की गिनती करनेवाले सरकारी चाकर हैं। उन्होंने मुझे मच्छी वाला समझकर आवाज लगाई थी। अब हमें देखकर हलाकान हुए जाते थे। हमारा मकसद सुना तो उनकी आँखों में सन्देह जागा। ऐनक सँभालते हुए पूछा–अकेले ही? दिल्ली से चले तो चम्बल में कैसे आए? अपनी समझ से उन्होंने नाग-पाश फेंका लेकिन हमारी सत्यनारायाणी कथा के ब्रह्मास्त्र ने उसे यूँ ही काट फेंका। सब सुनकर बिन माँगे सलाह देने लगे–'मानसून आने से पहले हर हाल में कोलकाता पहुँचना अच्छा होगा। वहाँ बारिश जल्दी और बहुत ज्यादा होती है।' उनसे यह भी पता चला कि नदी में सचमुच घड़ियाल रहते हैं।

9

फिर से पाल तानते ही डोंगी राजस्थान की सरहद पार कर उत्तर प्रदेश की सीमा में निकल गई। लेकिन यह तेजी मौसम को रास न आई। पश्चिम से रेत का सैलाब झपटता हुआ आया। मोटी रेत की झड़ी लग गई। पाल हवा से फूलकर बेकाबू हुआ जाता। रस्सियाँ अँगुलियों पर कस गईं। डोंगी बेहिसाब रफ्तार से भागी। टूटे मस्तूल के छेदों से सीटियाँ बजने लगीं। तब तक एक चट्टान दैत्य जैसी सामने उभर आई। मैं घबराया कि 'अब तो निकला डोंगी का कचूमर!' रस्सियाँ ढीली करने के चक्कर

में हड़बड़ाया और तभी किलवारी धारा में जा पड़ी। डोंगी अपने हाल पर मचलने लगी। सँभालने की कोशिश की तो रस्सियाँ छटककर उड़ चलीं। झटपट पाल उतारा और चट्टान पर चप्पू अड़ाकर किसी तरह टक्कर झेली। तूफान ने वितंडा मचा दिया। मानो साँड़नी की दौड़ मची हो। बीहड़ों के आगे रेतीला पर्दा झिलमिलाने लगा। डोंगी को लंगर के सहारे छोड़ दूर जा बैठा।

बैठे-ठाले क्या करता, गुड़ और चने पर ही टूट पड़ा। मन भर गया तो रेत पर टहलने निकला। चलते-चलते धारा में उतराता अपना चप्पू दिखा, लहरों की मार से कभी किनारे आता तो कभी पानी में खिंच जाता। तभी एक तेज लहर चप्पू को किनारे पर टिका गई। लपककर उठाया और कन्धे पर बन्दूक-सा उठाए वापस चला। बावली हवा पूरी घाटी में सर मारती रही। ऊपर से पानी भी बरसने लगा।

पाल लगाना चाहा तो तूफानी हवा ने रुख बदल दिया। कभी रस्सियाँ छूटकर हवा में फड़फड़ाने लगतीं तो कभी किलवारी खिसककर दूर पानी में जा पड़ती। जब तक सँभालता लहरें डोंगी को रेत पर ला पटकतीं। आखिर तंग आकर पाल उतार फेंका, मस्तूल नीचे गिराया और डाँड़ सँभाला। डोंगी बार-बार लहरों के झूले पर चढ़ जाती, ढेरों पानी अन्दर आता। ऐसे में वही किनारा पकड़ा जिधर से हवा के झोंके आ रहे थे। बढ़ना आसान हो गया। अब न हवा देखी न लहर। किनारा थामे चप्पू चलाते गए—खटर-खट्ट-खट्ट, खटर-खट्ट-खट्ट, डुडुब-डुब-छप्प। डुडुब-डुब-छप्प।

खेतों में काम करते किसान छूटे, पशु चराते चरवाहे ओट पा गए, दूर से दीखता ऊँचा कटा हुआ सपाट कगार आया और निकल गया। डोंगी बढ़ती रही।

किनारों पर एक ओर कटी-फटी कगार और दूसरे तट पर फैली-फैली रेत। थोड़ी देर में रेत पर एक छोटी झोंपड़ी दिखने लगी। इतनी छोटी और चिपटी झोंपड़ियाँ रेगिस्तानी आँधी में नीचे झुक जाती हैं। बड़ी बनाएँ तो उड़ ही जाएँ।

तभी किनारे से एक आदमी ने आवाज लगाई—'ओ रे-ऽ-ऽ-ऽ नाव रोक दे-ऽ-ऽ-ऽ'

नियम ही बनाकर निकले थे कि जिसका भी हुकुम हो सर-माथे। डोंगी किनारे लगाकर साथ हो लिये। वह चलते-चलते बोला—'वहाँ मड़ैया में तुम्हें बुलाओ है।'

झोंपड़ी में घुसते ही एकबारगी कदम ठिठक गए लेकिन पहले की मानसिक तैयारी ने चेहरा भावहीन रखा—'हूँ तो ये है प्रतीक्षित दस्यु-दल! —पुलिस की वर्दी। कन्धों पर सितारे। सब के सब ऑफिसर रैंक के!...सिपाही एक भी नहीं...'

उन्होंने पूछा—'हिंयन से अकेले काहे जाय रहे हो?'

फौरन जवाब देकर फिर से उन्हें अन्दाजने लगा—'रायफलें तीन सौ पन्द्रह बोर, एकनाल-दुनाल बन्दूकें, स्टेनगन—..., ये असलहे पुलिसवाले कब से रखने लगे,

डाकू ही हैं,...शायद पार उतरवाने को कहेंगे...कहीं पकड़कर फिरौती ना माँगने लगें...फिर सोचते रहे कि देखा जाएगा...।

भय की लहर मन के हिंडोले पर तेजी से घूमी।

उनमें से ज्यादातर मेरे हमउमर और कुछ उमरदार। कद-काठी हम जैसी ही। चेहरा शान्त। कुछ के कठोर चेहरों पर चढ़ी मूँछें। अजीब सी ठंडी-ठंडी आँखें।

शायद उन्होंने मुझे कोई गुप्तचर समझा था इसलिए कुछ ज्यादा ही पूछताछ की। लेकिन आगरा से निकलने वाले 29 मार्च के 'अमर उजाला' अखबार में छपी मेरी तसवीर और पूरा ब्योरा बड़ा काम आया। उसे देख-पढ़कर सन्तुष्ट हो गए। उनमें से किसी ने आगरा में वह खबर पढ़ी भी थी।

अब, एक ने पूछा–'कौन ठाकुर हौ?'

नाम सुनते ही आदर से बोला–'पाँय लागै।'

ब्राह्मण और विद्यार्थी, फिर ऐसी कठिन यात्रा काहे को! मेरे हक में तो सोने में सोहागा हो गया।

'बहो–ऽ-ऽ-ऽ त हिम्मत करी तुमने! बहो–ऽ-ऽ-ऽ-त हिम्मती निकरे! जा घाटी में तुम पहली बार जाय रहे हौ। सब लोगन की हिम्मत नाय परे ऐसी यात्रा पर निकरबे की।'

मन ही मन सोचता रहा—फुरसत मिले तो आगे बढ़ें। इनका क्या भरोसा अभी खुश हैं, अगले पल में बिदक जाएँ तो?...सो अपने भर पूरी नरमी से चलने का इरादा जताया–'अब चलूँ, बहुत दूर जाना है।'

उधर से वही पहले वाला, जिसने डोंगी रुकवाई थी, बड़े प्यार से बोला–

'जू कैसे होए जैहे? ऐसे थोरो चले जैहो, बिगर खाए-पिए।'

मुखिया ने एक को बीहड़ों में भेजा–'ऐ तुम गाम से दूध-बतासा लै आओ।'

फिर रुक-रुककर सवाल होते रहे–'कौन क–ऽ–क्षा में पढ़त हौ?...तुम्हाए बाप का कत्त हैं?...कै भैया-बहिन हौ?...तुम्हाओ जे यात्रा करने को कौन सो फायदा है?'

एक-एक कर जवाब देता चला। फिर उन्होंने अपने इलाके की तारीफ के पुल बाँध दिए–'चम्बिल को पानी बहुत साफ है। पीनो में भोत अच्छो लागि है। रुपिया डाल दै तो ऐसो जान पत्त है हाथ भरे पर धरो है।–जहाँ के आदमी दिल के बहुत साफ हैं।–तुम्हाई खूब सेवा करिहैं।–दूध-मठा पिबैहैं।...'

फिर आजकल के लड़कों की बारी आई, सैकड़ों गालियाँ उनके मत्थे पड़ीं–'सारे हाथी पाँव पहिन के घूमत हैं। इत्ती बड़ी-बड़ी कलमै कटाय लैं औ मूँछें अलग मुड़ाय लेत्त हैं, और मोढ़िन के चक्कर में दिन भर फित्त रहत हैं। हिम्मत वारो काम कहा करिहैं! उन्हें तो छिनरपनै से फुरसत नाय।'

दूध-बतासा आया। आत्मीय सत्कार से खिलाया-पिलाया। कठोरता का कहीं आभास नहीं जिसके लिए यह घाटी सारे जग में बदनाम है। आदमी तो आदमी। फिर चाहे डाकू हो या साधु। बिना वजह पागल ही किसी को मारता है। मौका पड़े तो साधु भी हिंसक बन सकता है। चम्बल वालों की हिंसा के पीछे बहुत सी आर्थिक, सामाजिक और ऐतिहासिक वजहें हैं, वरना आमतौर पर कोई भी घर-बार, बीवी-बच्चों को छोड़कर बागी बनना पसन्द नहीं करता, और न किसी को मारना ही चाहेगा।

इधर मेरी डोंगी खुली, उधर उनकी टोली बीहड़ों में बढ़ चली। रहा-सहा भय भी जाता रहा। निर्द्वन्द्व भाव से चप्पू खींचते चले।

चम्बल घाटी के सर्पीले कटान वाले खुरदरे भूरे बीहड़ों की बागी-परम्परा तकरीबन सात सौ बरस पुरानी है। उससे पहले भी यहाँ बागी उपजते रहे हों तो कोई अचरज की बात नहीं। इधर के कोंतवार इलाके में होकर दक्षिण जानेवाले सार्थवाहों[1] को शायद इन्हीं के भयवश आयुधजीवियों का जत्था लेकर चलना पड़ता होगा। तेरहवीं शती में अपने जमाने के तपे हुए दस्यु हतिया को रज्जू राउत द्वारा बीहड़ों में खदेड़े जाने की बात लोगों को मालूम है। बलबन के जमाने में मेवातियों ने बड़ा उत्पात मचाया, बीहड़ों में छुपी उनकी टोलियाँ घात लगाकर हमला करतीं और फिर कहीं गुटक जातीं। बलबन ने उनसे निपटने के लिए इस इलाके के जंगल साफ कराए और चौकियाँ लगवाईं।

अमूमन डकैतों की निश्चित सीमाएँ और आदर्श रहे, और उसके लिए वे चम्बल की कसम खाते रहे। कहते हैं कि कसम तोड़नेवालों को चम्बल ने कभी माफ नहीं किया—'मर्यादा रखनेवाले गोली खाकर भी पार उतरि गयै, और न माननेवालों की तो एक ही फैर में लोथ उतराय गयै। चम्बल की लाज बचाय के अन्याय से लड़न वारे बागी माने गयै और घर-घर पुजे। अत्याचार कियो तो कुत्तन की मौत मरे।'

10

बीहड़, मोड़, घाट, खेत, गाम, गुजरते गए। शाम गहराई, सूरज डूब चला। पानी पर पड़ती बीहड़ की परछाईं स्याह पड़ गई। जहाँ लंगर पड़ा, सामने बीहड़ पर एक मन्दिर नजर आया। आस-पास मोर कूक रहे थे, दूर कहीं अलाव जलता दिखा। पहले दिन की तरह ही लोग सन्देह से भरे दिखे। इस तरह बीच नदी में लंगर डालना इन्हें अखर रहा था। पूरी तरह अँधियारा घिरने तक वे टकटकी बाँधे देखते रहे।

जल-पक्षियों की आवाज सुन पड़ती–'क्रैं-ऽ-क्र, क्रैं-ऽ-क्र, क्रैं-ऽ-क्र।'

---

1. व्यापारी

मानो, पूछते हों कौन ? कौन ? शायद मुझ अजनबी की पहचान उन्हें भी हो गई थी। पीछे कहीं मोटरों की घुर्र-घुर्र सुनाई पड़ती। अन्दाज लगाया कि पिनहट होगा।

लेटे-लेटे आसमान ताकते सोचता रहा—चमचमाते, झिलमिलाते अनगिनत सितारे। सब जगह गगन का एक ही रूप..., डाकू भी मिले लेकिन कुछ हुआ नहीं।...पहले ही डर जाते, ना आते तो यह सब देखने-जानने को कैसे मिलता ?...पत्थरों पर बैठे परिन्दे कितने सुन्दर, कैसे प्यारे !...ऊँटों की छाया, बीहड़ों की पृष्ठभूमि में कैसी दिलकश..., वक्त रुक जाए और पास में एक अच्छा कैमरा और रंगीन फिल्में हों...इस जीते-जागते चित्र को ज्यों का त्यों सँजो लूँ।...कभी-कभी पैसे के बिना कितने जरूरी काम रह जाते हैं...।

चम्बल घाटी के मरदाने सौन्दर्य की सख्ती में तनिक सी स्त्रियोचित कोमलता का सम्मिश्रण है। यह सौन्दर्य धरती जैसा सख्त, आकाश जैसा खुला और मेघ-सा स्वच्छन्द है। इसके साथ थोड़ी नरमी खुरदरे खारों पर लोटती चम्बल की नरम नीली धारा जैसी मिल गई है। मार-काट, खून-खराबे, लहू-लोथ से बनी मनोभूमि के साथ, ऊबड़-खाबड़ बीहड़ के खुरदरेपन के अनुरूप ही उस पर जन्मे और बढ़े सख्त कड़ियल जवानों का ऐंठा मजबूत बदन। गुप्त सम्राटों को नाकों चना चबवानेवाले नाग-राजाओं और उत्तर भारत की राजनीति पर तलवार चमकानेवाले चौहानों की वीरगाथाएँ, प्राचीन सौरसेन प्रदेश में सैकड़ों बरस से चली आ रही बागी परम्पराओं की गाथाएँ। कन्नौज पर महमूद के कब्जे के बाद भदौरिया, तोमर और कछवाह राजपूतों और मेवातियों को पालनेवाली धरती के बारे में, अब्दाली-औरंगजेब और दूसरे दिल्ली-पतियों की टक्कर में यहाँ के अक्खड़ जवानों के अड़ने के किस्से, ब्रिटिश सरकार की दमनकारी नीतियों के शिकार होकर भी बागियों द्वारा निबाहे गए आदर्श, राव-राजा-जमींदारों से तनातनी और कलियुगी बागियों (?) की दरिन्दगी के किस्से हिन्दुस्तान के कोने-कोने में सुने जाते रहे हैं।

किले की ऊँची प्राचीर जैसी मजबूत नदी की तराशी हुई कगारों और नीचे चम्बली धारा की मोहक सुन्दरता का क्या खूब मेल हुआ है, मानो कँकरीले खारों पर खड़े कँटीले बबूल के दरख्तों पर लिपटी कोई बरसाती लतर हो। फैली हुई गुलाबी रेत का नरम स्पर्श-सुख, यहाँ-वहाँ पत्थरों पर टिके नरम और नाजुक परिन्दों का प्राकृत भोलापन, कभी-कभार दिखती शोख ग्रामीण मोढ़ियों का सलोना रूप और शीशे जैसे साफ पानी का ताजा स्वाद बेजोड़।

थमी हुई शान्त सिहरन भारी चम्बल का निर्मल जल-तल। एक ओर पसरा गुलाबी रेत-पट, दूसरी ओर भाँयँ-भाँयँ करता ऊँचा भूरा बीहड़। उस पर लालिमा बिखेरती अस्ताचलगामी सूर्य-रश्मियाँ। चिड़ियों की चहचहाहट, झिल्ली की झनकार, दादुर-रट, फाख्तों की गूँ-गूँ और मयूरों की संगत।

एक ओर किनारे से दूर, खलिहानों से चले आते बोझ उठाए ऊँट, उनकी नकेल थामे रफ्ता-रफ्ता गाँव की ओर डोलते लोग। दूसरी ओर बीहड़ी ढाल पर हरी रह गई घास का स्वाद लेता अल्हड़ हिरन, लाल, गुलाबी, सफेद, पीले, नीले, सारे रंगों के छींटे से रचा गगन ऐसा लगता मानो चटख रंगों वाले चिकने गुब्बारे को फैलाकर पूरे आसमान पर तान दिया गया हो। धारा पर पड़ता उसका अक्स गजब ढा रहा था।

11

सुबह चलते ही पिनहट दिखने लगा। नदी किनारे पक्का घाट और मन्दिर, कगार के ऊपर पुराना पेड़। कहते हैं यहाँ पांडवों के राज में बाजार लगता था। इसी से इसका नाम पांडु-हाट[1] पड़ा जो बाद में पिनहट कहलाया।

आगे गठरी-मुठरी सँभाले पसीना पोंछते चले आ रहे दो राही मिले। कँकरीले बीहड़ पर चढ़ते-उतरते उनकी नजर डोंगी पर पड़ी तो ठहरकर आपस में कुछ सलाह करने लगे। पास आने पर बोले–'आंगे कोन्ना पर मेरो गाँव है हमें लए चलो।'

उन्हें भी सिर-आँखों पर बिठाया। एक का नाम गर्व सिंह तोमर, दूसरे का किसुन सिंह तोमर। करौली माता के मेले से लौट रहे थे। गर्व सिंह प्रसाद देते हुए बोले–'गरमी बहोत ज्यादा है।...घाट को ठेको मेरो है...कहाँ की नाव है?...कहाँ जात्त है?...माधो सिंह भी 'तोमर' है।'

बातों-बातों में दूरी कटते पता न चली। उनका ठिकाना आ गया। गाँव के सामने दो डोंगे दिखे। सवारियाँ जगह पाने के लिए आपस में लड़ रही थीं। उनके साथ एक-एक कर ऊँट और बन्दूक वाले जवान चढ़े, डोंगा खुल गया। सवारियों की निगाहें हमारी ओर उठ गईं। ये डोंगे अपनी तरह के अनूठे हैं, इन्हें बनाने की अपनी अलग ही विधा है। आकार भी दूसरी नावों से अलग। इनके सिरे नुकीले न होकर सपाट होते हैं जिससे ये आयताकार जैसे हो जाते हैं।

हमारी डोंगी में सवार दोनों राही इसी घाट के ठेकेदार थे। पता चला कि दोनों 'चढ़ी चम्बिल पैर जात्त हैं।' यानी दोनों उफनती नदी को तैरकर पार कर जाते हैं। मुझसे गाँव चलकर भोजन पा लेने की मनुहार करने लगे। किसी तरह उनसे विदाई ली। उन्होंने जयकारा लगाया–'जय कैला माता की..., जय चामल माता की...।'

मथुरा और आसपास के इलाके में चामल माता के कई मन्दिर हैं। लगता है कि चामुंडा देवी के नाम के अपभ्रंश से चम्बिल या चामल नाम भी जुड़ा है। मानव-मुंडों की माला पहनने, रक्त-पान करने और मानव-शव पर विराजनेवाली यह देवी इस जमीन के माफिक लगती भी है।

---

1. पांडव बाजार

कुछ दूर चले कि फिर दो लोगों ने हुकुम चलाया–'ओ-ऽ-रे-ऽ नाव हिंयन लै आव।' एक बार फिर से हमारा कच्चा चिट्ठा उधेड़ा जाने लगा। इसी समय बीहड़ों से उतरकर पाँच रायफलधारी सामने आ गए। उन्हें देखकर सोचा कि पिछली बार मिले पुलिसवालों के भाई-बन्द होंगे। मन ही मन उनके स्वागत के लिए तैयार हो लिये। बहुत बार सुने सवाल फिर सामने आए। वे मध्य प्रदेश पुलिस के जवान निकले। सबसे ज्यादा पूछताछ रणवीर सिंह, 5 बटालियन, मुरैना, एस एफ कैंप और ब्रजनन्दन, पुलिस स्टेशन महुआ ने की। फिर वे सन्तुष्ट होकर बीहड़ पर उकड़ूँ बैठकर बीड़ी पीने लगे।

किनारे बुलानेवालों में से एक श्री पूजा राम गाँव के प्राइमरी स्कूल के मास्टर साहब ने बातों के बीच ही किसी को गाँव से दूध-बतासा लाने रवाना किया। देखते ही देखते लोटा भर दूध और पाव भर बतासे हाजिर। तनिक सी भूख न होने पर भी उन्होंने पूरा लोटा ही मुँह में उलट दिया जैसे अरसे बाद गाँव लौटने पर बाबा-दादा ने प्रगाढ़ प्रेम दरशाया हो। बाँह पकड़कर बोले–'मेरे ढिंगा बैठ के खाओ लला!' जब तक सारे बतासे गटक नहीं लिये चलने की इजाजत नहीं मिली।

जगह-जगह घाट के ठेकेदार डोंगी रुकवाते रहे। लोग मुझे मछुआरा समझकर पूछते–'ओ रे, तेरे पास मछरी हैं?...कै हैं! जामे का मछरी धरे हैं?' पास जाने पर भूल का एहसास करते और तब वे नई उत्सुकता से वही बहुत बार सुने सवाल उछालते। बताने पर भी विद्यार्थी मानने को तैयार नहीं होते। कुछ समझते कि पुलिस या सेना का जवान हूँ और नाव चलाना मेरी ट्रेनिंग का हिस्सा।

अकेले चलते-चलते तबीयत ऊबने लगी। थोड़ी-थोड़ी दूरी तय करना भी बोझ लगने लगा। खुली धूप में बारम्बार प्यास सताने लगी। समय काटने की एक तरकीब निकाली, तय किया–एक हजार चप्पू चलाए बिना पानी नहीं पियूँगा, और पाँच हजार चप्पू चलाए बिना आराम नहीं। चप्पुओं की गिनती करते-भूलते बढ़ते गए। पहर ढल चला। डाँड़ा चलाते-चलाते अँगुलियाँ अकड़कर टीसने लगीं। एक छोटा कपड़ा भिगोकर पंजों के नीचे दबा लिया। ठंडे पानी से कुछ राहत मिली। डाँड़ चलते रहे।

12

धारा के आर-पार मछुआरों के जाल खिंचे मिलते। बार-बार उनसे जाल खोलने को कहना पड़ता। कोई मछुआरा डोंगी पर जाल तक जाता, जगह बनाता और हम आगे बढ़ते।

एक छोटा जाल आया, दूसरा बड़ा जाल आया, महाजाल से पाला पड़ा। ऐसे ही एक जाल के पास किनारे रेते पर खेमे गड़े दिखे। कोमल रेत पर मस्ती में खेल रहे बच्चों में मुझे देखकर हड़बड़ मच गई। उनकी चीख-पुकार से तम्बुओं के मछुआरे सजग हो गए और एकाएक मुझे अपने डेरे में पाकर चौंक उठे। किसी ने झट से दावा

किया–'ओ-ऽ-रे-जे तो फोटो बाले हैं।' वह समझा कि 'मुझे जीने दो' या 'चम्बल की कसम' जैसी किसी फिल्म की शूटिंग चल रही है और मैं उसका एक किरदार। यह सब मेरी नीली जींस, बेल्ट से लटकी कटार, टोपी और रँगी-चुनी डोंगी का असर था। उन्हें समझाया–'फिल्म बनती तो तमाम ताम-झाम होता। कैमरे, दस-पाँच्र आदमी होते और हिरोइन भी होती।'

लेकिन उनके चेहरों पर अविश्वास की कठपुतलियाँ ठुमकती रहीं। बच्चे घेरा तोड़-तोड़कर आगे आने को लपकते रहे जैसे वहाँ दुलदुल घोड़े का नाच चल रहा हो। सोचा कि ऐसे तो आगे निकलना मुश्किल हो जाएगा, सो रोब जमाकर बोला–'फौजी हूँ, ट्रेनिंग पर निकला हूँ। चलो, जल्दी से जाल खोलो, देर हो रही है।'

वे सकते में आ गए। सेना का नाम सुनते ही आम आदमी चौकन्ना हो जाता है। सिटपिटाए मछुआरे मुझे घूरते रहे। मैं थोड़ा और बमका–'अबे, इधर क्या ताक रहा है! चल जाल खोल।'

एक माँझी ने पानी में उतरकर जाल का बाँस खींचा। तीस-पैंतीस की तादाद में कभी सपरिवार और कभी छूछे ही, मछली का अहेर करनेवाले इन मछुआरों का धर्म ही आखेट है। इनका सारा असबाब—तम्बू-कनात-जाल, बाँस, रस्सा-रस्सी, और बर्तन वगैरह सब सात-आठ डोंगियों पर लदा चलता है। नदी में ऊपर-नीचे तिरते, कम गहरे प्रवाह के आर-पार जाल तानते, रेत पर खेमा जमाकर डेरा डालते, मछली मारते, बेचते, इन जन्मजात धीवरों की यायावरी भी तिरती रहती है। चम्बल के सूने तट पर खड़े इनके छोटे-छोटे तम्बू, सूखते जाल, बालू खोदकर बनाए गए चूल्हे, उन पर चढ़े एल्यूमिनियम के बर्तन, इधर-उधर बिखरी पड़ी मछलियाँ, उनके कटे-पिटे टुकड़े, इन सबके बीच खाना खाते बच्चे, जाल सीते या उसे बालू पर फैलाते मत्स्यजीवी–बच्चे, बूढ़े और जवान उत्सुकता भरे लगे। ये दूर-दूर तक अहेर खेलते चले जाते हैं। इनकी मार की हद इतने से अन्दाजिए कि बनारस के माँझी धौलपुर के ऊपर तक जाल खींचने आते हैं। उलटी धारा में पानी-पानी आना कितने जीवट का काम है, इसे हाथों में डाँड़ा थामे बिना नहीं समझा जा सकता। एक बार अहेर पर निकला कुनबा अक्सर दो-दो, तीन-तीन बरस बाद कमाई करके ही घर लौटता है।

13

अटेर से एक घाट पहले, बुरी तरह थककर घड़ी भर दम मार लेने की सोची, दोपहरी पूरे जोर पर तमतमा रही थी, कुछ राही पार उतरने के इन्तजार में घाट पर डोंगी आने की बाट[1] जोह रहे थे, किनारे आते ही उठ-उठकर पास आ गए, उन्होंने भी फिर वही पुराने सवाल उछाले।

1. हाड़ी

उनमें से एक इकहरा गठा जवान जो घुटनों तक लम्बी कमीज और साफ सफेद धोती पहने था, जिसके लम्बे और सुन्दर, तीखे नाक-नक्श वाले खिंचे हुए कठोर गेहुँए चेहरे पर पतली छोटी शानदार मूँछ, और कानों में मोटी-मोटी बालियाँ झूल रही थीं, चुपचाप हमारी बातें सुनता रहा। फिर, उस बाँके जवान ने हुंकारती गरम लूह के थपेड़ों से बचने के लिए सिर पर बँधे कपड़े को नीचे खींचा, पसीने से भीगे मेरे कपड़े और धूप में तपे ताँबई चेहरे पर नजर डाली। फिर, प्रशंसा भरे भाव से बोला–'वाह रे ज्वान, तुमने बड़ी हिम्मत करी!'

अपनी पसन्द के आदमी से प्रशंसा सुनकर हजार गुना ज्यादा खुशी और प्रेरणा मिली, उमंग के सोते ही सोते फूट पड़े, दूसरे मुसाफिरों की सराहना भरी नजरें भी रग-रग में ताकत की करेंट जैसा दौड़ीं।

'खटर-खट्ट-खट्ट, खटर-खट्ट, छप्प-छप्प।' चप्पू समरस भाव से चलने लगे। अटेर आया और निकल गया, एक बार फिर मछुआरों से जाल खुलवाकर रास्ता पाया। नदी का लम्बा मोड़ पार किया। धारा उत्तरी किनारे पर टूट पड़ी। बाएँ कगार शुरू हो गए। दाएँ रेत पसर गई।

आसमान ललछौन्हा हो चला। धारा पर लालिमा उतर आई। फिर अनेकानेक रंगों की सुन्दर छटा छिटक गई। घाटी में गुलाबी जादू बिखरकर सम्मोहित करने लगा। ऐसी मनमोहक पृष्ठभूमि में रेत पर आ जुटे मयूरों के समूह और पानी में मुँह डुबाए साँभर।

अँधियारा गहराने लगा तो लंगर डाला। रोजनामचा भरा, हाथ-मुँह धोया, डोंगी में बिस्तर जमाया। कम्बल खींचकर ऊपर से तिरपाल भी डाल लिया। खाने को जो कुछ भी साथ रखा था धीरे-धीरे चबाया, फिर देर रात तक काले आसमान के तारे और पतले कटे चाँद को चुपचाप ताकता रहा।

14

आज की मंजिल 'ऊदी' तय थी, श्याम ने यहीं कुछ खर्चा-पानी पहुँचाने की बात पक्की की थी। भोर से ही तेज चप्पू खींचता चला। दोपहर तक बेताबी ऐसी बढ़ी कि घाट पर कपड़े खींचता धोबी दिखा तो आवाज लगाई–'ऊदी कितनी दूर है?...'

नहीं सुन पाया तो और जोर से चिल्लाया–'ऊदी कितनी दूर है?...'

अपनी धुन से उबरकर इस बार वह मेरी ओर पलटा–'ऊ...ऽ दी? अबै हाल नेक दूर में पहुँच जैहो।'

चप्पुओं की रफ्तार थोड़ी और बढ़ गई।

थोड़ी देर में एक और आदमी दिखा तो फिर चीखा–'ऊदी कितनी दूर है?'

वह भी चीखता हुआ बोला–'ऊ-ऽ-दी? अबै हाल नेक देर में पहुँच जैहो।'

एक और मोड़ घूमा, एक चरवाहा सामने दिखा, उससे दरयाफ्त की तो भी वही जवाब–'ऊ–ऽ–दी ? अबै हाल नेक देर में पहुँच जैहो।'

चप्पुओं पर लच[1] गया। हाथ अकड़ गए, कमर दुखने लगी और पिंडलियाँ कस गईं। मुड़-मुड़कर ऊदी देख पाने की हसरत में गर्दन पिराने लगी। ऊदी फिर भी न दिखा। अपने-आप हाथ ढीले पड़ते गए। मन में खीझ भर गई। कई आदमी किनारे पर फिर-फिर दिखे लेकिन अब किसी से नहीं पूछा कि ऊदी कितनी दूर है।

दो बजे तक एक और मोड़ घूमने लगा। सिरे पर नदी के आर-पार तना पुल दिखा। पुल के उस पार कगार पर बसा ऊदी सामने आया। सारी थकान और दर्द हवा हो गए। मंजिल पाकर जी जुड़ा गया। धारा के कुछ बीच तक धँस आए उभरे पत्थर के ऊपर से एक बच्चे ने धारा में छलाँग लगाई। किनारे से एक बूढ़ा चिल्लाया– 'ओ-ऽ-रे क-उ-आ-ऽ–(डोंगी) वारे–ऽ-ऽ–मोढ़न को ऊदी तक लयै जाओ।'

घाट पर नहानेवालों की निगाहें मेरी ओर उठ गईं, छलाँग लगाने को तत्पर बच्चे पाँव तौलते-तौलते थम गए। मैं चलता गया। बच्चों ने आपस में कुछ बातें कीं, कुछ हँसे, कुछ ने न जाने क्या फब्तियाँ कसीं, कुछ ने जोर का ठहाका लगाया, तो कुछ ने नाना प्रकार की आवाजें निकालीं। डोकरा[2] बड़बड़ाया। थमे हुए बच्चे एक-एक कर मेढकों की तरह छप्प-छप्प पानी में कूदने लगे। कुछ ही पलों में सब कुछ पहले जैसा हो गया।

नजदीक दिखते पुल के पास पहुँचने में भी पौन घंटे से कम तो क्या लगा होगा। पत्थरों से बचते, धार काटते, पुल पार करते ही बाएँ कगार पर बना 'रेस्ट हाउस' दिखा। नीचे बँधी नगरपालिका की मोटरबोट के बगल में डोंगी लगा ली। किनारे पर धूनी जमाए एक बाबा से पता चला कि रेस्ट-हाउस का चौकीदार ऊपर ही रहता है। सीढ़ियाँ चढ़ते रान और पिंडलियों की कसी पेशियाँ टीसती रहीं।

15

रेस्ट-हाउस बन्द पड़ा था। कमरों के भीतर धूल ही धूल। अरसे से इसमें ठहरने की हिम्मत किसी ने नहीं की। चौकीदार ने दो कुर्सियाँ झाड़-पोंछकर खुले में डाल दीं। चारों ओर मनोरम दृश्य, सामने और अगल-बगल भूरे बीहड़ों का सिलसिला, उन पर बबूल के झाड़, नीचे चौड़े पाट के बीच पसरी नीली वलयाकार धारा, उस पार रेतीला विस्तार, बीच में पड़ी रेखा जैसा पुल। पुल के पश्चिमी सिरे के पास दिखता मध्य प्रदेश के भिंड जिले का देवी मन्दिर और बैरिया गाँव, और ऊदी उत्तर प्रदेश के इटावा जिले में पड़ता है। दोनों ही गाँव दस्यु-भय से 'ऑपरेशन-एरिया' में आते हैं।

1. लचकना, 2. बूढ़ा

ऊदी पहुँचकर लगा मानो एक उप-अध्याय का अन्त हो गया। इटावा यहाँ से दस मिनट के फासले पर था। सहपाठी और पुराने मित्र चन्दू पास ही के भरथना के रहनेवाले हैं, श्याम उनके घर मिले। जितने अप्रत्याशित रूप में श्याम ने साथ चलने का इरादा रखा था, ठीक उसी अन्दाज में चन्दू का इरादा भी सामने आया। सोचा, एक से भले दो, इलाके का जानकार और हिम्मती दोस्त का साथ, अच्छा ही होगा।

दूसरे दिन श्याम लौट गए। हमने इटावा के बाजार से बिस्कुट, डबलरोटी, जैम, सूखा दूध, तमाम छोटी-बड़ी सामग्री चादर में बाँधी और लादे-फाँदे ऊदी पहुँचे। चन्दू उस खरीद-फरोख्त को बिना मतलब का बवाल समझकर बड़बड़ाने लगे-'इत्तो सामान खरीदकर कहा करिऔ। रत्ता में कहूँ खरीद लीजो।'

वे नाव पर चलने को बेहद उतावले होने लगे, जैसे किसी बच्चे को पहली बार हाथी की सवारी का मौका मिला हो। बैठने में थोड़ी देर हो जाए और वह रह-रहकर ठुमकने लगे।

मैंने कहा-'नदी किनारे बाजार नहीं लगी है बच्चू! सामान खत्म हो गया तो जल्दी मिलेगा नहीं फिर।'

लेकिन उन्हें इन सबकी परवाह कहाँ-'सब मिल जात्त है। तुम फिकिर काहू बात की ना करौ। जा इलाइके में कौनऊ कमी नीं है।'

डोंगी खुली तो पहला हाथ मारते ही मारे दर्द के ऊपर से नीचे तक कुनमुना गया। मन किया रुक जाऊँ, एक दिन और आराम कर लूँ। शरीर साधना भी बड़ा टेढ़ा काम है। लगाम खींचे रहो तो सधी रफ्तार में टापें भरता है और जरा सी ढील मिली नहीं कि बिदका। एक ही दिन के आराम में मस्ता गया। दाँत दबाकर किसी तरह हाथ चलाने लगा।

मजे-मजे चलते गए। दक्षिण कगार पर दिखता मन्दिर छूट गया। कगार के आगे रेतीला घाट शुरू हुआ। एक पूरा मोड़ घूम गए। घाट पर गुजरते आदमियों से पता किया, ऊदी छह-सात मील छूट गया।

चन्दू की उमंग का पारावार नहीं। हर एक दृश्य उनके लिए अद्‌भुत, घाटी का एक-एक टुकड़ा कौतुक भरा-'एत्तो सुन्दर लग रहो है चारों ओर। शहर के लोगन को जे कहाँ देखने को धरो हैं।...जे तो बहोत ऊँची-ऊँची कगारें हैं, लोग देखें तो कहैं मानो पाताल में चल रहे हैं!...सम्हार के चलौ आँगू पत्थर में लड़ सकत है।'

मैंने कहा-'चुप्पे बैठो, कहीं नहीं लड़ेगी। पहली बार ऐसा ही लगता है।'

उन्हें सब बर्दाश्त है लेकिन यह नहीं कि कोई उन्हें घबराया हुआ समझे। फिर भी, डोंगी तेज धार में पड़ते ही सतर हो बैठते, पत्थर सामने दिखता तो सहम उठते।

रोज के मुकाबले कुछ भी नहीं चले, लेकिन थकान कुछ ज्यादा ही घेरने लगी। बीच नदी में लंगर डालकर सोना चन्दू को कुछ अजब लगा, कहने लगे—'करवट कैसे बदलेंगे जामे!'

16

सुबह ज्ञानपुर से झूमते-झामते चले। बड़े-बड़े पीपों को धारा के आर-पार कसकर उन पर लम्बी-लम्बी मोटी लोहे की चादरें डालकर बनाया गया सहसों[1] का पीपा पुल आया। डोंगी पीपों के बीच से आसानी से निकल गई। किनारे एक छप्पर में दुकान दिखी तो छाँह में आराम पाने और कुछ खाने की नीयत से थम गए। कुछ देर में दुकान पर मुसाफिरों की भीड़ लग गई। चन्दू अभियान का हवाला सुनाने लगे। सुन-सुनकर लोगों ने हमारी प्रशंसा के पुल बाँध दिए। हमारा काम असाध्य कहा गया। कुछ आदमियों ने पूछा—'नाव कहाँ से आई?'

चन्दू ने बताया—'दिल्ली से आए, कलकत्ता जैहैं।'

हमारे दर्शन-लाभ पाकर लोग धन्य होने लगे—'अरे भइया! जे तो बड़े तपस्वी हैं, महात्मा हैं, त्यागी हैं, परमहंस हैं। इनके दरसन करनो चाहिए।'

यहाँ तक कि कुछ लोगों ने हमें ऋषि-मुनि मानकर आशीर्वाद की भी याचना कर डाली। चन्दू ने यह रंग देखे तो गम्भीर मुद्रा धर ली। लगे उलटी-सीधी फाहें[2] मारने। ग्रामीणजन आँखें फाड़े सब सुनते, साधुवाद देते। वार्ता में मजा मिला सो चन्दू के चटखारेदार उपदेश सुनता रहा। तभी, आने-जानेवालों में से एक लड़के की निगाहें चन्दू पर बँध गईं, जैसे इन्हें पहचानने की कोशिश में हो।

चन्दू बचपन से ही काफी होनहार रहे हैं, जल्दी ही अपने धूम-धड़ाकों की बदौलत 'इलाके' भर में मशहूर हो गए। यहाँ वे साधु व ऋषि-मुनियों की श्रेणी में रखे जा रहे थे और मजा यह कि उनके गाँव के पास साधुओं के चिमकुनी-बाग में कटहल-आम फरे नहीं कि चन्दू की पलटन ने धावा बोला। फल जो लूटते सो तो एक हद तक ठीक लेकिन बाबा लोगों की तोंद पर कोंचा-कोंची? भरथना-मन्दिर के साधुओं से पूछे कोई इनके साधुकर्म, एक पाव से कम के मेवा-प्रसाद की माँग कभी नहीं करते।

वह लड़का चन्दू के गाँव के पास का रहनेवाला निकला। उनके बारे में जानता था। उनकी इतनी फाहें और लोगों द्वारा ऐसी प्रशस्ति उससे बरदाश्त न हुई, तो बोला—'जे तो चन्दू हैं मुड़ैना के। जे तो साधू-वाधू ना थे। कब से हो गए? अब हो गए हों तो नहीं कह सकते! जे तो बहोत बड़े...।'

---

1. गाँव का नाम, 2. बढ़-चढ़कर बातें करना

यह सुनकर तो चन्दू का चेहरा फक्क। सारी ऐंठ हवा निकले गुब्बारे जैसी फिस्स। बड़ा खीझे, बना-बनाया रुतबा कच्ची कगार-सा ढह गया। अलस चाल डोंगी की ओर चले। उधर वह बोलता रहा–'इनसे मत उझिझयो...'

हमारा हँसी के मारे बुरा हाल—चौबे जी चले छब्बे बनने दूबे बनकर लौटे। चन्दू चुप्पी साधे रहे। चुनौटी हाथों में खेलती रही। डोंगी चली तो तम्बाकू पीटते-पीटते भड़ास निकाली–'जाने बहिन–ने कहाँ से पहचान लओ। सब चौपट क-ऽ–दओ।'

सहसों पारकर चम्बल की फटी हुई धाराओं में से सबसे किनारे वाली में बढ़ चले। शाम तक का समय, डाँड़ों के प्रहार से पानी से उठनेवाली आवाज–'डुडुब-डुब-छप्प, डुडुब-डुब-छप्प,' कड़ों व किनारों से डाँड़ों की टकराहट की आवाज 'खटर-खट्ट, खटर-खट्ट-खट्ट', सुनते, हर चोट से पानी पर उभरते छोटे-छोटे प्यालों जैसी भँवरों, झाग, पीछे छूटती डोंगी की लीक, मोड़ों पर ओझल होते मन्दिरों, घरों, गाँवों और कगारों को देखते, एक-दो तीन...दस...बीस...सौ...हजार...कई हजार चप्पू गिनते, पसीने में नहाते और धूप में तपते बीता।

डोंगी एक श्मशान पर लगी। रेत पर मानव-कपालों और अस्थियों का बिखराव। एक ओर बीहड़ का सपाट तीखा कगार। आसमान व पानी दोनों ही गुलाबी-गुलाबी और उस पर दूसरे रंगों की फुहारें। कटे-पिटे छितरे बादल। जितने बादल उतने रंग, मानो गुलाबी जामे पर किसी ने होली खेली हो।

घूमती हुई चम्बल कुछ ही फासले पर यमुना से गले मिलने को आतुर थी। रात उतरने में कुछ ही कसर। एक बार फिर बीहड़ उजाड़ में चित्ताकर्षक सौन्दर्य का जादू चला। जाने कब विचारों में डूब गया–धौलपुर से नीचे का सन्नाटा, फिर शनैः-शनैः गाँवों का बढ़ते जाना, पक्षी-समूहों का क्रमशः ह्रास, नदी के बीच उभरे पत्थरों का क्रमिक घटाव, सब याद आने लगा।

नमामि यमुनामहे

1

सामने मछुआरों का महाजाल आ अड़ा।

'ऐ भाई! जरा जाल खोलो, रास्ता दो।'

एक गढ़ा हुआ साँवला जवान बढ़ आया।

'ऐसी सुबह कहाँ को चले? कहाँ से आते हैं? मकसद क्या है?'

पढ़ा-लिखा लड़का निकला, बातचीत में बनारस का नाम आते ही उसकी बोली ने जैसे जादू के जोर से पलटा मारा—'तू त घरही के निकल गइला, दू चार दिना औरौ रुकि जा। हमरे संगे रहिहा।'

एक-एक शब्द अपनत्व, स्नेह और आग्रह से सराबोर जैसे चामल-मैया उस धीवर युवक की वाणी में बोलीं। हमने अपना लक्ष्य बताया, उसने लम्बी मंजिल की मुश्किल समझी। कहाँ तो ऐसा गहरा आग्रह और कहाँ झट जाने की इजाजत! घर-गाँव की याद ने उसे भी कुरेदा होगा तभी इतनी जल्दी मान गया। बनारस से निकले उसे साल भर हो रहा था।

एक आदमी जाल खोलने चला। युवक ने छटपट करती चमचमाती मछली का उपहार दिया, वैसी ही चकमक उसकी आँखों में भी झलकी। बोला—'यात्रा शुभ हो!'

मछली पर अटकी चन्दू की आँखें भी कौंधीं—'बड़ी भारी मछरी दै दई। बिगिर माँगे मोती, माँगो तो छोटियौ सी ना देवें। बहुत दिल वालो निकरो। सुबह-सुबह चलते ही मछरी अगर मिल जाय तो शुभ होत्त है। आज सिद्ध होए अई।'

खेड़े पर स्थित मन्दिर के घंटे बज उठे—टन-टन-ऽ-ऽ टन-टन...ऽ

डाँड़ों ने लय धर ली—'खटर-खट्ट-खट्ट...खटर-खट्ट-खट्ट...'

एक-डेढ़ फर्लांग पर यमुना की मटमैली, गन्दी क्षीण धारा चम्बल के उजले जल में समा गई। रही होगी चम्बल कभी यमुना की सहायिका, आज तो दिनन के फेर में पड़ी कृष्ण की प्रेयसी, यम की भगिनी यमुना बूढ़ी होकर चम्बल के सहारे ही जी रही है। चम्बल यमुना की जीवनदायिनी बन गई है। एक हिस्सा पानी यमुना

का तो बीस चम्बल का। और यमुना का यह पानी भी उसके उत्स कलिन्द-शैल पर सूर्य-रश्मियों के उत्ताप से पिघली बर्फ का नहीं, दिल्ली-मथुरा के बीच मिले शहर के गन्दे नालों और छोटी नदियों के उत्सर्ग मात्र का परिणाम है। अब तो इस महिमामयी वैदिक-पौराणिक सरिता के प्राचीन नाम कालिन्दी, शैलजा, सूर्यतनया आदि अर्थहीन से हो गए हैं।

संगम की गाढ़ी काली विभाजन रेखा दीखने लगी। मिलन-स्थल पर बुजबुजे उठते दिखे। दो-तीन लाशें पानी पर उतराती नजर आईं। किसी बड़े पशु का चमड़ा खींचकर बहाई गई ललछौंही लिजलिजी सफेद लोथ की बदबू घिना गई। डाँड़ों की खटर-खट्ट-खट्ट की ललकार पर उस पर बैठा कौआ जल्दी-जल्दी चोंच मारकर भागा। किनारे की चिता बुझते-बुझते भकभकाकर जल उठी।

यमुना की इस दशा के सबसे ज्यादा जिम्मेदार हम ही हैं। आज से करीबन साढ़े छह सौ बरस पहले इसके शोषण का सिलसिला शुरू हुआ—मुगलों ने इससे पहली नहर निकाली। इसके चार सौ बरस के अन्दर ही दोआब की सिंचाई के लिए ऊपरी प्रवाह से बड़ी नहर निकालने के लिए बहुतेरा जल खींच लिया गया। फिर, ओखला (दिल्ली) से 'आगरा-नहर' क्या निकाली उसे पूरी तरह लूट ही लिया। नतीजा यह कि बरसात के अलावा सारे बरस यमुना छोटे-छोटे नदी-नालों की मुहताज है। सैकड़ों बरस तक यमुना-जल के बल पर बढ़े-चढ़े दिल्ली, आगरा, मथुरा जैसे नगरों के बाशिन्दों ने ही शहर भर का जहर नालों में समेटकर यमुना को पिला दिया। इसीलिए आज यमुना अपनी दुर्दशा पर आठ-आठ आँसू रोती है और बरसात में मौका पाते ही पाटों पर दौड़ती आर-पार के लोगों को कालिय नाग जैसा डसती है।

चम्बल की जवानी अभी शबाब पर है। मालवा की गोद में खेली-कूदी बड़ी हुई। हमने इसे कोटा के पास बाँध बनाकर बाँधना तो चाहा लेकिन रुकी नहीं। तरुणाई बीहड़ों में मचली जहाँ अब तक शहर नहीं। छिटपुट खारों-खेड़ों पर बसे गाँवों का विष चम्बल से दूर ही रहा। तभी उसकी रवानी भरपूर है और पानी एकदम साफ।

बात ही बात में धारा पूर्वी कगार से टकराई और हम दक्षिण की ओर मुड़ चले। आगे चलकर दुविधा हुई, दक्षिण जाएँ या पूरब, दो-दो धाराएँ। थोड़ा और बढ़े, ऊहापोह टूटा, धारा दक्षिण में जा नहीं रही बल्कि उधर से आ रही थी। थोड़ी-सी दूरी में पाँच नदियों—यमुना, चम्बल, क्वारी, सींध और पहूँज—के मिलन ने 'एक और एक ग्यारह' वाला मुहावरा दोहराया। मिलन क्षेत्र 'पंचनदो' कहलाया। हर साल इस तीर्थ पर कई बार हजारों का जमघट जुटता है, सहयोग के बल का पाठ पढ़ने।

2

तेज पुरवइया चलने लगी। ऊँची-ऊँची लहरें सर उठाकर खड़ी हो गईं। चप्पू चलाकर नाव खेना कठिन हो गया। गोन[1] लगाने की कोशिश में बाँस टूट गया और किनारे के दलदल ने चलने न दिया, किसी तरह खींचते-खींचते अगले मोड़ तक आए, फिर, झुँझलाकर बैठ रहे। उस पार के मन्दिर के घंटे रह-रहकर घनघना उठते। बड़ी नावों पर एक-एक कर सवारियाँ भरतीं, साइकिलें लदतीं और नाव धीरे-धीरे इस किनारे की ओर सरक चलती। पाट फैल गया और पहला पक्का घाट मिला।

हवा ने रुख बदला, हमने डोंगी खोली और अब वह बल खाती लहरों पर चप्प-चप्प करती भाग चली—मचलती, सँभलती, डगमग करती। बीजुलपुर के कुछ पहले नदी का भयानक रूप दिखा। तेज हवा से ऊँची-ऊँची लहरें उठतीं और डोंगी ऊपर उछलकर नीचे पटका जाती। नदी का यह रूप चन्दू को नया और भयावह लगा।

अभ्यास मुसीबत में भी रस ला देता है। कुछ ही पलों में यह सब समरस हो गया। डोंगी बढ़ती रही। बीहड़ हलके पड़े, पक्षियों के समूह कम होते गए, हरियाली दीखने लगी, किनारे पर रेत के साथ तरबूज-खरबूज और सब्जियों के खेत दिखे। दोनों ओर की कगारें आबाद नजर आने लगीं। एक के बाद एक गाँव उभरते, मोड़ों की आड़ में छुप जाते। शाम तक शेरगढ़ पहुँचने का इरादा बाँधा, खींचते चले, चप्पू-दर-चप्पू, कई हजार चप्पू, खच्च-खच्च-ऽ-ऽ खटर-खट्ट, डुडुब-डुब-छप्पऽ।

चन्दू ने सामने देखते हुए कहा–'जे बहोत परेशान हैं। इनको पार क-ऽ-देवौ। दुआएँ दीएँ।'

ग्रामीण-परिवार नदी मंझाता दिखा। कुछ बच्चे, एक-दो बूढ़े, दो-तीन जवान, औरतों की गोद में गुदड़ी में लिपटे बच्चे, जाने किस विपदा के मारे कलपते, चीखते एक-दूसरे को हाँक लगाते। पानी गले भर पहुँचा, साथ के एक मर्द ने एक लड़के को बहने से बचाया। एक औरत ने सँभल बड़े बच्चे को जोर से पकड़कर छोटे बच्चे को गोद में भींचा और बिलख-बिलखकर रोने लगी। जवान दूसरे बच्चे को बचाने लपका, बकिया लोग कुछ न कर पाने की स्थिति में चीखने लगे। गोद के बच्चे भी चीखने लगे। औरतें दीनता से रिरियाने लगीं। चन्दू ने इन्हीं को पार कराने के लिए कहा था।

सबको खींचकर ऊपर किया। वे सिमटकर, एक-दूसरे से सटे, एक तरफ जुड़ गए। कुछ भी पूछो निरीह आँखों से घूरते भर रहे। बेचारे! उतराई के पैसे पास नहीं। राम-भरोसे पार उतरने चले। उतर जाते तो राम भरोसे, बह जाते तो राम-भरोसे।

शाम ढलने को आई तो चन्दू फिकर में पड़े। शेरगढ़ न पहुँचे तो मछली पकाने का जुगाड़ न हो सकेगा। सो अब वे अरबराए[1]–'बो जो पीछू वाला पेड़ो दिख रहो

1. उलटी हवा होने पर नाव के मस्तूल में रस्सी बाँधकर नदी के बाहर से उस रस्सी को खींचना

है वहाँ तक खींच ले चलो बस।' पेड़ निकल जाता तो कहते–'इसके नहीं पीछे वाले के लिए कह रहा था।' गरज यह कि एक-एक पेड़ पार कर दूरी कटती चले।

खेतों के पीछे डूबता सूरज लाल गोला रह गया तब शेरगढ़ घाट के पीपों का पुल आया, कगार पर गाँव, दूर पर ढोल की थाप, दुकानें, मन्दिर।

3

चलते ही चन्दू ने चुनौटी खोली, तम्बाकू छाँटी, हथेली पर पीसना शुरू किया, मैं चिढ़ा तो बड़े ताव से बोले–'क्या सुबह-सुबह आफत लगा रखी है, कछू जान्त भी हौ, तमाखू कैसी रसीली आय।' वे बड़े मजे में सुनाने लगे–

कृष्ण चले बैकुंठ को राधा पकरी बाँह।
इहाँ तमाखू खाय लौ वहाँ तमाखू नाँय॥

'जाके बड़े गुन गाए गए हैं। एक और सुनौ। कहा बात कही है–

जा तमाखू मोहनी जाके चौड़े पात।
लाख टके का आदमी खड़ा पसारे हाथ॥'

धारा कुछ दूर पूरब चलकर दक्षिण मुड़ गई, पानी वैसा ही गँदला। सूर्योदय एकदम सामान्य रहा। अभी तक चन्दू की तम्बाकू न बन पाई, बार-बार मींजते पट्ट-पट्ट ठोंकते। घाट पर नहाती चरफर मोढ़ियाँ[2] मजाक पर उतर आईं–

'टोपी में चेहरा तो दिखता ही नहीं...'

हम पर फब्ती कसकर एक लड़की कमर तक पानी से ऊपर उछली।

चन्दू बोले–'ज देखौ, लौंडिया कैसो उल्ह-उल्ह[3] कर दिखाय रही है। जे का डायरी में लिखबे की चीज नीं है...'

लगातार पैरों से कस लेते पिंडलियों में तनाव आ गया, हाथों में जकड़न कसने लगी। रुके तो पास के गाँव से चन्दू दूध ले आए। भेड़ों की रेवड़[4] लेकर आया एक चरवाहा थोड़ी देर पहले भेड़ों पर बघर्रे[5] के हमले का विवरण सुनाने लगा।

नदी घूमती गई, फटी रेतियों के बीच, जहाँ-तहाँ पानी घूमता दिखा। फन काढ़ती लहरें उछालें मारती रहीं। चारों ओर उड़ते बालू ही बालू। खलल-ऽ-खल-ऽ-खल बढ़ता पानी किनारों पर अनवरत आघात करता। कगारें अ-ऽ-र-ऽ-ऽ–र करती ढहतीं। जहाँ-तहाँ हलके खार दिखते रहे। 'नरिहान' गाँव छूटा तब लंगर डाला।

ठीक सामने ऊँचा सपाट कटा भूरा कगार, उसके ऊपर किसी का खलिहान, एक कमरा, दो-चार पेड़, बगल में रेती और उस पर पतली-सी पानी की धारा।

---

1. धीरे-धीरे टहलना, 2. तेज-तर्रार लड़कियाँ, 3. कूद-कूद, 4. झुंड, 5. लकड़बग्घा

यानी हमने टापू पर डेरा डाला। अब तक इस पर परिन्दों का बसेरा था, तभी तो, हमारे चारों ओर क्रौं-क्रौं, क्रें-क्रें करते पक्षी मँडराते रहे और टिटिहरी–टिटिर टीं-ऽ-टिटिर टीं-ऽ-ऽ-ऽ—करती चारों ओर नाचती रही।

विविधधर्मी सौन्दर्य समेटे पसरे पाट पर तह-दर-तह जमी बलुआ परतों का रंग कहीं बैंगनी, कहीं सलेटी, सफेद, चमकीला और कहीं हलका गुलाबी। दिन भर झपाटे मारते लूह ने बालुकाराशि को इस तरह जमाया था कि छोटे-छोटे टीले और गड्ढे और उन पर रंग-बिरंगी खूबसूरत तहें जम गई थीं। कहीं-कहीं पूरी सतह पर घोंघे ही घोंघे दिखते। दूर-दूर तक परिन्दों के पंजों के चिह्न, कीड़ों के रेंगने की लीक।

चाँद निकलते ही धरती चाँदनी में नहा उठी। बालूचरों के बीच, शान्त वातावरण में निश्चिन्त विचरण, सुखद एवं अनूठी अनुभूति, निस्तब्ध माहौल, सुरसुराती हवा, चाँदनी में चमचमाते घोंघे, सीप, अस्थियाँ, बालूकण। दर्पण का भान कराता गड्ढों में चमकता पानी। लहरों का चमकीला छोर और निचला स्याह भाग सौन्दर्य का प्यारा पहलू बनाते। यही तो अमूल्य धन है जिसे पाने की ललक में आदमी बस्ती से दूर वनों-पर्वतों और नदी-तीरों पर भटकता है। देर तक इधर-उधर लीक काटता टहलता रहा। थके पाँवों को नरम ठंडी बालू भली लगी।

चना और गुड़ चबलाते[1], स्लाइस सकेलते[2] चन्दू थक गए, पेट न भरा। ऊबकर गटागट पानी चढ़ाया। फिर, तम्बाकू पिटाई, चूना मिलाई, तैयार चुटकी होंठों में दबाई और पिच्च-पिच्च थूकने लगे। कुछ देर ध्यानमग्न रहे, फिर बोले—'या ऽ र!'

'कहिए,' उनकी तरफ देखे बिना मैंने कहा।

'कोई महापुरुष मरो है हाल में।'

ताड़ गया कि कोई नया बावेला सूझा है। चुप रहा।

'बताओ तो सही।'

'अरे मरा होगा कोई! रोज ही तो मरता है।'

वे बड़ी गम्भीरता से बोले—'नहीं-नहीं, जरूर कोई बड़ा आदमी मरो है। बाहर निकर के देखौ। आसमान में, जे देखौ, एक नया सितारौ निकलो है।'

4

भोर में छह मील रास्ता दबा लेने के बाद मोड़ घूमते ही सजी हुई खिलौनों की झाँकी जैसी 'कालपी' की इमारतें दीखने लगीं। हवा ठंडी, मौसम सुहावना लेकिन हमारी किस्मत में मौज न थी। ठीक 'कालपी' के पास धारा दो हिस्सों में बँट गई। बाईं ओर बढ़े तो आगे रास्ता बन्द मिला। सही धारा पाने के लिए घंटा भर गोन खींचना पड़ा।

1. मुँह में निवाला रखकर धीमे-धीमे चबाना, 2. किसी तरह गले के नीचे उतारते

यमुना यहाँ कानपुर और हमीरपुर जिलों की सीमा बनाती है। छोटी-सी छितरी हुई प्रभावती मंडी में दुकानों की ठसमठस। बरसात में भले ही यहाँ प्राचीन सिक्के मिलते हों बाकी समय गुजरिए तो धूल उड़ती नजर आए और नाक में मसालों की पैठ से मजबूरन दुनाली फटकारनी पड़े। रिक्शे दो ही चार, लेकिन इक्केवालों के लिए कयामत। सड़कें ऐसी कि गोया रिक्शे का सवार भी घुड़सवारी का मजा पाए। इक्का चले भी तो कैसे? जब से नाज महँगा हुआ इक्केवान क्या खाकर घोड़े को खिलाएँ?

राजा कालिबदेव का बनवाया कालपी का किला तो मशहूर है ही, बारहवीं शताब्दी में कुतबुद्दीन के आने के बाद शेख बुरहाम, मदारशीब, चोरबीबी, बहादुरशाह और लोदी शाह बादशाह व चौरासी गुम्बज मकबरा भी कालपी के साथ जुड़ गए। हिन्दुस्तान का बेजोड़ हाजिरजवाब मसखरा राजा बीरबल भी यहीं का नूर रहा है।

पीपे के पुल के नीचे से डोंगी आसानी से निकल गई। दो पहर बीत गए, अन्धड़ से उठी लहरें बढ़-बढ़कर आगे, और आगे, लपकती चली जातीं। हवा साथ हो गई। लहर-दर-लहर झूलने और कई-कई मीटर सरकती डोंगी पर सवारी में मजा आ गया। कभी सात फीट नीचे कभी ऊपर। आगे धारा ने पलटा मारा और डोंगी रेत पर।

रेत पर तरबूज-खरबूज-ककड़ी के खेतों की सीमा बनाते लम्बे-लम्बे सरपत के बाड़ दिखे। कुछ आदमी खेतों से तैयार फसल किनारे खड़ी नावों में लादते नजर आए। कुछ नावें आधी भरी, कुछ पूरी, कुछ खाली और कुछ माल लादकर कालपी की ओर रवाना होने की तैयारी में। एक-एक पर सैकड़ों बड़े-बड़े तरबूज। लदी हुई नाव को तीन-चार जवानों ने मिलकर गहरे में ढकेला, पाँच-छह लोगों की दूसरी टोली गोनारी की रस्सियाँ थामे कगार पर चढ़ गई। किसी ने सीने से डोरी फँसाई, किसी ने कन्धे से, बैल जैसा जुत गए और शुरू हो गई खींच-खिंचाई।

एक तरबूज खरीदा। खेत वाला विनम्र भाव से बोला–'आज पहला फल तोड़ा है इसलिए पैसा ले रहा हूँ वरना खेत पर फल खाने का दाम नहीं लगता।' फल मीठा निकला तो वहीं बालू पर बैठ गए और सुर्ख लाल फाँकों पर मुँह मारते रहे। उज्बेकिस्तान, ईरान आदि दुनिया के तमाम देशों में चाव से खाए जानेवाले इस फल का 'हिन्दमाना' नाम न जाने कैसे हिन्द के मारफत पहुँचा। 'हिन्दमाना'–हिन्दुस्तान का फल, पूर्वी उत्तर प्रदेश व बिहार में 'हिनमाना', 'हिरमाना', अथवा 'माना'।

नदी किनारे बसनेवाले महीनों एक फसल की तैयारी करते हैं। पानी उतरने के बाद निकली रेत पर खेत की सीमाएँ बनाने के चलते अक्सर मारपीट और कत्ल। गड्ढे खोद-खोदकर उनमें भरी जाती है खाद और तब बुवाई। तपती लूह में घड़ों पानी ढोकर सिंचाई। रात-दिन खेतों की रखवाली, तब कहीं पनपते हैं पौधे। कभी कीड़े, कभी रोग का प्रकोप। सबसे बचकर फसल तैयार तो बाजार की समस्या।

ठेकेदार मौके पर खरीदकर मुनाफा मारते हैं। जो नहीं बेचते वे दम साधे कीचड़-पानी में धँसते, काँटों से लड़ते शहर तक गोन खींचते हैं। और वहाँ व्यापारी अपने हिसाब से खरीदकर बेचते हैं। बीड़ी-तम्बाकू खरीद किसान फिर अपने खेतों में। लू खाने, पानी ढोने और गोन खींचकर तरबूजों को अपने खून की लाली देने के लिए।

5

चन्दू के गाँव के पास से आई सेंगर नदी उनके लिए उतनी ही श्रेष्ठ जितने देवताओं में इन्द्र, पर्वतों में मेरु,...सो उन्होंने जो 'सेंगर-महिमा' बखानी तो सब मात। बाढ़ ऐसी कि 'ब्रह्मपुत्र' हलकी पड़े, भँवरें ऐसी कि 'घाघरा' शरमाए। तैरने के किस्से ऐसे मानो सिन्ध में तैरे हों, नाव चलाना भी जनाब ने सेंगर में ही सीखा जबकि सेंगर में बरसात के अलावा आड़ी-आड़ी एक नाव आ जाए तो बड़ी बात।

यमुना की कगार के ऊपर एक ऊँचा टीला आया तो चन्दू बोले-'जे बहोत पुरानी नगरी मूसानगर है। पत्थर की कुढ़ारी मिली हती और ऊपर निरे बासन मिले।'

'मूसानगर' तो सुना हुआ नाम लगा लेकिन चन्दू और यह जानकारी?

'ये गप्प कहाँ से लाए चन्दू! बड़ा दिमाग लगाकर बोले हो इस बार।'

'मेरी कही बात तुम मानियौ नीं। कभी नीं मान सकत हौ। लेकिन हम दिखाय सकत हैं कहाँ पढ़ो है। हमाई बात तुम्हें कभी साँची लागियै नीं सकत।'

हवा पाकर पाल क्या लगाया डोंगी में पंख लग गए। उछलती, मचलती रँगी-चुनी डोंगी पर हमको इस अन्दाज में गुजरते देख घाटिया ठेकेदार, मल्लाह, ग्रामीण सभी भौचक। जो घाट पर बैठा था खड़ा हो गया, जिसने दूर से देखा दौड़ा आया। दोपहर तक यही खेल चला और तब धारा ठेंगा दिखा गई।

मजबूरन गोन सँभाला। मत पूछिए इसका जायका, कभी मिठाई में मिर्चा रखकर खाइए। काँटा-कीचड़ में बैल बने खींचते कि तभी धच्च से सिर से ऊपर पानी में। दस कदम चलते तलवों में काँटा धँस जाता। किसी तरह खींचकर निकालता कि दूसरा खाल चपक लेता। चन्दू को तम्बाकू न मिली तो चिड़चिड़ा गए। मेरी यह हालत देख लगे खीसें निपोरने। जितनी बार गिरता वे उतना ही-ही-ही करते।

गोन लगाने से जी छूटा तो चैन मिली, हमीरपुर तक हवा साथ रही। पाल चढ़ाकर बवंडर की तरह पहुँचे। तनिक भी चूकते तो सीधे पुल से जा टकराते। यमुना और बेतवा के बीच बसे शहर की ऊँट के कूबड़-सी चढ़ती-उतरती जमीन पर धूल का गुबार फेंकते खड़खड़े चलते, जिसके चलते जो खाना बड़ा ढूँढ़कर लाया वह एक कौर में बीसों बार किरकिराया। जब तक लौटे, चन्दू उस्ताद ने सुरती ठोंकते इतनी फाहें मारीं कि आस-पड़ोस के दुकानदार मुफ्त की चाय से आवभगत में लग गए।

पुल के नीचे से गुजरती डोंगी पीपों से टकराई। नया बनता पुल मिला और कुछ ही देर में पारियात्र पर्वत से निकली बेतवा या प्राचीन वेत्रवती यमुना से आ मिली। इसी का पानी पीकर कालिदास हुए 'कवि कालिदास', राजा विक्रमादित्य की गद्दी जमी और सिंहासन बत्तीसी का मसाला जुटा–एक-एक पुतली हजारों पर भारी, बत्तीसों की हलक में वेत्रवती का पानी।

डेरा डालने की सोची कि तभी जैसे एक पुतली छटककर बोली–'हैं! हैं! क्या करते हो? यहाँ रहने से पहले जरा ये तो बूझो तेरे सामने क्या है?'

सामने थी एक बड़ी नाव, उस पर सवार भालाबन्द, फरसाबन्द, लाठीबन्द जवान। पेटी-कारतूस बन्दूक-पटाखा वाले जत्थेदार। मुँह पर लिपटे गमछे से झाँकते बड़े-बड़े गलमुच्छे। एक ने कड़ककर ललकारा–'कीकी नाव आय? तुम औरें को आव?'

चन्दू ने उसी लहजे में उलटा हल्ला बोला–'हम हैं। कहा बात है?'

मैं तो सिटपिटा गया। कहीं सामने से गोली न चले।

और पास आए, डोंगी पर खाली हाथ पिद्दियों को देखा तो कुछ नरम पड़े।

'तुम लोग को हो?'

इस बार मैंने मोर्चा सँभाला–'सर्वे की नाव है।'

उन्होंने आगे कुछ न पूछा। छूटते ही मुहाने पर डोंगी रोकी। उस पार पुलिस की फटकारें–'किस मादर–ऽ...ऽ...ने पार उतारा? किसकी नाव से उतरे...'

6

'सहा' (चप्पू) सँभालते-सँभालते रेलवे पुल निकल गया। फिर हौले-हौले हवा उठी, पाल चढ़ा दिया। सीधी नदी की एक सी धारा में बेखटके निकलते चले। फिर थोड़ा पश्चिम मुड़कर नदी ने हवा को उलटा छोड़ा तो गोन सँभालना पड़ा।

एक घाट के ठेकेदार ने रोका–'कहाँ से आवत हौ? कहाँ जइहौ?'

हमने जवाब दिया।

वह अजीब आदमी निकला–'तुम्हार काम तो कउनौ नाव से चल जइहै। एहिका हमरी डोंगी से काहे नहीं बदल लेत्यौ।'

इनकार करने पर उसने लुक्का फेंका–'ऊपर से डेढ़ सौ रुपिया और लै लेत्यौ। काम खतम होए पर नाव तो बेकार होइ जाई। तौ ऊपर कै आमदनी काहे नहीं कर लेत्यौ।'

इस मक्कारी पर मुझे भी ताव आ गया–'नाव खरीदने की तुम्हारी क्या औकात? दस हजार में भी न दूँगा।'

उकड़ूँ बैठा ठेकेदार अब तक बड़े रोब से डली पर सरौता चलाते हुए बोले जा रहा था। मुझे भी मल्लाह ही समझा होगा। इस जवाब की तो उसने कल्पना भी न की होगी। बुरी तरह चौंका। मुझे गौर से देखते हुए सरौता चलाना बन्द करके सँभला–

'कहाँ रहत हौ ? का गाँव है ? कौन जात हो ? का काम करत हौ ?'

जवाब सुनकर उनकी बोली की ठनक ताजे कटे खेत–सी सूनी हो गई–

'पंडित हौ...इतना पढ़े हौ...तो मल्लाही काहे ?'

पूरी गाथा कौन सुनाता। मुझे अपनी पड़ी थी और उन्हें अपनी। बढ़ गया।

सूरज दो हाथ ऊपर रहते हवा से पाला छूटा। फिर एक बार सहा सँभाले। नदी मुड़ने लगी। सामने भूरा साफ–सुथरा तीखा कगार। सूरज धीरे–धीरे नीचे उतरने लगा। धारा में गेरू घुल गया। बड़ी–बड़ी नावें घाट पर फेरी लगाने में व्यस्त रहीं। किनारे पर एक बाबा जी डंड–कमंडल सँभाले जाने किधर की तैयारी में जाते दिखे।

बगल से गुजरती नाव की सवारियों ने जिज्ञासा भरे सवाल किए–'दिल्ली से चले ? कलकत्ता जाओगे ? कहाँ की नाव है ? कहाँ से आते हो ?'

केन–मुहाने पर डेरा डाला। न बेतवा में ज्यादा पानी था न केन में। किनारे पर मल्लाहों की बस्ती। सामने चिल्ला का पीपे का काला पुल, रह–रहकर गुजरती सवारियों की खड़बड़ाहट, कभी–कभार जीप–गाड़ी की रोशनी गुजर जाती।

7

केन छोड़ सूरज चढ़े तक चप्पू आजमाए, फिर हवा मिली और पाल बाँधकर पानी चीरने लगे। किनारे से एक लठैत चिल्लाया–'ऐ बोटहा बोट किनारे लै आओ।' शायद उसे पार उतरना था, लेकिन खासी रफ्तार से दौड़ती डोंगी का पाल उतारकर उनका हुकुम बजाने की फुरसत हमें कहाँ! अपनी आज्ञा का उल्लंघन देख उसने लाठी की धौंस पर सिर का भुरकुस बिगाड़ देने की धमकी दी। लाठी से भूत भी भागता है, किनारे होते तो हम भी डरते। तीसरे पहर हवा सुस्त पड़ गई, धारा दक्षिण मुड़ गई। हाथों में चप्पू आ गए। दिन ढलने तक डोंगी 'मरका घाट' पर लग गई।

गाँव की दुकान से बतासे लिये, प्यास भर पानी छका और दो घड़ी दम मार लेने के इरादे से ढलुआ कगार की ठंडी बालू पर उकड़ूँ टिक गए। उतराई चुकाने में हील–हुज्जत करती, अभी–अभी घाट पर लगी नाव की सवारियों की टेंट खुलवाने के लिए लड़ते–गरियाते केवट ने चित्रकूट की यात्रा पर निकले त्रिपुंड्रधारी को भी धर लिया। पैसे न होने पर तो भइया भगत बने, फिर भी खैर नहीं। केवट ने बाँह धर

ली, बेचारे लगे राम जी का नाम ले-ले कर रिरियाने। राम के भगत की ऐसी दुर्दशा देख पान लगवाते बाबू जी ने बीच-बचाव किया–

'अरे भाई! विद्यार्थियों, यात्रियों, परिव्राजकों, गर्भवती नारियों, ब्राह्मणों, बच्चों-बूढ़ों, मछुए-माली, घसियारों-ग्वालों और केवटों से भी कोई उगाही करता है क्या? समझ लेना एक सवारी कम बैठाई... ।'

बाबू जी का शास्त्र-सम्मत तर्क सुनकर अचरज हुआ। केवट उनका चेहरा देखने लगा। बाबू इत्मीनान से मुँह में बीड़ा डालकर घुलाने लगे। मौका पाते ही भगत जी कथरी-डंडा सँभाले खिसक लिये।

कगार से एक परिवार उतरा–दो जवान, दो-तीन औरतें, कुछ बच्चे, एक वृद्धा जिसके बाल सफेद और पाँव फूले हुए। चित्रकूट की तीर्थयात्रा से लौटे ये लोग यमुना पार जाने की तैयारी में लग गए। एक तरफ औरतें, बुढ़िया और एक ओर दोनों आदमी उकड़ूँ बैठ गए। बच्चे खेलने लगे। आदमियों में से एक ने चुनौटी खोली। नजर पड़ते ही चन्दू की तलब जागी। तम्बाकू तो दुकान पर मिल गई थी लेकिन चूना खोजने पर भी न मिला। चन्दू उसी आदमी के पास लौटे–'चूना जहाँ कहा मिलियै?'

उसने एक बार चन्दू की ओर देखा और सहज भाव से कमीज की बगली जेब से चुनौटी निकालकर उनके हवाले कर दी। अँगुली से मतलब भर चूना खुरचकर चन्दू चुनौटी वापस करने लगे तो वो बोले–'तैं रख ले। तोहिका काम देई।' चुनौटी चवन्नी की भी न होगी लेकिन नशेबाज जानते होंगे मौके पर उसकी कमी किस कदर खलती है। तब चार चवन्नी माँगे तो आठ देने को तैयार हो जाएँ। इस घटना ने हमें उनके निकट ला दिया। परस्पर परिचय की बुनियाद पड़ी–'आपका नाम?'

'सत्यनारायण। और, आपका?'

'कहाँ से आवत हौ? तै का चाहत है?'

बोलचाल के लहजे में सहज लगाव की छाप साफ झलकी।

किरणें तिरछी हो गईं, धूल बैठने लगी, हवा थम गई। दिन भर उछाल मारती तरंगों ने सिर झुका लिया। यमुना की धारा मोटे आलसी अजगर-सी सरकने लगी। वो लोग परेशान हो उठे। अब तक नावों का जुगाड़ न हुआ। बहुत दिक्कत से एक टुटही नाव ही मिल सकी लेकिन उसमें तो आधी सवारियाँ भी न आतीं।

'मेरी नाव से चलिए उधर ही चल रहे हैं, आपको छोड़ देंगे।'

हम सहज ही बोल गए। उनके व्यक्तित्व का प्रभाव ही कुछ ऐसा रहा।

वे संकोच में पड़े तो चन्दू ने दबाव डाला–'जामें कोई एहसान की बात थोरौ है। –हम तो उधर जाइए रहे, चिन्ता काहे क–ऽ–रहे, बैठो-बैठो।'

कुछ लोग टुटही नाव पर बैठ गए। औरतें-बच्चे हमारी डोंगी पर सिमट आए। उनकी मंजिल—सरकंडी गाँव—तक नदी पूरब दबती गई। सवारियों से लदी डोंगी डगमग-डगमग चली। वृद्धा ने हमें केवट समझा। जब जाना पढ़वैया हैं, शौकिया निकले हैं तो स्नेह भरी बोली में फटकारने लगीं–

'आज-काल लरकवा बाप-महतारी का कौनो खयाल नहीं राखत। इधर-उधर फिरै की का जरूरत है? गुहीवा[1] घर मा अलग परेशान होई।'

यह कहने पर कि अभी ब्याह नहीं हुआ बिगड़ गईं–

'हमका बहलावत हौ! ज्वान लरिका फिरत हौ, अभी बियाह नहीं भा?'

बाकी औरतें स्थानीय आभिजात्य घराने की परम्परा के अनुरूप ही मुँह घुमाए बैठी रहीं। बच्चे इधर-उधर उछल-कूदकरते तो सँभाल लेतीं।

इसी बीच, लगातार कड़ों पर लचते[2] डाँड़ों में से एक चरमराकर टूट गया। टूटे डाँड़ के सहारे ही किसी तरह खींच-खींचकर सरकंडी पहुँचे। चाँदनी छिटकने लगी। अभी-अभी निकले चाँद की तिरछी रोशनी में घेरा बनाती थिर धारा चमचमाने लगी। वे हमसे सरकंडी में ही रात बिताने का आग्रह करने लगे।

चप्पू बनवाना जरूरी समझकर चन्दू को गाँव भेजते हुए कहा–'साथ ही दूध भी लिये आना, कुछ रुपए रख लो।'

वे घाट पर उतर गए। सत्यनारायण ने हमारी बातें सुन मुस्कुराते हुए कहा–'ई जगह दामन में कछू नहीं मिलत मुला[3] मिल सब कुछ जाई। आपन मन समझावै का रुपैवा रख लेव, वैसे या गाँव मा काऊ पैसा लेई न।'

8

चन्दू वापस लौटे तो साथ में खासा गाँव ही उमड़ आया। वे लोग एक बाल्टी दूध और चीनी भी ले आए। ना-ना करने पर भी जबरन पिलाया। जाने क्या चन्दू ने बताया और जाने क्या उन्होंने समझा! हमारी प्रशंसा का पार नहीं। सबकी बातों में भोला आदर, श्रद्धा और स्नेह, जैसे किसी बड़े भारी साधु-महात्मा के दर्शन पा गए हों।

किसी दरिद्र को राज मिल जाए या बेवकूफ बड़ा विद्वान माना जाए तो जो हाल होता है, वही हमारा भी हुआ। अवाक् रह गए। इतना अधिक आदर पाकर सकुचा गए। जितनी अधिक सफाई हमने दी–'राजा भोज से हमारी भला क्या बराबरी! इसी उमर में कहाँ हम साधु-संन्यासी?' लोगों की श्रद्धा उतनी ही बढ़ती गई।

'साधु-महात्मा सबै यही कहत हैं–आपन बड़ाई मुँह से नहीं करी जात।'

1. घरवाली, 2. मुड़ना, 3. लेकिन

एक तरह से जबरदस्ती हमें राजा भोज और ऋषि-मुनि बना दिया गया। हम बेचारे 'गँगुवा तेली' पानी-पानी हो गए।

सत्यनारायण जी के स्नेहिल आमंत्रण पर भोजन करने गाँव चले तब तो छोटा-मोटा जुलूस ही निकल गया। वाह रे तेरी लीला, रंक को राजा बना दे! हमारी भी किस्मत खुली-'धन्यभाग जो इनके दर्शन हुए, हमारे गाँव में इनके कदम पड़े।' सरल हृदयों और तुझमें ज्यादा अन्तर नहीं।

दरवाजे पर चारपाइयाँ बिछाई गईं। गाँव के तमाम जन जुट गए। जानकार, अनुभवी, पढ़े-लिखे और अनजान भी। तरह-तरह की बातें-

'कहाँ पढ़त हौ?-ऐसी जात्रा मा काहे निकल परे?...रस्ते-रस्ते लिखत-लिखत चलत होइहै।...घर कौन जगह है?...

'कौनी बखत चला-चली होई...कौन सैन परेसानी है?...का खात हौ?...सोवत कहाँ हौ?'

'ई सब तो बहाना भर है। असल मा तो ये साधु आँय जो असलियत बता देंगे तो चलै में परेशानी होई।'

बातचीत में ही रात देर हो गई। भोजन के लिए बुलाया गया। एक-एक क्रिया-कलाप से आदर और अतिथि-प्रेम टपका पड़ता। पिता बराबर व्यक्तियों से हाथ-पैर धोने का पानी लेते संकोच से गड़ गए। भीतर साफ जमीन पर बिछे आसन के सामने चमचमाते लोटे। हाथ-पैर धोकर परोसनेवालों में भी वही आदर-भाव।

बहुत दिन बाद घर का खाना सामने आया। चुपड़ी रोटियाँ और चावल। दाल और सब्जी में इतना घी कि कौर डुबोवो तो सब्जी तक पहुँचे नहीं। एक तो ऐसे ही बड़े-बड़े कटोरों में तरकारी-दाल और ऊपर से बार-बार परोसने के आग्रह से हम घबरा गए। इतना ही नहीं, एक बड़े कटोरे में दूध अलग से रख दिया। हमारे बस का इतना सब कहाँ और उनकी समझ से मुनियों के लिए इतना सा होता ही क्या! मुनि अगस्त तो समुद्र का समुद्र पी गए थे। हम ना-ना करते लेकिन वे और परोस देते...

'अरे थोड़ा और लेओ, ऐसे तप के बाद इतना सा क्या है!'

जरूरत से ज्यादा छक गए। हाथ धुलाने के लिए फिर वही पितातुल्य लोग। हाथ धुल गए तो सत्यनारायण जी तौलिया लेकर दौड़े। इस आतिथ्य, आदर और स्नेह पर हम तो न्योछावर हो गए।

बिछौने लगने लगे। उन्होंने तय किया, सुबह नाश्ता कराने के बाद विदा करेंगे। हम पसोपेश में पड़ गए। कोई बस चलता न देख ब्रह्म-बाण छोड़ा-'गाँव में, चारपाई-बिछौने पर हम सो ही नहीं सकते। हमारे नियम के विरुद्ध है। सोना नाव पर ही होगा, और भोर से पहले ही नाव खोल देने का विधान है।'

निशाना सटीक बैठा—'पहले ही कहते थे साधु-महात्मा हैं। गाँव चले आए यही बड़ी बात!' बात ही बात में नाव पर सोने की इजाजत मिली।

उतना ही जुलूस छोड़ने लौटा। हमने बहुतेरा अनुरोध किया—'अब चलने दीजिए महाराज! हम पहले ही आपके स्नेह से धन्य हैं—' लेकिन वे कहाँ मानने लगे! डोंगी पर पहुँचे तो नया इन्तजाम।

सत्यनारायण जी बोले—'इत्ती दूर से आप आवत हौ, थक तो गए होइयो। हमरे साथ दुइ जने नाऊ-ठाकुर हैं। हम तो कहित है आप आपन गोड़-हाथ इन्हइन से मिजवाय लेवो।'

रास्ते के लिए हँड़िया में दही और पोटली भर चीनी की जबरन भेंट मिली।

9

अँधेरा फटने से पहले ही लंगर उठाकर भागे। दुर्व्यवहार से भागते तो अक्सर सुना है, सत्कार इतना ज्यादा कि भागना पड़े, पहली बार महसूस किया। सरकंडी छूट गया। सूरज निकला। नदी दक्षिण दबती गई। अन्धड़ ने जोर पकड़ा तो कुछ देर थमकर जी भर के जितना मीठा दही खाया, उतना ही सरकंडी वालों के गुन गाए।

दो पहर और बीते। मोड़ पार हो गया। धारा पूर्व की ओर सीधी हो गई। पाल चढ़ा लिया। दस किलोमीटर आगे फिर एक मोड़ आया। गोन खींची। किनारे से पार उतरनेवालों की आवाजें आती रहीं। सूरज खोपड़ी पर ठनकने लगा और तमतमाई लूह गरम-गरम कोड़े फटकारने लगी। किनारे से किसी ने नाव किनारे लाने का आदेश दिया लेकिन मेरे सनसनाते हुए निकल जाने की जुर्रत देख राइफल दिखाकर गोली मार देने की घुड़की मारी।

काश, इनके हाथ में नाव का डाँड़ा होता, कोई इन्हें धमकाकर पार उतरने की कोशिश करता, लूह के थपेड़े होते और लहरों के मेढ़े चकनाचूर करने को तत्पर, तो समझते कि मल्लाह भी आदमी होता है। अजब दुर्दशा है इनकी, दिन हो या दोपहर या रात किसी तरह जान तोड़कर रोजी-रोटी का जुगाड़ करते हैं। मौके पर न मिलें तो कितनों का लगन निकल जाए, बरात न पहुँचे, घुट्टी फूट जाए, हकीम न मिले लेकिन जो चाहता है चढ़ दौड़ता है। जैसे इन्हें सताना, बेगार कराना इनकी बपौती हो। दबते-दबते या तो आदमी भड़क उठता है या फिर उसमें दबाव महसूस करने की क्षमता ही लुप्त हो जाती है। इस दबाव से अब तक बीहड़ों में बहुत धमाके हो चुके हैं। विक्रम और फूलन, बेहमई और जालौन जैसे नाम अखबारों की सुर्खियाँ बन चुके हैं। किसी भी तरह इस क्षेत्र में व्याप्त आर्थिक-सामाजिक सन्तुलन सँभालना ही होगा।

शाम ढलने लगी। डोंगी किनारे लगाकर संवेदनाओं जैसी नरम बालू पर टहलने लगा। चाँदनी छिटकी और धारा सँवला गई, लहरें एकाएक चमककर छुपने लगीं। सामने की पम्पिंग-मशीन पर छाई टीन नई कलई जैसी चमकने लगी। रेतीली चाँदी ऐसी लगती मानो पूरे टीले पर अल्यूमिनियम पेंट बिखर गया हो।

10

पीछे लगी मल्लाहों की एक छोटी नाव से होड़ मच गई। डाँड़ों ने गति पकड़ ली और उसे पछाड़ने की इच्छा बलवती होती गई। वह भी आखिर सरितपुत्र ठहरा। भरपूर चप्पू चलाता आया। चमड़ी काली लेकिन ऐसी चमकदार जैसे काले मोती का पानी फिरा हो। कढ़ा हुआ शरीर मानो साँचे में ढला। हर चप्पू के साथ कमर से कन्धों तक, कटि-प्रदेश, वक्ष, बाँहों और कन्धों तक की पेशियाँ बार-बार मचलकर टकटकी बँधवा लेतीं। नाव-नदी, लूह, धूप ने मिलकर क्या खूब तराशा है इसे! मैं सोचता रहा और उसकी नाव आहिस्ते से मुझे पीछे छोड़ गई। वह आकर्षक नाविक अपनी जीत पर, चेहरा पीछे घुमाकर मुस्कुराने लगा। उसके एकदम उजले दाँत खिल उठे और चमकदार आँखें कौंधने लगीं।

दाहिने कगार पर मन्दिर आ गए। राजापुर की सरहद बनाती पैसुन्नी की पतली क्षीण धारा यमुना में मिल गई। मान्यता है कि तुलसीबाबा यहीं के रहनेवाले थे। पक्के घाट की सीढ़ियों पर पूजन-अर्चन, भजन-गान की धारा प्रवाहित थी। भीगे अधो-वस्त्रों में सूर्य की ओर मुख किए एक स्नानार्थी उच्च स्वरों में जम्बू द्वीप की सातों खास नदियों का आवाहन करने लगा—

गंगा च यमुना चैव गोदावरि सरस्वति।
नर्मदे सिन्धु कावेरि जलेऽस्मिन सन्निधिं कुरू॥

अधपके बालों वाले गौर-वर्णीय, छरहरे हरि-भक्त ने शान्त भाव से सीढ़ियों के किनारे एक-एक वस्त्र सँभालकर रखे और एक हाथ से नाक दबाकर यमुना जी में डुबकी मारी, फिर, केश झटकते हुए देह मल-मल कर राम जी को सुमिरने लगा—

ऐसो को उदार जग माहीं? बिनु सेवा जो द्रवै दीन पर रामसरिस कोउ नाहीं॥

खड़ी सीढ़ियाँ चढ़कर ऊपर से पीछे घूमकर देखने पर सीधे यमुना-जल सामने आया। लोटा-बासन सँभाले स्नानार्थी भजन गाते या श्लोक बुदबुदाते नहाने के लिए जाते या नहाकर लौटते हुए बार-बार टकरा जाते, रुक-रुककर रास्ता छोड़ना पड़ता। एक भक्त को रोककर मन्दिर का माहात्म्य जानना चाहा तो उन्होंने हमें पुजारी जी से मिलवा दिया। पुजारी जी ने लाल कपड़े में लिपटी रामचरितमानस की पांडुलिपि

को श्रद्धा सहित धीरे-धीरे खोलकर दिखाया–'राजापुर तुलसी बाबा का जनम स्थान है बच्चा! बाबा के ही हाथ की लिखी यह प्राचीनतम पांडुलिपि है।'

ऊँची सीढ़ियाँ चढ़कर आने से लोगों के मुँह खुल जाते, ऊपर आकर चैन की साँस लेते, पल भर थमकर दम मारते। किनारों पर सूखने के लिए फैलाए गए कपड़े हवा में फरफरा रहे थे। साधुजन माथे, कंठ व वक्ष-प्रदेश को विविध-रंगी चन्दन से सजा रहे थे। जतन से रचा वैष्णव-तिलक उनके माथों पर बहुत प्यारा लगा। रह-रहकर भक्तों के हाथों की छोटी घंटियों और मन्दिर के घंटों की टुन-टुन, टन-टन के बीच भक्ति-रस भिने पद सुन पड़ते–

मेरिऔ सुधि धायनी कछु करुन कथा चलाई।
मन पछतइहैं अवसर बीते, दुर्लभ देह पाइ हरिपद भजु...।

तभी किसी मृगलोचनी के सलोने रूप में लोचन अलझाए किन्हीं रसिक के मित्र द्वारा उन्हें दी गई मीठी झिड़की कानों में पड़ी–'का भइया, एत्ती दूर से हिंया तुलसी बाबा के धाम मा यहै लिहे आए रहौ! तनी जिउ थिराए बैठो। अस लट्टू बने फिरिहौ तो कउनौ तीरथ फल नाहीं पइहौ।'

रसिक बड़ा मनमौजी निकला। उसकी हाजिरजवाबी से टिप्पणी करनेवाले मित्र तो धराशायी हुए ही तुलसी बाबा और वृद्ध तपस्वियों को लपेटकर किए गए मजेदार व्यंग्य पर पास-पड़ोस के छोटे-बड़े सभी ने खुलकर ठहाका मारा–

'रहिहौ जनम भर मूढ़ कै मूढ़ै। अरे मूरखनन्दन! एहिमा कौन पाप कै डारेन! भला बताओ! बड़े-बड़े मुनि-तपस्वी डोलिगै। बड़ा कहै तौ कोऊ साँस नहीं लेत औ छ्वाट ब्वालै तो जउनै पाए तउने पनहीं फटकारै लागत है–'समरथ को नहिं दोष गोसाईं।' सो हमका तो तुरतै टोक दीन्ह्यौ, तुलस्यू बाबा का कोऊ टोका होई भला! सूधे साक्षात् राम चन्दर जी का लै के बियंग[1] उड़ाए दिहिन। बुढ़वा रहा बड़ा मुरहा[2] छाँड़िस कोऊ क नहीं। लिखिन आय–जब राम जी चित्रकूट केरी और चले तो इस्त्रिन के बिना उदास, दुखिया, तप-ब्रत-धारी महात्मा परसन्न होइगे कि जइसे राम के पाँवन से छुइ के पाथर बनी गौतमी इस्त्री रूप पाइ गईं वइसनै सबै पत्थर, सबै सिलाएँ, चन्दरमुखी बनि जइहैं। फिर तो मौजइ मौज होई।'

पुजारी जी के साथ हम भी बाहर आ गए। उसने आँखें मूँदकर हाथ हिला-हिलाकर मुँह बनाते हुए लय धर ली–

विन्ध्य के बासी उदासी तपोब्रतधारी महा बिनु नारि दुखारे।
गौतमतीय तरी तुलसी सो कथा सुनि भे मुनिवृन्द सुखारे॥
ह्वैहैं सिला सब चन्द्रमुखी परसे पद-मंजुल-कंज तिहारे।
कीन्हीं भली रघुनायक जू करुना करि कानन को पगु धारे॥

---

1. व्यंग्य, 2. शरारती

'तौ भइया! तुम चहौ तो आँखिन पर पट्टी बाँधि कै घूमौ मुला हमका राम जी आँखी दिहिन हैं तौ, बित्ता-बित्ता भर दीदा काढ़ि के सलोनी सुरतैं द्याखब जरूर, खाए तो जाइत नहीं है औ बिन्ध्याचल के महत्मन ते बड़े महत्मा तौ हमअन नहीं।'

11

डोंगी खोलने पर साथ ही आया मल्लाह युवक भी साथ लग लिया। हम ऊपर जा रहे थे तो वह घाट पर खाना बना रहा था। खा-पीकर शाम तक के लिए निश्चिन्त चल दिया। हवा अब खुल चली। यमुना की शान्त-थिर धारा डोलने लगी। वह अपनी डोंगी बगल में ले आया–'आप लोग कौन हैं? कहाँ तक जाएँगे?'

सधी, खड़ी बोली में पूछे गए सवाल से मैं चौंका। पता चला, इलाहाबाद विश्वविद्यालय में पढ़ता है, शिकार खेलने ऊपर गया था। थोड़ी देर इधर-उधर की बातें, फिर उसके दिल का गुबार तड़फड़ाकर बाहर निकला–'ये पंडित लोग पैर क्यों पुजवाते हैं? हमने तो अपने पंडित से कह दिया–विद्या माथे में रहती है माथ पूजेंगे, पैर क्यों पूजें? अब नहीं चलने का ये सब!'

फिर हमसे पूछा–'हमारे पास बाँस नहीं है, आपके पास फालतू हो तो दे दें।' हमने एक बाँस उसे थमा दिया। वह भी मस्तूल बनाने लगा। हमारा पाल बड़ा था बेतहाशा भगाने लगा। उसका पाल फटा जरूर था लेकिन सधे हाथों के कमाल से उसकी डोंगी तीर-सी उड़ी। हवा के झोंके बढ़ते गए, डोंगियाँ रह-रहकर रफ्तार पकड़ने लगीं जैसे गियर बदलने पर भागती मोटरसाइकिलें हों।

एक घंटा सीधा चलने पर हलका-सा मोड़ आया। हवा पूर्वी किनारे की ओर दबाने लगी। हम सजग हो गए–'पश्चिम दबकर चलिए।' वह पीछे से चिल्लाया। किनारा पकड़े-पकड़े साफ निकल गए। झकोरे और तेज हो गए। डोंगी का दाहिना किनारा धारा से छू गया और बायाँ दो फीट ऊपर। फूला हुआ पाल तन गया। मैं किलवारी पर लचक गया। लहरें थीं कि चारों ओर बौखलाई घूमतीं और डोंगी उन पर तेजी से उछलती रही। किलवारी का लम्बा धँसा हुआ सिरा यमुना की गहरी हरी छाती को धारदार चाकू की तरह चीरता रहा। धारा पर उभरी लम्बी लकीर लुभावनी लगती।

सहसा सामने पहाड़ियाँ दीख पड़ीं। जान पड़ा नदी इन्हीं में कहीं धँस गई है। भेड़ें, गाय-घोड़े और कम-से-कम दो दर्जन आदमी लादे एक बड़ी नाव उस पार से इधर आती दिखी। उठती-गिरती लहरों से जूझते माँझी किसी तरह किनारे बढ़ते रहे। नजदीक पहुँचने पर पता चला नदी उत्तर मुड़ गई है। यहीं हम दाँव खा गए। लड़का तो एक-एक धारा का जानकार, पहले ही पाल उतारकर किनारे रुक गया। हम बढ़ते

गए और आगे पहाड़ी से टकराने में कसर न रही। झटपट पाल उतारा, डाँड़ों पर लचक पड़े, खड़े हो गए और एड़ियों पर दम कसते किनारे लगे।

बड़ी नाव किनारे आ गई। लहरों का आतंक छाया रहा। उस नाव के मल्लाहों ने किनारे पर लंगर फेंककर दो बड़े पटरे बालू से नाव तक सटा दिए। एक-एक कर गाय-घोड़े उस पर से उतरने लगे। जानवरों और भेड़-बकरियों को उतारनेवाले आदमियों और मल्लाहों ने विचित्र शोर मचाया। एक बलिष्ठ मल्लाह भेड़-बकरियों को उठा-उठाकर रेत पर फेंकने लगा। गिरते ही वे बुरी तरह सकपकाकर बालू से चिपककर रह जातीं फिर एकबारगी निरीह आवाज में 'में-ऽ-ऽ-में-ऽ-ऽ' करतीं, कान और पूँछ हिलातीं और दौड़कर पास खड़े रेवड़ में मिल जातीं।

तभी एक मेमना घबराकर उलटी धारा में फिसल गया और हड़बड़ाहट में किनारे लौटने के बजाय धारा की तरफ ही तेजी से थोड़ी दूर गया, फिर, चौंककर पश्चिम मुड़ा। फिर मुड़ा और पूरब की तरफ भागा। बुरी तरह घबराया और असंयत, कातर आवाज में 'में-ऽ-ऽ में-ऽ-ऽ' करता भटकने लगा। किनारे से लोग सीटी बजा-बजा और तरह-तरह की आवाजें निकालकर उसे अपनी ओर बुलाने लगे। थोड़ी ही देर में बड़ी-बड़ी सुन्दर आँखों वाला वह प्यारा मेमना डूबने लगा। चन्दू अचकचाकर उधर देखते हुए बोले–'कहा जाको बचायो नीं जाय सकत है! पुन्न होगा।'

मैंने एक बार हरहराती लहरों को भर आँख देखा। दूसरी नजर बेबस मेमने पर डाली और लजाई आवाज में चन्दू से कहा–'लेकिन बचात में डोंगी डूब सकत है।'

मन क्षोभ से भर उठा–'चला हूँ इतनी लम्बी नाव-यात्रा पर। पूरी कर लेने पर इतराऊँगा। इतने हजार किलोमीटर अकेले नाव चलाई और एक मेमने की जान न बचा सका। इतना ही डर था तो डाँड़ क्यों सँभाले?'

आत्म-प्रताड़णा से प्रेरित होकर डोंगी पानी में ढकेली। चन्दू सन्तुष्ट नजरों से देखते रहे। कुछ ही भरपूर डाँडों ने धारा में पहुँचा दिया। बड़े-बड़े जोखिम भरे काम करनेवालों की उपलब्धियाँ अक्सर उनकी कायरता और 'कहीं हम कायर न समझ लिये जाएँ' जैसी भावना से जनमती हैं।

बहुतेरा भटकने के बाद मेमना अपने-आप दिशा पा गया और मैं बाह्य सन्तुष्टि का आवरण लपेटे किनारे आया। चन्दू और अन्य लोगों ने मुझे बहादुर समझा लेकिन अन्दर ही अन्दर मेरा सारा आत्माभिमान नमक की पुतली जैसा गल गया।

नदी ज्यादा दूर नहीं मुड़ी। थोड़ी ही देर में पार निकल गए। हू-ऽ हू-ऽ-ऽ करती हवा झपाटे मारती आती, धारा में ऊँची-ऊँची लहरें उठतीं और फटे बाँस के मस्तूल से गुजरकर तेज सीटी बजाती चली जातीं।

दूसरी डोंगीवाले ने अनाज लादे खड़ी दुहरी नावों की बगल से गुजरते जाने का रास्ता बताया। वे आगे-आगे चले हम पीछे। इसी समय हमारी किलवारी टूट गई।

डोंगी धारा, लहर और हवा पर डोलने लगी। अन्धड़ ऐसा कि धूल के सिवा कुछ दिखाई न दे। मल्लाहों का कथरी-पाल सधे हाथों में सिमटता-खुलता और उनकी डोंगी इठलाती हुई पत्थरों के पीछे बढ़कर कोने पर गुम हो गई।

12

अन्धड़ कुछ ठहरा तो उड़ती धूल का परदा भी हलका पड़ा। सामने एक ऊँचा टीला और उससे पूरब एक गाँव। टीले के ऊपर मन्दिर, एक जैन-तीर्थ और नीचे एक गुफा। कहते हैं–इसमें एक नाग रहता है। सैकड़ों बरसों से यही बात कही जाती है लेकिन किसी ने उसे देखा नहीं। गुफा में दो हजार से पन्द्रह सौ बरस तक के प्राचीन लेखों में बयान है कि इसको राजा आषढ़सेन के आदेश पर बनवाया गया। आज यहाँ पाभोसा नाम की एक बस्ती है।

सामने दिखनेवाले कोसम गाँव के नाम के साथ उसका पुराना कौशाम्बी याद आता है। गंगा की बाढ़ में हस्तिनापुर के नष्ट होने के बाद, जनमेजय के प्रपौत्र, निचक्षु ने इसे अपनी राजधानी बनाया। सैकड़ों वर्ष पहले इसे बसानेवाले कुसाम्ब निचक्षु के ही वंश के थे। कौशाम्बी नाम सुनते ही उदयन की कथा याद आती है–

बहुत दिन बीते यमुना के आसपास वत्स नामक देश के इस इलाके पर एक रूपवान और प्रतापी राजा उदयन राज करता था। कौशाम्बी उनकी राजधानी थी। वत्स के दक्षिण में अवन्ति राज्य के राजा चंडप्रद्योत को उदयन का बढ़ता प्रभाव सहन न हुआ। उसने उदयन को नीचा दिखाने के लिए जाल फैलाया।

राजा उदयन बड़ा संगीत प्रेमी था। उसकी वीणा के सुरों पर मोहित हरिण पास चले जाते। मदमस्त पागल हाथी वश में आ जाते। प्रद्योत ने उदयन के इसी विलक्षण गुण को गोट बनाया। खबर फैला दी कि वत्स और अवन्ति राज्यों के सीमावर्ती वन में एक मदमस्त पागल हाथी घूम रहा है। यह समाचार उदयन के पास भी पहुँचा। उदयन तो ऐसे मौकों की तलाश में रहते ही थे। वीणा की शक्ति आजमाने को लालायित घने वन में हाथी तलाशने लगे। चलते-चलते वत्स राज्य की सीमा पार करके अवन्ति देश की सीमा में पहुँच गए। वहाँ छुपे प्रद्योत के सैनिकों ने उन्हें बन्दी बनाकर कारागार में डाल दिया।

कुछ समय बाद प्रद्योत ने सोचा कि क्यों न मौके का फायदा उठाकर उनकी पुत्री वासवदत्ता उदयन से वीणावादन के पाठ पढ़ ले। प्रद्योत के अनुरोध पर उदयन इसके लिए सहमत हो गए। थोड़े ही दिनों में उदयन से संगीत के गुर सीखते-सीखते वह उनके रूप पर मोहित हो गई। इसके आगे वत्स राज्य की सेना की एक न चली। वासवदत्ता और उदयन कारागृह से भागकर अपने राज्य पहुँच गए। उदयन से उसका

विवाह हुआ। प्रद्योत हाथ मलते रह गए। इस अमर प्रेम कहानी पर भास ने 'स्वप्नवासवदत्ता' जैसी रचना रची।

कुछ समय पहले तक कोसम[1] आनेवाले सैलानी कभी कोई सिक्का पा जाते या कभी कोई सुन्दर मनका। गाँववाले समझते यहाँ खजाना गड़ा है, खोदा जाए तो मिलेगा। बाद में पुराविदों ने बड़े पैमाने पर यहाँ खुदाई कराई और ढेर के ढेर नरिया-खपड़ा और पुराने टूटे बर्तन निकलने लगे तो उनकी आशाओं पर घड़ों पानी पड़ा, लेकिन बालू से तेल निकालने की विद्या जाननेवालों ने इसी टूटी-फूटी सामग्री के आधार पर महात्मा बुद्ध के जमाने से भी हजार बरस पुरानी बसावट की कहानी समझ ली। पता चला कि बुद्ध के समय इस नगर की सुरक्षा के लिए एक मोटी दीवार बनाई गई थी, यहाँ घोषिताराम नामक एक बौद्ध विहार था और यह स्थान उसके बाद भी लम्बे समय तक आबाद रहा। इलाहाबाद के किले में कालान्तर में लगाया गया यशस्वी सम्राट अशोक के जमाने का प्रस्तर-स्तम्भ लम्बे समय तक यहाँ के गौरवपूर्ण अतीत की सनद देता रहा।

13

तूफान थमने पर धारा के दो हिस्से नजर आए। एक, तीन बड़ी नावों जितना चौड़ा और दूसरे पर फुफकारती लहरों का खेल। डोंगी को चौड़ी धारा में घुमाया तो एकाएक जोर की कड़कड़ाहट की आवाज के साथ डोंगी अटकने की आवाज सुन सीने में किरचें चली गईं, लगा डोंगी का पेंदा तो गया। तेज धारा में डोंगी खड़खड़ाकर थोड़ी दूर बढ़ती, फिर अड़ियल-टट्टू जैसी अड़ जाती। चन्दू लगे अलापने–'जिसका डर था बेदर्दी वही बात हो गई। बीच धारा में अपनी तो नाव अड़ गई।'

सोचिए, भला ऐसे में कैसा लगा होगा! मैं पत्थर हटाकर रास्ता बनाने में लगा रहा और वे थे कि तम्बाकू पीट-पीटकर अलाप रहे थे।

आगे के थोड़े से पत्थर हटाते ही डोंगी तेज धार में बह चली, लपककर भीतर हो लिया, चुनौटी से चूना निकालते चन्दू यह देख अचकचाकर दौड़े और रेड़े से आगे निकलते ही डु-ऽ-ब्ब–से पानी में चले गए। तम्बाकू कहीं गई और चुनौटी बहती नजर आई। पानी एकबारगी बीसों फीट गहरा हो गया। एक-दो गोते खाकर बह चले। कुछ ही देर में उनका मुँह खुल गया और वे बेतहासा हाथ-पाँव फटकने लगे। डोंगी उन तक ले जाकर किसी तरह उन्हें ऊपर खींचा तो वे बुरी तरह हाँफ रहे थे।

चन्दू पर हँसने के मौके बहुत कम आते हैं। मैंने राग उठाया–'जिसका डर–ऽ-ऽ-ऽ -ऽ -ऽ-'

---

1. कौशाम्बी

उन्होंने खिसियाकर दाँत निकाल दिए।

थोड़ी देर बाद मऊ नामक स्थान के सामने लंगर डाला तो सबसे पहले पेंदे के जोड़ों से रिस आया पानी उलीचने लगे। चन्दू झट से तरबूज के खेतों की बाड़ में घुस गए। लौटे तो खूब सारी खर-फूस और लकड़ियाँ बीन लाए। बोले–'आज तो आग पर पका खाना चबैगा। डबलरोटी खात्त-खात्त तो जान चली जइऐ!'

किनारों के पत्थरों से कूद-कूदकर नहाकर थकान उतारी। फिर, एक उभरी चट्टान से देर तक शान्त धारा में कंकड़ियाँ फेंकता रहा। घास-फूस के धुएँ पर चढ़ी चन्दू की खिचड़ी दो घंटे में भी न पकी तो बटुली उठाकर उसे यमुना में उलटने लगे। मैंने पूछा–'क्या हुआ भाई, खिचड़ी नहीं खाओगे?'

धुएँ से बहती आँखों को दोनों बाँहों से पोंछते चन्दू देर तक खीझते रहे–'जे भी अजब इलाका है! सारो न लकड़ी मिले न आग। बिगिर अन्न खाए तो हम नीं चल सकत हैं। ऐसी नाव-यात्रा कहा काम की? जामें खानो-पानी भी ना मिले...चुनौटी भी बहिन...बहि अई।'

14

दिन चढ़े अपने एक दोस्त के गाँव तिलहापुर के घाट पर उतरे। डोंगी लगते ही चन्दू ने सबसे पहले घाट के मल्लाह से तम्बाकू माँगी–'तनक सी दै दो अभी हाल लौटाय देंगे। ठाकुर जसवन्त सींग के यहाँ जाय रहे हैं।'

'ठाकुर साहब' के नाम पर मल्लाह ने घाट ऊपर का कमरा खोलकर चारपाई डाल दी। सवारियों की न बराबर आमद देख पास ही बैठ गया। उसकी निराश आँखें बार-बार प्रतापपुर घाट की जरूरत से ज्यादा लदी नावों की ओर उठ जातीं। इस साल यहाँ यमुना दो धाराओं में बँट गई, बीच में रेता छूट गया। घाट के ठेकेदार ने इस पार और उस पार दो-दो नावें लगाईं, फिर भी, दो जगह चढ़ने-उतरने के बजाय सवारियों ने प्रतापपुर घाट से पार उतरना ज्यादा सही समझा और तिलहापुरवालों का भट्ठा बैठ गया। जब ठेकेदार ही कुछ नहीं पावेगा तो मल्लाह बेचारे को क्या मिलना!

पार उतारने का सारा धन्धा पहले केवटों के हाथ था। तीज-त्योहार पर लोग अनाज-कपड़ा, जो बन पड़ता भेंट करते। फसल कटती तो उनका भी हिस्सा लगता। फिर आया घाट-नीलामी का तरीका, उतराई के पैसे पड़ने लगे। त्योहारी-फसली बन्द होने लगी। दोनों ओर से मारे गए। परम्परागत जीविका रही नहीं, नई व्यवस्था में उनका हिस्सा नगण्य। धनी-मानी लोग धन–डंड के दम से घाट का ठेका कब्जियाने लगे। नदी के परम्परागत हकदारों की आय का अकेला साधन भी छिन गया। दूसरे

कामों के रास्ते उनके लिए बन्द। चलानी उन्हें अब भी नाव ही पड़ती है लेकिन आय ठेकेदार के हाथ। जितना उसकी ओर फेंक दे, मालिक की मेहरबानी। जो पढ़ गए वे न तीन में रहे न तेरह में, नौकरी मिलती नहीं और नाव चलाने में हेठी।

तभी एक मल्लाह ने जुहार लगाई–'पा लागी सरकार!'

पीछे से ठाकुर साहब लपकते चले आ रहे थे। साथ में मोटा पिटारा थामे एक कारिन्दा। पसीना पोंछते चन्दू ने एक ओर घूमकर मुँह में घुली पीक की पिचकारी चलाई। जल्दी-जल्दी पिटारा खोलते बोले–'तुम्हेउ खाना होए तो आओ। हमसे तो अब नीं रही जात।' और इन्तजार उनके बस की न थी सो पूड़ियों पर भिड़ गए।

15

तिलहापुर से चलते शाम देर हो गई। रात उतर आई। बड़ी-बड़ी नावों के ऊँचे काले मस्तूल और यदा-कदा उनसे लटकती लालटेनें आकाश-दीपों-सी सुन्दर लगीं। मल्लाहों द्वारा खाना पकाने के लिए जलाई आग बड़े-बड़े बजरों[1] में लटकते रस्सों को रह-रहकर आलोकित कर देती। उस रोशनी में मस्तूल से बँधे पाल और नाव पर बनी झोंपड़ी दीख जातीं। माँझियों के हाथों की बीड़ियाँ दप-दप करतीं। बीड़ी सुलगाने को कोई माचिस जलाता तो एक छोटा-सा पीला घेरा एकबारगी फैलकर सिमट जाता।

दिन भर बालू और अनाज वगैरह ढोनेवाले मल्लाहों की सैकड़ों नावें। दिन भर खटकर अब वे लंगर डाले भोजन-पानी में जुटे थे। लौट रहे बजरों के जल्दी-जल्दी खिंचते डाँड़ों की आवाज सुनाई पड़ती। धारा पर सरकती बड़ी-बड़ी नावें ऐसी लगीं मानो भारी-भारी काली छायाएँ चली आ रही हों। झाँझ-करतालों की आवाज यमुना के आर-पार झनझनाने लगी। लोक-गीतों के अस्पष्ट बोल क्रमशः ऊँचे होने लगे।

धीरे-धीरे 'ससुर-खदेरी' नदी नजदीक आने लगी। कहते हैं–

धान की रोपाई के मौके पर ससुर और बहू में शर्त लग गई, देखें कौन कितना धान रोपता है। एक ओर पूरी पलटन के साथ ससुर, दूसरी ओर अकेली बहू। दोनों के खेत दूर-दूर, इसलिए कौन कैसे रोपनी करता, वे देख न पाते। शाम को जब सब लौटते तो बाजी बहू के हिस्से पड़ती। ससुर चक्कर में पड़ते कि आखिर माजरा क्या है, अकेली हम सब पर भारी। ऐसे में ससुर ने सबसे राय-बात करके तय किया– अगले दिन जब बहू रोपनी पर जाए तो छुपकर देखें कि क्या लीला है! बहू आराम से आई, सारा धान आँचल में भरा और जोर से लहरा दिया। धान अपने आप पूरे खेत में छिटक-छिटककर जम गए। ससुर विस्मय में पड़ गया–'यह तो मानुस की काया

---

1. बड़ी नाव

में देवी लगती है। साक्षात् देवी सामने है। लपककर चरण-रज लेनी चाहिए।' वह चरण-धूल लेने दौड़ा। बहू भला ससुर से पैर कैसे छुआए! धर्मसंकट में और कुछ न सूझा तो भाग चली। पैर छूने के चक्कर में ससुर पीछे दौड़ा। बहू भागती रही, ससुर खदेड़े रहा। बहू ने लज्जावश यमुना में छलाँग लगा दी। बहू की मृत्यु से दुखी ससुर भी यमुना में डूब गया। बहू के भागने की जगह से यमुना तक एक पुण्य-धारा फूटकर बह चली जिसका नाम पड़ा 'ससुर-खदेरी'।

रात गहराती गई, डाँड़े न छूटे। अँगुलियाँ टीसतीं तो पानी में गीली कर लेते, पसीना होता तो बाँह में सुखाते, गला सूखता तो दो घूँट यमुना-जल हलक में। नैनी-पुल की ओर बढ़ते पुराने दिनों में नाव लेकर इधर आने के वाकये याद आने लगे। ढलते सूरज के साथ ताड़ के पेड़ों के पीछे उभरते असाधारण सौन्दर्य को देर तक देखते रहते। आशिक-दिल साथी शायर बन जाते। रात देर से लौटते तो लहरों पर चाँदनी खेल रही होती, तरंगित धारा के रुपहले आरोहों-अवरोहों में खोए-खोए से हम 'मिंटो-पारक' पर डोंगी लगाते तो कन्हइया माँझी घर जा चुका होता।

किनारे के मन्दिर पर तेज रोशनी नजर आई। सामने के पुल से झक-झक गुजरती रेलगाड़ी की डिब्बे-डिब्बे बँटी रोशनी झिलमिलाती हुई तेजी से गुजर गई। पूरा माहौल एक बार झकझोर उठा और उसी तरह शान्त भी हो गया। बलुआ घाट पर डेरा डाला।

यत्र गंगा च यमुना चैव यत्र प्राची सरस्वती

1

किसी काम से इलाहाबाद आए हमारे दोस्तों के परिचित 'सिद्धू' ने साथ चलने की इच्छा प्रकट की तो मैंने मौसम की बात सोचते हुए उनसे कहा–'धूप बहुत तेज है और लू की न पूछो! कहाँ चलोगे ऐसे में?'

होम करते हाथ जला, उन्हें ये बात चुनौती जैसी लगी–'काहे बकावत हौ! हमहूँ घाघरा के तैराक हन। का समझत हौ, बस तुमहे जाय सकत हौ।'

उनकी तेजी-गरमी देखकर कहना ही पड़ा–'तब ठीक है। आपौ चलौ।'

इस तरह नाव पर हमारी टोली में तीन सदस्य हो गए। तीनों ने डोंगी को पानी से बाहर खींचकर उलट दिया, फिर, सबने चन्दा कर बाजार से रंग व तेल मँगाया और डोंगी की मरम्मत में जुट गए। वहीं रह रहे देवता भाई गरम-गरम पूड़ियाँ भेजते रहे, भोजन-भजन के साथ घाट पर गुल-गपाड़ा मचा रहा। गा-गाकर जीविका जुटानेवाला गायक इकतारा बजा-बजाकर एक-पर-एक गाने सुनाने लगा और हमारी मंडली के कुछ रसिया मन भाए गानों पर झूम-झूमकर नाचने लगे।

डोंगी के जोड़ों में फिर से 'लीक-स्टॉप' भरकर तेल चपोड़ा, धूप में सुखाया। 'ब्लैक-जापान' का कोट मारा, थोड़ी देर सूखने दिया, फिर हम तीनों अलग-अलग रंग की कूची लेकर लाल, सफेद और काली पट्टियाँ बनाने लगे।

गायक ने इकतारे से मीठी तरंगें निकालते हुए नया राग छेड़ा–

'सन्त-ऽ-न राखी बिलमा-ऽ-य'

'सन्त-ऽ-न राखी बिलमा-ऽ-य' इकतारे पर बजाया।

'त-ऽ-माखू ऐसी मोहनिया-ऽ-ऽ'

'ओ...ऽ-ऽ-ऽ-ऽ-ऽ-' लय उठा ली

'सन्त-ऽ-न राखी-ऽ...ऽ...

त-ऽ-मा-ऽ-खू ऐसी मोहनिया-ऽ-ऽ'

तम्बाकू का नाम सुनते ही तलबी चन्दू चौंके। जैसे ही उसने दूसरी लाइन छेड़ी, चन्दू ब्रश छोड़कर गायक के चारों ओर जुटी भीड़ में जा खड़े हुए।

गायक धीमे-धीमे इकतारा बजाते मद्धम सुर में एक-एक कड़ी उठाने लगा–

'जब हुक्का माँ धरी तमाखू।'

एक पाँति गाकर फिर उसे इकतारे पर छेड़ता। इकतारे से मधुर और महीन स्वर निकलते, जैसे हवा में फैला उत्तरीय हलके-हलके लहरा रहा हो–

'जब हुक्का माँ धरी तमाखू'...इकतारा बोला,

'अरे-ऽ जब हुक्का माँ धरी तमाखू।'

थोड़ा रुककर इकतारा बजाते अगल-बगल का जायजा लिया, फिर–

'जब हुक्का माँ...-...

गुड़-गुड़ ब्वालै हुक्का-ऽ-।

एक पियै दुई सकिलत[1] आवैं, जै-ऽ-से भँड़िहा[2] कु-ऽ-त्ता-ऽ-।

त-ऽ-मा-ऽ-खू ऐसी मोहनिया-ऽ-।'

गायक चुप। इकतारा उसी लय से उसके बोल दोहराने लगा। भड़िहा कुत्ते से तुलना पाकर चन्दू चुपचाप भीड़ से निकल आए और कनखी से हमारी ओर देखने लगे।

इकतारा मानो उन्हें मीठे बोलों में चिढ़ाने लगा–

'एक पियै दुई सकिलत आवैं
जै-ऽ-से भँड़िहा कु-ऽ-त्ता।'

2

'यू लरिका सधुवाए जाई का। पढ़ै-लिखै क सब बेकार होई गवा। एकरे पैर मा चक्की बँधी है चक्की।' नाव से घूमने जा रहा हूँ, यह बात मेरी नानी ने सुनी तो खीझकर बोली थीं।

वृद्धा नानी इलाहाबाद में रहती थीं। कमर झुकी, बाल सन-से सफेद, रोज गंगा नहाने जातीं। गंगा पर उनकी अटूट श्रद्धा और माँ गंगा के ही आशीष से सत्तर पार के बाद भी प्रातः भ्रमण में उनकी काया ऐसी कस गई कि बूढ़े हाथों के दम पर ही घर-दुआर सब चकाचक रखतीं। मिलने गया तो बोलीं–'अब लग कुछौ नाहीं भवा तौ अब्बौ कुछौ न होई। गंगा माई सब पार लगइहैं।'

नानी के ये बदले उद्‌गार सुनकर माँ उनका मुँह ही देखती रह गईं। उनकी महिमा अपरम्पार, उनसे निपट पाना ब्रह्मा के बस का भी नहीं।

अगले दिन चलने को तैयार हुए तो मंडली जुट आई। घाट पर रोज की तरह स्नानार्थी। दो-एक तैराक आर-पार चक्कर मारकर सीढ़ियों पर दम मारने पसर गए। यमुना में गोते लगाता भक्त स्नानार्थी गंगा की आराधना करने लगा–

---

1. सरकना, 2. बर्तन चाटनेवाला कुत्ता

'जो भगवान शंकर के मस्तक को विभूषित करती हैं, जो तत्क्षण ही अनेक भक्तों के क्लेश को दूर कर देती हैं, जो मनोहर, ऊँची चंचल लहरियों से सुशोभित हैं, वे भगवती गंगा मेरे अंगों को निर्मल करें, शुद्ध बना दें।'

जैसे ही हमने माँ और बड़ों की चरण-रज ली, त्रिपुंड्री पंडित मंत्र पढ़ने लगे–

'मंगलं भगवान विष्णु, मंगलं गरुड़ध्वजः...'

आशीर्वाद और शुभकामनाओं के बीच माँ और मुन्ना बुआ ने रोली-चावल का तिलक लगाया और मित्रों ने मालाएँ पहनाकर धीरे से नाव पानी में सरका दी। लगा जैसे यहीं से यात्रा की शुरुआत हो रही है।

क्रीज्ड बेलबॉटम, रंगीन कमीज, धूप के चश्मे और लम्बे टीके में सिद्धू भाई खूब जमे। लेकिन उनका ये रुतबा चन्दू को अखर गया–

'बहोत हीरो बने हैं। अटैची चोर लगत हैं। अबै लूक चलैगी तो सब भूल जैहैं।'

सिद्धू ने मुस्कुराकर चोट की—'अबे चुप्पे बैठ नहीं तो सुनावै के परी, वही वाली मसल–कितौ अहीर पिंगल पढ़ौ...'

चन्दू कसमसाए–'हम से उझ न जइओ, दै फट्ठा दै फट्ठा खपरी फा-ऽ-देत्त हैं। हमाए हिंयन कहो जात्त है–गूजर टेक, हमाओ हठ, जाट कही सो कही।'

सिद्धू बोले–'ये अच्छी कही। तीनों लंठ और तुमसे कैसा उलझना और कैसी दोस्ती ? तुमको मित्र न कीजिए चहे सोने को होय।'

गरमियों की सुखद सुबह, शान्त जलधारा। संगम से आती या उधर जाती सवारियों से भरी नावें अगल-बगल से रपटती गईं। इधर चन्दू-सिद्धू में मुहावरेदार नोक-झोंक चलती रही। चन्दू भला यूँ कहाँ हार मानने वाले–

'अटैची चोर! अबै जान्त नीं हौ। हमसे बढ़ के कोई भओ भी है जा-ऽ-ध-ऽ-ऽ-त्-ती पे। हमने राज कियो है जहाँ। हमाई बराबरी नीं कर सकत हो जे तो सुना ई होगा–

कल्प मुनी कलपत रहे ब्रह्मा धरी न धीर।
सबै जाति तरसत रहीं हम ना भए चन्दू-वीर॥'

संगम निकट आने पर तौलिया-गमछा में कपड़े लपेटे, डलियों में फूल-पत्ता, चन्दन-माला लिये, दूध के डब्बे और गंगाजल ले जाने के लिए लाए ताम्र-पात्र लटकाए उत्साहपूर्ण यात्रियों से भरी नावों की भीड़ बढ़ गई। तेजी से आती-जाती नावों पर लोग नहाने की तैयारी में कपड़े उतारते या गीले कपड़े निचोड़ते दिखे।

गंगा माई के जयकारे, घंटियों की टन-टन और नावों की भीड़ में रास्ता बनाते मल्लाहों की नोक-झोंक। लोग संगम तक पहुँचने से पहले ही नहाने के लिए उतावले, दूर से ही कपड़े उतार गोता मारने को अधीर। जोर-जोर से किए जा रहे तरह-तरह के श्लोक-पाठ ने विशिष्ट धार्मिक वातावरण रच दिया। लौटती नाव पर

चन्दन पोतते, छोटे शीशों में केश सँवारते, गीले कपड़े फैलाते लोग। नाव के माथे पर सुलगती अगरबत्ती फँसाकर, पानी चूते कृष्णकेश छितराते, घंटी टुनटुनातीं, बुदबुदातीं, कपड़े निचोड़ती युवतियाँ-प्रौढ़ाएँ। नाव के सिरे पर गोता लगाने को तैयार लँगोटधारी–

'सितासिते सरिते...।'

उसने एक हाथ से नाक दबाई और कटे कुन्दे जैसा छपाक से धारा में जा गिरा। कुछ बच्चे आगे-पीछे कूदे और आती-जाती नावों के मद्धिम रफ्तार से उड़ते सारस के बड़े डैनों जैसे चलते चप्पुओं से सिर बचाते तेजी से दूर तक तैरते चले गए।

3

बायाँ डाँड़ गहरा मारकर संगम की ओर घूम गए। यमुना गहरी और गंगा उथली। गंगा में खड़े यात्रियों की कमर से अधिक पानी नहीं और यमुना में पहुँचते ही हथिया-डुबाऊ[1]। मल्लाहों ने कम पानी में बाँस गाड़ रखे थे, उन्हीं से नाव बाँधकर यात्रियों को उथले पानी में नहला रहे थे। संगम पर डुबकी मार लेने के इरादे से अगल-बगल की नावें ठेलकर रास्ता बनाते हुए डोंगी एक बाँस से अटका दी।

संगम-रेखा साफ दिखती रही। इस पार गंगा की मटमैली, उधर यमुना की हरी धारा। उधर एक-दो तैराक, इधर तख्तों की कतार, गड़े हुए बाँस, फहराते झंडे, चन्दन-चौकी-पंडे, नावों की भरमार, नंगे-अधनंगे—जवान-बच्चे-अधेड़, बाल उतारते नाऊ, डूबते को उबारनेवाले काँटा-रस्सा सँभाले मल्लाह। देव-दर्शन, शनि-दर्शन, महावीर-दर्शन कराते पुजारी। गंगा पर दूध चढ़ाते विचित्र श्रद्धालु। जीवन-मोह में बँधे रेत पर कमर भर पानी में ही डुबकी मार लेने को मजबूर लोग।

इस संगम की बड़ी महिमा रही है। दुर्वासा, भरद्वाज, राम-लक्ष्मण-सीता, मौर्य सम्राट अशोक, गुप्त सम्राट समुद्रगुप्त, महादानी हर्षवर्द्धन, ह्वेनसांग, मुगल बादशाह अकबर, कम्पनी सरकार, गांधी-जवाहर तक कोई इसके आकर्षण से मुक्त न हो सका।

सिद्धू यमुना की ओर तैर गए। मैं कपड़े उतारकर डोंगी पर ही बैठ गया। एक भक्त सूर्य की ओर मुख करते, अंजलि से गंगाजल का अर्घ्य देने लगा–

'शरच्चन्द्र श्वेतां शशिकलश्वेतमुकुटाम्... ... ...।'

(शरदकालीन चन्द्रमा के समान उज्ज्वल, द्वितीया के चन्द्रमा से युक्त श्वेत मुकुट मंडित, चारों हाथों में क्रमश: कलश, कमल, वरदान तथा अभय दान धारण किए हुए, सुधा के समान श्वेताकार, श्वेत आवरण तथा वस्त्रों से सुशोभित तथा घड़ियाल पर आसीन, जो दिव्य रूप का ध्यान करते हैं, उनकी कभी पराजय नहीं होती।)

---

1. हाथी के डूबने लायक गहरा

पूरब से उठता सूरज कगार के झूँसी तक चढ़ आया। प्राचीन प्रयाग इसी स्थान पर रहा होगा। इसे चन्द्रवंशी क्षत्रियों का केन्द्र और इसका प्राचीन नाम प्रतिष्ठानपुर बताते हैं। गंगा में हस्तिनापुर–बिठूर और यमुना में मथुरा से मूसानगर–कौशाम्बी होकर नाव या पैदल मार्ग से वाराणसी–पाटलिपुत्र की ओर जानेवाले यात्री यहाँ अवश्य रुकते होंगे।

4

आम आदमी पहली बार इलाहाबाद आने पर संगम पर ही पत्थरों से बना मजबूत किला देखने जरूर आता है। इसके भीतर है कल्पवृक्ष, वर्षों से उसकी दो की दो पत्तियाँ, आस–पास अनेक मूर्तियाँ, अँधेरा–सीलन और पत्तियों को छूकर देखने से रोकनेवाले पंडे। पुराने किलों की तरह इसमें भी सुरंग है, लोग कहते हैं–

'आगरा, दिल्ली, बनारस और जाने कहाँ–कहाँ जाती है! अब कोई नहीं जा सकता। जो गए उनका पता नहीं लगा तो सरकार ने सुरंग बन्द करा दी।'

किले के भीतर प्रख्यात स्तम्भ देखने आते हैं। इसे अशोक द्वारा गढ़वाया माना जाता है। इस पर अशोक और समुद्रगुप्त आदि के लेख उत्कीर्ण हैं। इस तरह यह आज से तेईस और सोलह सौ वर्ष पूर्व के दो यशस्वी सम्राटों के इतिहास का अत्यन्त महत्त्वपूर्ण स्रोत है। यहाँ लगे अशोक के धर्म–लेख जैसे लेख तो दूसरी जगहों पर भी हैं लेकिन हरिषेण द्वारा समुद्रगुप्त के बारे में स्तम्भ पर अंकित प्रशस्ति भारतीय इतिहास की अति विशिष्ट सामग्री प्रस्तुत करती है। इसी एक साक्ष्य से समुद्रगुप्त द्वारा पूर्व–पश्चिम, उत्तर–दक्षिण में चलाए गए सैन्य अभियानों का ज्ञान होता है।

किले के दाएँ बाँध की ओर लेटे हनुमान जी हैं। हर साल गंगा की धारा इन्हें नहला जाती है। तीर्थयात्री यहाँ लम्बी कतार लगाए दिखते हैं। बगल की दुकानों पर बिकता है प्रसाद, चन्दन, माला–गुरिया, डिब्बा–बोतल–श्रद्धालुजन इसमें संगम का पानी ले जाते हैं। सामने बिखरी रेत पर प्रति वर्ष माघ मेले में तम्बू–कनात से एक नया नगर बसता है। सड़कें होती हैं, पुलिस–थाना–अस्पताल, बाँस–बल्ली का जंगल होता है। ऊँचे बाँसों पर झंडे फहराते हैं। जगह–जगह धर्म के अखाड़े जमते हैं। दुकानें लगती हैं। साधुओं की रेलमपेल। कोई स्वामी एक सौ आठ और कोई नौ सौ नौ! हजारों स्त्री–पुरुष देश–विदेश से आकर रेत पर कल्पवास करते हैं। अजब दृश्य होता है! बतासा–लावा–रामदाना बिकता है। बच्चे खोते हैं–लाउडस्पीकर पर चीख–चीखकर उनके खोने और उनके हुलिया का एलान करके मिलने पर पुलिस चौकी पहुँचाने का अनुरोध किया जाता है। इसी तरह धर्म–चक्र घूमता रहता है।

सागर मन्थन में नौ रत्नों में एक अमृत-घट अथवा पूर्ण कुम्भ भी निकला। देव-दानव दोनों में अमृत पाने की होड़ मच गई। मौका देखकर इन्द्र का पुत्र जयन्त कुम्भ लेकर भागा। दानवों ने पीछा किया। जयन्त बारह दिनों तक भागता रहा। इसी बीच उसने कुम्भ को पृथ्वी पर चार स्थानों–गंगा तट पर प्रयाग और हरिद्वार, गोदावरी तट पर नासिक और शिप्रा तट पर उज्जैन में रखा। देवों का एक दिन बारह मानवीय वर्षों के बराबर हुआ। इसीलिए हर बारह वर्ष पर इन स्थलों पर पूर्ण कुम्भ मनाया जाने लगा। इनमें गंगा-यमुना संगम और प्रयाग विशेष महत्त्वपूर्ण हो गया। कुम्भ सुख और समृद्धि का प्रतीक है। गंगा-यमुना सुख-समृद्धि की संवाहिकाएँ हैं, इसलिए नदी देवियों के हाथ में मन्दिरों और विवाह-पंडालों के द्वार-स्तम्भों पर और अनेकानेक त्योहारों पर पूर्ण कुम्भ बनाए जाने लगे।

कुम्भ मेलों की प्राचीनता का अधिक ज्ञान तो नहीं, लेकिन तेरह सौ वर्ष पहले कन्नौज नरेश हर्ष द्वारा इस अवसर पर वस्त्र, गौ, स्वर्णादि दान करने का उल्लेख मिलता है। उसके बाद आदिगुरु शंकराचार्य ने कुम्भ की महत्ता सदा सुव्यवस्थापित कर दी। इस तरह मेल या संगम के पावन प्रतीक गंगा-यमुना संगम पर आदमी-आदमी, ज्ञानियों, विभिन्न वर्ण, धर्म और भिन्न-भिन्न भाषाभाषियों के प्रति वर्ष होनेवाले मेल की अनोखी परम्परा चली।

5

डोंगी खोलने लगे तो कौपीन लगाए, जटाजूट बाँधे एक तपस्वी ने कुछ दूर लिये चलने का अनुरोध किया। चन्दू ने सरककर उनके लिए जगह बना दी। तपस्वी त्रिशूल सँभाले उकड़ूँ बैठ गए। गंगा के तेज बहाव में उतराती ढेर-सी गुलाब की पँखुड़ियों, पत्ते के दोनों और खरपतवार का रेला आया। श्रद्धालु औरतों ने गंगा मइया पर कुंकुम, रोली, हल्दी, फल, बतासे और दूध का चढ़ावा चढ़ाया।

'संगम पर भी अब भीड़ नहीं रहती।' चलते-चलते सिद्धू बोले।

बालू पर लंगर फेंकते मल्लाह ने यह सुनकर हमारी ओर देखा। हवा के साथ उठती लहरों में डगमगाती डोंगी एक ओर दबने लगी तो चन्दू बीच में खिसक आए।

'भीड़ कहाँ से होगी बच्चा? अब न वह समय, न वैसे घाट और न संगम ही!'

जटा सँभालते तपस्वी ने पार देखते हुए कहा जैसे बहुत दूर से बोल रहे हों–'जो यहाँ आते भी हैं, ज्यादातर टहलुए हैं। इलाहाबाद घूमने आए तो सैर के लिए संगम आकर बहती गंगा में हाथ धो गए। धार्मिक भाव से आनेवाले बहुत से लोग भी गंगा-स्नान का माहात्म्य नहीं जानते। जैसा पढ़ा-सुना, वैसा ही सीधा समझ लिया–गंगा-स्नान से सहस्त्रों तीर्थों का फल मिलता है, सारे पाप कट जाते हैं, और भी

बहुत–कुछ। इसी भाव से गंगा में डुबकी मार ली और समझ लिया गंगा–स्नान का फल मिल गया।'

पीछे से आती बड़ी नाव से बचकर रेत की ओर मुड़ती धारा छोड़ दी। कगार वाली धार में घूम गए। सौ–डेढ़ सौ तगड़े हाथ मारने के बाद गहरे में पहुँचे तो निश्चिन्त भाव से डाँड़ चलाने लगे।

बाबा ने कमंडल और झोला ठिकाने लगाया। सूखी जगह में आराम से बैठने की व्यवस्था की। माचिस माँगकर सिगरेट सुलगाई और मुट्ठी में भींचकर गहरा सुट्टा मारा। कुछ देर मुँह के अन्दर ही धुआँ भरे रहे, चेहरे की झुर्रियाँ खिंच गईं। मुँदी आँखें मिचमिचाईं फिर मुँह खोलकर ढेरों धुआँ उगला तो तीखी गन्ध ने सिगरेट में चरस भरी होने का आभास दिया।

थोड़ी देर तक उठती–बैठती लहरों पर नजर टिकाए रहने के बाद बाबा ने छूटी बात उठाई–

'गंगा ज्ञान की पर्याय है बच्चा! सृष्टि–रचयिता ब्रह्मा के कमंडल का जल ज्ञान का प्रतीक है, ज्ञान द्वारा वे सृष्टि की रचना करते हैं। ज्ञान अनुशासित न हो तो उच्छृंखल हो जाता है। कहा गया है गंगा उत्पन्न होते ही उधम मचाने लगीं तो ब्रह्मा ने उन्हें कमंडल में भर लिया। अच्छी रचना के लिए ज्ञान आवश्यक है। रचनात्मक कार्यों में उपयोग होने पर ज्ञान की उच्छृंखलता नष्ट हो जाती है।

'भगीरथ के पुरखों ने बुद्धिहीनों की तरह कपिल मुनि को क्रुद्ध किया और कोप के भाजक बने। उनके उद्धार के लिए ज्ञान या गंगा का आना आवश्यक हो गया। भगीरथ ने इसके लिए हिमालय में घोर तपस्या की तो ब्रह्मा ने प्रसन्न होकर पूछा–क्या चाहिए? भगीरथ के कहने पर वे ज्ञान या गंगा को छोड़ने के लिए तैयार हो गए।

'तनिक–सा ज्ञान पाकर तो आदमी इतराया फिरता है, इतना सारा ज्ञान पा लेने पर कैसे सँभालता और कौन? गंगा सहज गर्व से बोलीं–मुझे इस संसार में सँभालेगा कौन? मेरे वेग से धरती का विनाश हो जाएगा। तब भगीरथ ने शिव की तपस्या की। शिव गंगा को सँभालने के लिए तैयार हो गए।'

बाबा ने एक नजर बारी–बारी हम तीनों पर डाली। सिगरेट का एक और गहरा दम खींचा, फिर, बात आगे बढ़ाई–

'तो बच्चा! यहाँ शिव कोई जटाधारी भगवान थोड़े ही थे। भगीरथ ने तपस्या करके समझा कि शिव या कल्याण का अस्तित्व सबसे व्यापक है। सबके कल्याण में लगाया जानेवाला ज्ञान विनाशक नहीं होता।

'गर्वीली गंगा बड़े वेग से शिव के मस्तक की ओर चलीं लेकिन उनकी विशाल जटाओं में लुप्त हो गईं, जटाओं की कान्ति बढ़ गई, शिव का कुछ न बिगड़ा।

मतलब यह कि कल्याण के लिए ज्ञान के उपयोग से कल्याण का रूप और अधिक सुन्दर हो गया लेकिन ज्ञान का गर्व खो गया। इस कथा में यही बात समझाई गई है।

'शिव ने एक लट से गंगा की एक धारा मुक्त कर दी जिसे अपने साथ लाकर भगीरथ ने पितरों का तर्पण किया। इस तरह अगर गंगा से ज्ञान का अर्थ लिया जाए तो सारी गुत्थी पलक मारते सुलझ जाती है। गंगा–स्नान का वास्तविक अर्थ है—ज्ञान प्राप्त करना। गंगा में नहाकर पहले शरीर शुद्ध करो फिर ज्ञान–गंगा में नहाकर आत्मा शुद्ध करो, तब तो हुआ गंगा–स्नान वरना कोरा कर्मकांड ही ठहरा!

'ये सब कुछ नया नहीं बता रहा। महाभारतकार ने इस तथ्य को समझकर ही कहा है–गंगा (ज्ञान) अपना नाम उच्चारण करनेवालों के पापों का नाश करती है। दर्शन करनेवालों का कल्याण करती है और स्नान–पान करनेवाले की सात पीढ़ियों तक को पवित्र करती है।

'विष्णु और भविष्य पुराण में भी ऐसा ही कहा गया है। नरसिंह पुराण के हिसाब से गंगा सर्वतीर्थमयी है। वनपर्व भी ऐसा ही बोलता है–

'पृथ्वी पर तुम्हारी (गंगा की) कथा आने के बाद से कोलाहल बन्द हो गया है। यमपुरी ले जाने के लिए अब यमदूतों को प्राणी नहीं मिलता इसलिए वे मृतकों की खोज में अन्यत्र चले गए हैं, जहाँ गंगा की कथा नहीं पहुँची है। दूसरी ओर गंगा के प्रभाव से मुक्त होकर स्वर्ग आनेवालों की भीड़ इतनी अधिक हो गई कि विमानों तथा अन्य वाहनों से देवताओं की वीथियाँ रौंदी जा रही हैं।'

अगल–बगल अन्दाज कर किनारे खिसकती डोंगी का माथा बीच धारा की ओर घुमाया तो एक डाँड़ जल्दी में उलटा पड़ गया और पानी का करारा छीपा बाबा और साथियों पर जा पड़ा। ध्यान में खोए सिद्धू चौंक पड़े, बाबा अँगोछे से मुँह पोंछते हुए आसन बदलकर बोलते रहे–

'ज्ञानरूप होने के कारण ही गंगा सर्वतीर्थमयी और सभी तीर्थों में श्रेष्ठ है। ज्ञान–गंगा की वर्षा से ही नरक में जनसंख्या घटी और स्वर्ग में कोलाहल बढ़ा। केवल गंगा के पानी में डुबकी लगाने से नहीं। पुराण तो साफ कहता है बच्चा–ध्यान–पूते ज्ञान–जले रागद्वेष मला पहे। इसीलिए स्वर्ग–मोक्ष दायिनी गंगा या ज्ञान के सम्मुख आठ अंगों वाले योग, कठिन तपों और अत्यधिक धन व्यय करके किए जानेवाले यज्ञ भी हलके माने गए हैं। जो यह कहा जाता है कि गंगा के किनारे, शुभ घड़ी में, मनोरम स्थलों और पारस्परिक सहयोग के प्रतीक संगमों पर विद्वानों के मेले में गंगा–स्नान का बड़ा महत्त्व है, उसमें सीधे–सीधे गंगाजल से शरीर शुद्धि के बाद वहाँ आए विद्वानों के सत्संग से अथवा एकान्त में अपने आपको साधने में प्रवाहित सरस्वती या ज्ञान–धारा में नहाने की बात ही कही गई है। ऐसे स्नान से सहस्त्रों पाप कट जाते हैं जिसे समझे बिना पर्व–त्योहारों में घाट–घाट पर स्नान करने का कोई लाभ नहीं।

'इसी बात को दूसरी तरह से भी समझा जा सकता है। तुलसी बाबा कहते हैं–

राम भक्ति जहाँ सुरसरि धारा। सरसइ ब्रह्म विचार प्रचारा॥
बिधि निषेधमय कलिमल हरनी। करम कथा रबिनंदनि बरनी॥

'गंगा विष्णु के चरणों से निकली कही जाती है और प्रभु के चरणों से ही भक्ति की धार भी फूटती है। अतः गंगा राम-भक्ति से फूटी धारा है। कृष्णवर्णा यमुना कर्म की नदी है, कर्म के परम व्याख्याता कृष्ण यमुना तट पर जन्मे। कर्म और भक्ति के मेल से, गंगा-यमुना के संगम पर एकत्रित महात्माओं के सत्संग से सरस्वती की धारा प्रवाहित होती है या ज्ञान उत्पन्न होता है अर्थात् कर्म और भक्ति, गंगा और यमुना के बीच ज्ञान या सरस्वती का वास है–गंगा व यमुना चैव मध्ये गुप्ता सरस्वती।

'इसी तरह सित-असित, अच्छाई-बुराई, गंगा-यमुना में विधिवत् स्नान से मध्य में छुपी सरस्वती प्रवाहित होती है, ज्ञान प्राप्त होता है।

'सविधि सितासित नीर नहाने...–ज्ञान-धारा के दर्शन सुपात्र को होते हैं, इसीलिए कहा जाता है कि सरस्वती किसी-किसी को दिखती है। जहाँ कर्म, भक्ति और ज्ञान तीनों के उपयोग से सुकर्म हो, शिव हो, कल्याण हो वहीं तीर्थ है, प्रयाग है। सुकर्म से जो चाहो मिलता है इसलिए वह अक्षय-वट है। प्रयागराज में त्रिवेणी संगम है, अक्षय-वट भी है। तात्पर्य यह कि कर्म, भक्ति और ज्ञान-गंगा (सित), यमुना (असित) और सरस्वती (ज्ञान) के त्रिवेणी-संगम में पगे ज्ञानियों द्वारा सुकर्मरूपी अक्षय-वट स्थापित होता रहा है इसीलिए यह स्थल प्रयाग-राज या तीर्थराज कहा गया है।

'लेकिन अब मेलों-त्योहारों में ज्ञानी-जन कम ही आते हैं, गंगा में हर तरह की गंदगी डाली जा रही है, पानी भी उतना नहीं रहा, संगम पर ही ठगी का बाजार...इसीलिए कहा–अब न वैसे घाट रहे, न संगम और न समय।'

6

संगम के सामने बसे अरैल गाँव से चली कगार गंगा-टौंस के मिलन-स्थल पर पहली बार टूटी। बीच में कंकरा गाँव आया। बाबा ने बताया कि–

'दुर्वासा मुनि का आश्रम रहा है। टौंस, तमसा का अपभ्रंश है। प्राचीन साहित्य में यही नाम मिलता है और इसके आस-पास के निवासी भी यही नाम लेते हैं।'

उनके गहरे ज्ञान पर हम दंग रह गए। बोलते नहीं तो जीर्णकाय वह वृद्ध पहुँचे हुए ज्ञानी होंगे इस तथ्य को हम छू भी नहीं पाते। इतनी लम्बी यात्रा के बाद भी क्या बाबा के सत्संग बिना गंगा का यह अर्थ जान पाते? सच ही कहा गया है, पता नहीं कब कौन किस वेश में मिल जाए।

गरमी से क्षीण कुंडली मारे विवश पड़ी तमसा धीरे से गंगा में समा गई। मुहाने पर मछुआरों द्वारा आर-पार लगाए गए जाल की रस्सी और किनारे लगे एक बाँस से अटकी छोटी डोंगी दिखाई दी। सोचता रहा—पता नहीं बाबा कितना जानते हैं?

पीछे कगार के छोर पर गाँव दिखने लगा। झकोरेदार लूह से बचने के लिए चन्दू ने सिर से अँगोछा कस लिया। रह-रहकर थपेड़े मारती लहरों के छींटों और लूह के साथ आती रेत ने कपड़ों पर गोटे टाँकना शुरू किया तो सिद्धू ने पैंट-कमीज तहाकर लुंगी मार ली। यह देखकर चन्दू अपने ही अन्दाज में मुस्कुराए—'आ गए न अपनी औकात में?'

जलती आँखों से उन्हें देखते हुए सिद्धू मुँह घुमाकर एक ओर बैठ गए।

चन्दू ने इत्मीनान से तम्बाकू पीटकर, आदर सहित बाबा की ओर हाथ बढ़ाया।

'ये नहीं चलता बच्चा।' बाबा ने सिगरेट निकालते हुए कहा।

चन्दू ने दो चुटकी तम्बाकू ओठों में दबाकर सँभलते-सँभलते सवाल किया—'बाबा जी! जे बताओ हमें? इत्ती नदियों के रहत भए गंगा को ही ज्ञान को परयाय काहे कहो गओ? जमुना, चम्बिल, सिन्ध, मने आए, जे बड़ी-बड़ी नदियाँ भी तो रहीं?'

अरअराकर गिरती कगार से डोंगी बचाते हुए फिर धारा की ओर घूम पड़े। बार-बार बीच धार में पहुँचते और बाबा की बातों में ध्यान बँटते ही हवा किनारे पटक देती।

'गंगा इस क्षेत्र की सबसे बड़ी नदी है। प्राचीन काल से ही उन्नत संस्कृतियों की केन्द्र रही। इसके किनारे मुनि-महात्माओं के ठिकाने जमे, गणराज्य बने, साम्राज्य बने, पूरी घाटी में इस छोर से उस छोर तक सर्वत्र धारा के साथ-साथ। गंगा ने परम आवश्यक जीवनदायक जल दिया, जमीन दी, उसे हर बरस नया कलेवर दिया, आवागमन का मार्ग दिया, हर तरह से मानव जीवन का पालन किया। गंगाजल में विलक्षण गुण भी दिखे—चाहे जब तक रखो, नष्ट नहीं होता। विशेष ध्यान देने की बात है कि किसी भी तीर्थ का जल पवित्र और पाप-विनाशक माना गया है, जिसका तात्पर्य है—सभी जगहों का ज्ञान लाभप्रद है। कहना न होगा कि सरस्वती विद्या की देवी हैं और सरस्वती नाम की एक नदी कभी बहती थी। रस या ज्ञान से युक्त सरस्वती, इसलिए सरस्वती ज्ञान-देवी हुईं। निश्चय ही सरस्वती के तट पर विद्या के केन्द्र रहे होंगे। कालान्तर में उसके सूख जाने पर विद्या के बड़े-बड़े केन्द्र गंगा तट पर स्थापित हुए, उत्तर-भारत की राजनीतिक डोर भी लम्बे समय तक गंगा तट के शासकों के हाथ में रही इसीलिए गंगा को ज्ञान का विशिष्ट प्रतीक माना गया। फिर तो, मानव के समस्त क्रिया-कलापों में तन-मन की शुद्धि के लिए गंगा की उपस्थिति अनिवार्य हो गई। भारतीय सभ्यता की रग-रग में गंगा समा गई। उत्तर से दक्षिण तक नगरों-गाँवों, नदियों और लोगों के नाम गंगा पर रखे जाने लगे, यथा—गंगापुर, गंगानगर, गंगैकोंडपुरम, गंगाखेर, गंगावाड़ी, गंगावती, रामगंगा, गोदावरी गंगा,

मन्दाकिनी गंगा, क्षीरगंगा और बूढ़ी गंगा, गंगादीन, गंगाराम और गंगादत्त इत्यादि। बच्चे का जन्म हुआ, मनौती मानो गंगा की। उपनयन कराने जाओ गंगा किनारे–हरिद्वार–प्रयाग–पाटलिपुत्र। कुछ बड़ा हुआ यज्ञोपवीत के अवसर पर फिर वहीं पहुँचा। सयाना हुआ गुरुकुल पहुँचा गंगा किनारे। विवाह हुआ, गाँठ जोड़ दुलहिन के साथ, स्नान करो काशी–हरिद्वार–कनखल में। मरने से पहले उसकी चाह, मर ही गए तो मुँह खोलकर पान कराया जाता गंगाजल।'

बाबा के बोल हरसिंगार के फूलों की तरह झरते रहे–'अन्तिम शय्या सजती गंगा–तट पर, मृत शरीर नहलाया जाता गंगाजल में, बुझी चिता की भस्म प्रवाहित होती गंगा की धारा में, और फिर उसकी सन्तान पितृ–ऋण चुकाने खड़ी होती अंजलि में गंगाजल लेकर। गृह–प्रवेश हो, घर को पवित्र करो गंगाजल से, यज्ञ–पूजा के लिए गंगाजल, पंचामृत में वही जल। समस्त मांगलिक कार्यों में दो बूँद गंगाजल का पान, दो बूँद जल का छिड़काव आवश्यक हो गया। यात्रा पर निकलो गंगा माई सदा सहाय, लौटने पर लोटे भर गंगाजल में अलाय–बलाय सब दूर।...'

बाबा ने पीछे देखकर बातों का सिलसिला बदलते हुए त्रिशूल–कमंडल सँभालना शुरू कर दिया–'बच्चा! जहाँ वह चिता जल रही है, डोंगी लगा लो।'

बलुआ तट पर पछाड़ें मारती लूह से बवंडर उठते दिखे। लहरें पहले की तरह फनफनाती रहीं। लूह के साथ आते करकट से आँख बचाकर डोंगी तिरछे काट दी। चिता पर चढ़े मृतक पर कपाल–क्रिया का बाँस चला।

चन्दू ने बाबा को रोकने की कोशिश की–'जहाँ उतरकर कहा करौगे? हमारे संगे चलौ। कुछ रौ–चौं रहेगी।'

लेकिन बाबा माने नहीं–'बहता पानी, रमता जोगी कहाँ रुकता है बच्चा! हमारा इतना ही साथ लिक्खा था। दैव चाहेगा तो फिर दर्शन होंगे। जय–ऽ भो–ऽ–ले, जय–जय शं–ऽ–क–ऽ–र।'

7

दिन ढलते–ढलते ऊँचे कगार पर बसा लाक्षागिरि गाँव पा लिया। लंगर डालने लायक जगह तलाशने के लिए किनारे–किनारे चलते रहे। एक जगह देख–समझकर रुकने का इरादा बाँधा। तभी गोजी[1] टेकते एक बुढ़ऊ कगार से नीचे आकर बोले–'एहर कउनो अच्छा घाट ना हौ। ओ पार चला। रचिक[2] तकलीफ करा बेटा।'

उनका यह अनुरोध टाला न गया। अच्छा किनारा पाने के लालच ने भी जोर मारा। थके होने के बावजूद डाँड़ उठाकर उस किनारे की ओर बढ़ लिये।

1. लाठी, 2. तनिक, थोड़ा

वे लाक्षागिरि की कथा सुनाने लगे–'यहाँ दुर्योधन ने पांडवों के साथ छल किया था। लाख के घर 'लाक्षागृह' में ठहराकर आग लगा दी।'

उस पार से चली आ रही नाव के डाड़ों की छप्प-छप्प सुनाई पड़ने लगी। घाट पर के लोग मल्लाह को टेरते रहे। उसकी नाव बगल से गुजरी तो बुढ़ऊ बिगड़े–'एतनी देर जोहली बकी तोहार कहूँ पतये न रहल।'

वह नाव आगे निकल गई। उन्होंने कथा का सूत्र पकड़े रखा–'लेकिन सहदेव गुप्त विद्या का जानकार गुप्त रास्ता भी जानता था, सबको सुरक्षित निकाल ले गया। उसी लाक्षागृह के नाम पर यह गाँव 'लाक्षागिरि' कहलाया।'

किनारे से काफी पहले ही चप्पू जमीन से अड़ने लगे। कुछ दूर और बढ़कर डोंगी लग गई। बुढ़ऊ ने पनहीं उतारकर हाथ में ली, धोती ऊँची की, गोजी सम्हाली और छप्प-छप्प करते बीस गज आगे के सूखे पर पहुँच गए।

हम अचरज में पड़ गए। आखिर वह अच्छा किनारा कहाँ है जिसका बुढ़ऊ इतना बखान कर रहे थे। पांडव फँसे थे लाक्षागृह में और हम फँस गए कीचड़ में। पार उतरने के लिए बुढ़ऊ साफ झूठ बोले।

वे अब किनारे से भोजन के लिए गाँव चलने को न्योतने लगे। लेकिन दूध के जले हम छाछ फूँकने को भी तैयार न हुए–'बस बाबा, रुकने का ठिकाना मिल गया इतना ही बहुत है। हम बनाय-खाय लेंगे, आप घर पहुँचैं, रात गहरा रही है।'

चलने लगे तो 'परनाम बाबा जी' कहकर उनके लौट पड़ने की गुंजाइश भी मिटा ली। बाबा ने ऊँचे स्वरों में आशीर्वाद दिया–'जियत रहा बचवा-ऽ।'

दोबारा उस पार जाने का न तो धैर्य बचा और न दम ही। मजबूरन वहीं रुकना पड़ा, लेकिन जिसे भी लघुशंका के लिए घुटने भर पंक-पानी में उतरना पड़ा उसने भर रात बुढ़ऊ को सौ-सौ गाली दी।

8

बबुरा पहुँचने के चक्कर में तेज-तेज चले लेकिन मोड़ ने खतम होने का नाम ही न लिया। नदी दक्षिण घूमकर पूरब मुँह चलती उत्तर मुड़ गई और अब लूह ने जौहर दिखाने शुरू किए। एक-एक इंच आगे बढ़ना दुश्वार हो गया। गोन लगाने की कोशिश में बार-बार दलदली किनारों पर घुटनों तक धँस गए, सीने बराबर पानी आ गया। जंगली धान की रगड़ से पिंडलियाँ और रानें खुजलाने लगीं।

तैयार फसल छोड़कर सैर पर निकले चन्दू अब घर की चिन्ता में सुस्त होने लगे–'अब तुम्हाओ साथ जे अटैची चोर देहै। हमाए खेत वैसे ही पड़े होइऐं। हम तो घरै चलत हैं।'

सिद्धू ने रुखाई से उधर देखकर आँखें घुमा लीं। काम के नुकसान की बात सोचकर उनकी समयोचित तैयारी से सहमत होते देर न लगी। शाम की ट्रेन पकड़ा देने का इरादा तय हो गया तो नक्शा फैलाकर स्थिति अन्दाजने लगे। समझ न सके तो गाँववालों से पूछा। पता चला दो कोस पीछे मांडा रोड स्टेशन पर गाड़ी मिल सकती है। चढ़ी दुपहरी पड़ाव डालकर चन्दू को पहुँचाने चले।

वापसी में कुछ सामान खरीदा और चादर में बाँधकर पीठ पर लाद लिया। गले में टुटहा कैमरा लटकाए लौट पड़ा। घाट पर नहाते लोगों ने पुकारा–'का बेचत हए रे–ऽ– ? नसबन्दी वाला है का–ऽ– ?'

उस समय इसका बड़ा जोर था और जनमानस में इससे जुड़े महकमों के लिए दबा आक्रोश फूटने–फूटने को हो उठता।

कुछ और आगे चला तो निरल्ले[1] खेत में गाँव की तेज–तर्रार लड़कियों ने घेर लिया। एक–आध शर्मीलियाँ होतीं तो कुछ हंसी–दिल्लगी भी चल जाती लेकिन यहाँ तो लेहड़ा[2] भर खिंस–निपोर[3] निठल्लियाँ गले पड़ गईं। फिस्स–फिस्स करके लगीं बोली कसने। पहली बार ऐसे अटपटे में फँसा तो बगलें झाँकने लगा। क्या बोलती, क्या कहती हैं कुछ समझ न आता। आँखें बचाकर हाथ झटकार, मुस्कराती हुई एक लड़की कुछ बोलती और बाकी सब हँसते–हँसते दोहरी हो जातीं।

इधर–उधर देखा, बाग के छोर पर, खेत के किनारे, गाँव की ओर कोई आता–जाता भी न मिला। बगैर कुछ बोले झेंपकर आगे बढ़ा तो खिलखिलाती लड़कियों ने पीछा पकड़ लिया। कुछ पीछे चलीं, कुछ दौड़कर आगे आ गईं। बड़े धरम–संकट में पड़ा। ढकेलकर जा नहीं सकता, और ऐसे कब तक रुका रहूँ। उनकी ढिठाई के ये हाल कि कुछ कहा नहीं जाए, पल्लू गिरने की परवाह नहीं, चादर टटोलने और बाँह पकड़कर रोकने में संकोच नहीं। जैसे उन्होंने मुझे निर्जीव स्पन्दनहीन खिलौना समझ लिया हो। एक क्षण सुन्दर लड़कियों को देखने को आँखें उठाता दूसरे क्षण उनकी ढिठाई से डरकर नीची कर लेता।

एक ने कैमरा पहचान लिया और तसवीर खिंचवाने की जिद करने लगी, देखा–देखी सभी ने 'पोज' बनाने शुरू कर दिए। काश! कैमरा सही रहा होता। ऐसी लाज भरी मुद्राएँ दिखने लगीं जैसे कुछ पल पहले वाली हरकतें ही छलावा रही हों। जान छुड़ाने की गरज से कैमरा उठाकर तैयारी करने लगा तो दूसरी समस्या खड़ी हो गई। उन्हें तुरन्त ही अपना सुन्दर मुखड़ा देखने का चाव और मेरे पास इसका कोई उपचार नहीं। तसवीरें शहर से भेजे जाने की बात पता लगी तो उनमें कानाफूसी मच गई। अकेले में मनचाही छेड़छाड़ करती रहें लेकिन किसी के पास तसवीर रहने की बात पर लजा गईं।

---

1. एकान्त, 2. समूह, 3. दाँत दिखाकर हँसनेवाला

डोंगी पर सिद्धू सोते मिले। पता चला गाँव के कुछ जवान उन्हें भी नसबन्दी वाला समझकर डराने के लिए निकट ही बालू से अपने लम्बे भाले माँज-माँजकर चमकाते रहे। गाँव की शरारती लड़कियों की टोली की कोई सदस्या यहाँ भी आ धमकी, सिद्धू को देखा तो रीझ गई। गाँव से चिल्लों[1] की सेना लेकर लौटी। सिद्धू पर मिट्टी के चक्के बरसने लगे तो अचानक हुए हमले से अवाक् रह गए। फिर थोड़ा सँभलकर डंडा लेकर झपटे तो मय[2] सेनापति सिपाही गाँव में जाकर ही रुके। सारा किस्सा सुनकर मुस्कुराते हुए मैंने भी आपबीती सुनाई। पानी में डोंगी ढकेलवाते हुए सिद्धू ठहरकर बोले–

'चलो हमहे अकेल नहीं झेलेन। थोड़ा परसाद तुमहूँ पाए गयौ। अपनेन पर पड़े तो ज्यादा दु:ख होता है। सब कोऊ वहै भोगे तो जिव का तसल्ली रहत है।'

हवा शान्त रही। पहला मोड़ आसानी से पार करके पाल चढ़ाया। अगले मोड़ तक आसानी से चले आए। अब तक अन्धड़ जोर पकड़ने लगा और रेत उड़-उड़कर आँखों-बालों में भरने लगी। मजबूरन गोन का सहारा लिया, मुँह में अँगोछा दबाया, गोनारी साधी और फिर खींचम-खींच।

बालू के बारीक कण उड़-उड़कर किनारे पर तह-दर-तह जमाने लगे। तट से टकराता पानी उसे ताजी गिरी नरम बर्फ जैसा मुलायम बनाने लगा। पैर पड़ते तो फीट-फीट भर धँस जाते। धँसने से बने गहरे-गहरे पद-चिह्नों को उलट-उलटकर देखते चलने में मजा आने लगा।

दो-तीन मील की गोन-खिंचाई के बाद मोड़ का उत्तरी सिरा छू सके। नदी पूर्व दिशा में सामने सीधी चलती गई। फिर से हवा सही मिली तो पाल लगाया। साँझ तक झोंके पर झोंके मिलते गए और अँधियारा घिरते-घिरते 'बबुरा-घाट' की सीधी कगार के नीचे पहुँच गए।

बबुरा मतलब जो बा बुरा (है बुरा) लेकिन हमारे लिए हमेशा भला। मित्र 'नील' इसी गाँव के हैं इसलिए यथोचित सत्कार मिला। स्नान-ध्यान, भोजन-पानी के बाद रास्ते का ब्योरा वगैरह...।

सोने की तैयारी में डोंगी की ओर चले तो सिरदर्द से परेशान सिद्धू गाँव में ही ठहर गए–'आज तबीयत ठीक नहीं, हिंऐ पहुँड़ रहिबै।'

9

लगा जैसे छाती पर आसमान टूट पड़ा है। चौंककर आँखें खोलीं तो आसन्न संकट मुँह बाए सामने दिखा। खड़ी कगार का खासा बड़ा हिस्सा धीरे-धीरे धसकने लगा

1. बच्चों, 2. सहित,

और जान पड़ा अब भहराने ही वाला है। सुबह-सवेरे गंगा-स्नान के लिए आई वृद्धाएँ नीचे ही फँस गईं।

जिसने कगार धसकने की भयावहता देखी है उसी को स्थिति का अनुमान हो सकता है। कगार गिरने का मतलब है कई-कई टन मिट्टी का तीस-चालीस फीट की ऊँचाई से एकाएक गिरना और आदमी, पशु या नाव जो भी नीचे आ जाए सबकी जीवित समाधि बन जाना।

डलिया-लुग्गा और पूजा की सामग्री सँभाले वृद्धाएँ कीचड़ में ही बचाव का रास्ता खोजती इधर-उधर भागीं। हम अटपटाकर देखते ही रह गए। उधर बढ़ते तो नाव सहित दबते देर न लगती। तभी बगल की कगार का एक बड़ा भूखंड भहरा गया। पानी के मटियाले छींटे मुझ तक छीप[1] गए। औरतें चीखकर उलटी ओर पानी में ही भागीं। तब तक एक और हिस्सा गिरा।

कगार धसकने की आवाज और स्त्रियों की आर्त पुकारें सुनकर गाँव से लोग दौड़े आए। इतनी धसान के बाद कगार गिरना थमा, औरतें घुटने-घुटने भर कीचड़-पानी में होकर निकल गईं। लोग गिर सकनेवाली बची हुई कगार भी गोजी से धसका-धसकाकर गिराने लगे जिससे आगे होनेवाली दुर्घटना से बचा जा सके।

बगल से गुजरी मौत की छाया वृद्धाओं के चेहरे पर नाचती रही। कगार पर खड़ी दहशत से काँपती एक वृद्धा धारा की ओर स्तब्ध ताकती रही। मैं सोचने लगा—सचमुच बबुरा बा बुरा!

10

विन्ध्याचल की ओर चले। एक छोटी नदी गंगा में समा गई। 'अकोढ़ी' गाँव आया। कभी यहाँ अक्रोधी मुनि रहते थे। उन्हें कभी क्रोध ही न आता। इसी से जब लोग यहाँ रहने लगे तो गाँव का नाम भी 'अक्रोधी' पड़ा। अपभ्रंश हुआ अकोढ़ी। ऐसा विरोधाभास कि अक्रोधी मुनि के गाँव के निवासी घोर क्रोधी निकले। मिर्जापुर के शहरी, ट्रक-बस के ड्राइवर और पड़ोसी गाँवों के लोग इससे बखूबी वाकिफ हैं।

विन्ध्याचल देवी का स्थान है। सभी जानते हैं कि कैसे कंस की कैद से वसुदेव ने कृष्ण को निकाला और यशोदा को सौंपा, बदले में कन्या बदल लाए। कंस ने उसे पत्थर पर पटका, वह हवा में ही उड़ गई और फिर यहाँ विन्ध्याचल कस्बे के सामने एक खोह में रहने लगीं। उन्हें अष्टभुजा देवी कहा गया। शुम्भ-निशुम्भ नामक दैत्यों का वध करनेवाली शक्ति कौशिकी स्वयं विन्ध्यवासिनी हैं।

1. भीगना

एक छोटी नदी–ओझला–गंगा से आ मिली। वर्ष के अधिकांश समय नदी का पानी भी ओझल रहता है। इस पर बना पुल ओझला का पुल कहलाता है। कहते हैं मिर्जापुर के एक व्यापारी ने अपने उतने ही धन से यह पुल बनवाया जितना उसे दातून करने में लगे समय में लाभ हुआ।

मिर्जापुर के बेजोड़ घाट की वास्तु–कला देखने लायक है लेकिन गन्दगी की ये हालत कि दो मिनट ठहरना दूभर हो जाए। वहीं नहा रहे हैं, पूजा कर रहे हैं, वहीं शहर भर की गन्दगी और मैला समेटे गन्दा नाला अरअरा रहा है और वहीं इत्मीनान से कतार में बैठे लोग निपट भी रहे हैं। इतने खुले लोगों को तो इसका अहसास क्या होता? हमने मुँह फेर लिये। लगता है, इसके लिए जिम्मेदार लोग भी अफीम खाने लगे हैं। अमृत–धारा में नहा–नहाकर घर लौटनेवाले रह–रहकर जयकारे लगाते मिले–'बोल–ऽ गंगा माई की ज–ऽ–य–ऽ'। घाटों पर से छलाँग लगाते बच्चे चिल्लाए–'बोल गं–ऽ–गा–ऽ मा–ऽ ई की–ज–ऽ–ऽ–य–'

थिर पानी में उतराते ढेरों मल के सामने ध्यानमग्न भगत गंगा चालीसा का सस्वर पाठ करता दिखा–

'गंगा गंगा जो नर कहहीं, भूखा नंगा कबहूँ न रहही।
निकलत ही मुख गंगा माई, श्रवण दाबि यम चलहिं पराई॥'

रोवाँ–रोवाँ परच उठा। सबसे ज्यादा खीझ भर आई धर्म के ठेकेदारों पर, इनका घर जले। अपना धर्म भी नहीं याद रख सकते तो पोथी–पोथा, तखता–माला गंगा जी में बहाकर कोई दूसरा धन्धा क्यों नहीं कर लेते? यजमानों को क्यों नहीं बताते कि हमारे पुरखे गंगा जी में चौदह कर्म वर्जित कर गए हैं–'समीप में शौच, गंगा जी में आचमन[1], बाल झाड़ना, निर्माल्य डालना, मैल छुड़ाना, शरीर मलना, हँसी–मजाक करना, दान लेना, रतिक्रिया, दूसरे तीर्थ के प्रति अनुराग, दूसरे तीर्थ की महिमा–गान, जल पीटना तथा तैरना।'

11

मिर्जापुर से आगे नदी उत्तर चढ़ती चली और फिर सीधी चुनार तक पूरब दबती गई। रोज की झपाटे मारती हवा का कुछ पता नहीं। दो–दो चादरें बाँधकर पाल चढ़ाया लेकिन कुछ बना नहीं।

पहली बार गंगा ने विन्ध्य के इतना निकट, चरणाद्रि पर्वत का चरण चूमा। पर्वत पर निर्मित प्रख्यात चुनार दुर्ग से गंगा का प्रशान्त सिकता तट और चौड़ी नीली वर्तुलाकार धारा के साथ खेतों की पृष्ठभूमि नयनाभिराम दृश्य रचती है। दुर्ग के

1. कुल्ला

भीतरी द्वार के निकट बना मन्दिर इसे कम से कम बारह सौ वर्ष पुराना तो साबित ही करता है। रानी मछला के अनिन्द्य सौन्दर्य और आल्हा–ऊदल, पिथौराराय के शौर्य और पराक्रम के रोचक कथानक किले की कहानी के आकर्षक अंश बन चुके हैं। कहते हैं, और उन दिनों की वास्तविकता भी यही थी कि किला उसका जिसकी तलवार का पानी पैना। कभी प्रतिहार–पाल–गहलवाल[1] तो कभी बाबर–हुमायूँ–शेरे अफगान और अकबर आदि के विजयध्वज दुर्ग पर फहराते रहे। अब यहाँ पी.ए.सी. के जवान रहते हैं।

सतयुग में राजा बलि का पुण्य ऐसा बढ़ा कि तीनों लोक उनके साम्राज्य में समा गए। विष्णु सहित समस्त देवता विचलित हो उठे। उनके अधिकार क्षेत्र में रंच मात्र भी भूमि न बची। कलियुग को गरियानेवालों कान खोलकर सुनिए, सतयुग में स्वयं 'भगवान' ने स्वार्थवश बलि के साथ छल किया, विप्र–वेश में वामन–रूप धर दानवीर बलि के सम्मुख भिक्षा माँगने पहुँचे। माँगी तीन पग भूमि। फिर वामन रूप त्यागा, दानवाकार शरीर धर सारी दुनिया ढाई पग में नाप ली। शेष आधे में बलि का वक्ष तक न छोड़ा।

कहते हैं, पुण्यात्मा बलि यहीं कहीं रहते थे और विष्णु का पहला कदम इसी चरणाकृति जैसी पहाड़ी पर पड़ा। चरणाद्रि ही बाद में चुनार हुआ। मानते हैं कि इसी पहाड़ी पर कभी विक्रमादित्य के भाई भर्तृहरि ने भी धूनी रमाई थी। उनकी तीन रचनाओं 'शृंगार शतक', 'वैराग्य शतक' और 'नीति शतक' के अंश जन–जन गाते हैं।

दुर्ग के नीचे घाट पर डोंगी लगाई तो उस समय पार से आई एक नाव की सवारियाँ उतर रही थीं। पटिया लादे बड़की नइया हमारी ओर सरकती रही। बादलों ने रोज की तरह न तो इन्द्रधनुषी रंग बदला, न पानी पर रक्ताभ आभा उभरी। दस–बारह दिन पहले गोन खींचते समय तलुए में धँसा काँटा अब टीसने लगा। एक काँटा भी इतनी तीव्र पीड़ा दे सकता है पहली बार पता चला। सिद्धू टॉर्च की रोशनी में सुई से काँटा निकालने की कोशिश करने लगे, काँटा तो न निकला अलबत्ता जब–जब सुई काँटे से छुई तबीयत बिलबिला गई।

कराह सुनकर एक बूढ़ा मल्लाह सिद्धू से सुई लेकर तलुआ टटोलते हुए वात्सल्यपूर्ण स्वरों में धीरज धराने और काँटा निकालने का यत्न करने लगा–'कुछौ नाहीं बचवा अबहिंयै निकल जाई। बस बस तनिकै क और।' कुछ ही पलों में एक टूटा हुआ मोटा काँटा उसकी खुरदरी हथेली पर आ गया। पट्टी बाँधी तो आराम मिला।

वह हमें खिलाने–पिलाने की फिकर में लग गया। फिर बड़बड़ाने लगा–'नीक–नूक लइकन के ई मलाही करै क कउन सौख लाग गइल।'

1. गहरवार

काफी रात गए तक हम नई-पुरानी बातों में उलझे रहे। इसी बीच एक मल्लाह, नाम शायद पंचम, अपनी डोंगी पर सोने आया। नई नाव देखते ही पुराना सवाल दोहराया–'कहाँ की डोंगी हौ ? कहाँ से आवत है ?'

हमने सहज सा उत्तर दिया लेकिन वह दिल्ली का नाम सुनते ही उखड़ गया– 'भाय काहे मजाक करत हया ऐसन न कहेक चाही।'

हम विश्वास दिलाने की कोशिश करते रहे और वह अविश्वास के साथ तुनकता रहा। सिद्धू भी तन गए। जान पड़ा अब तकरार हो जाएगी। तब तक काँटा निकालनेवाले मल्लाह ने हस्तक्षेप किया और उसे फटकारा–'का रे ! बौराए गइल हौवे ? जनत्या नाहीं उनिवर्सिटी में पढ़ै लें। ऐसनै बोलल जा ला...।'

आश्चर्यचकित पंचम क्षमा माँगने लगा। बात आई-गई हो गई।

तीन लोक से न्यारी नगरी

1

सुबह जागे तो घाट पर खासी चहल-पहल नजर आई। झुंड के झुंड नर-नारी, बच्चे-बूढ़े नावों में लदे-फँदे गंगा पार देवी मन्दिर के मेले की ओर बढ़ते दिखे। ढोल-करताल के साथ उनके गाने-बजाने की धूम मच गई। नजारा लेते कगार से थोड़ा दाएँ दबते बढ़ते चले गए।

'माना' लादे बनारस जानेवाली बड़की नइया के ऊँचे मस्तूल से टँगे पाल बिजली के तार पर लटके मरे कौए जैसे झूलते रहे। हम उमस से त्रस्त पसीने से तर। एक अधूरा सेतु-स्तम्भ बाएँ और लिफ्ट नहर योजना के पाइप दाएँ और दूर रामनगर का दुर्ग और काला पीपे का पुल दीखने लगा। घंटे भर चलकर पुल पार रामनगर के घाट पर रुक गए।

रामनगर के छोटे कस्बे की रामलीला पूरे देश में विख्यात है। कस्बे की तरह कद में छोटे नाम में बड़े स्वर्गीय प्रधानमंत्री श्री लाल बहादुर शास्त्री उतराई के पैसे न होने पर पढ़ने जाते समय गंगा के बड़े पाट को यहीं से तैरकर पार करते थे। घाट ऊपर किले के किनारे की तिरमुहानी पर उनकी प्रतिमा स्थापित है।

पूरा कस्बा राजसी इमारतों से भरा है जिनमें अब सशस्त्र पुलिस का निवास है। गंगा किनारे का भव्य दुर्ग अनोखी दुर्लभ सामग्री का खजाना है। यूनिवर्सिटी घाट से इसकी खूबसूरती देखते ही बनती है। रोज ही साँझ का सूरज दरिया के ललछौंहे तट पर खड़े इस दुर्ग को गुलाबी जामा पहनाता है।

वाराणसी नगरी पर नजर डालता अभी घाट के घने पेड़ की छाया में सँभल भी न पाया था कि कुछ पश्चिम देशीय सैलानी आ पहुँचे। छाँव देखी तो थम गए, फिर पैर फैलाकर उढ़क गए। अन्धड़ जोर पकड़ने लगा। थमी हुई नदी लहरिया खाने लगी। गरमी से बेहाल आते-जाते मुसाफिर कपारे पर गमछा कसे ढीले पुल पर साइकिल खड़खड़ाते आते-जाते रहे। एक बूढ़ा मल्लाह टूटी नाव की मरम्मत में मगन रहा। खिलवाड़ी बच्चे पानी में उछल-कूद मचाते रहे। अकेली पान-सिगरेट की दुकान के बाहरी पटरे पर बर्फ की सिल्ली पर धरे पान के हरे-हरे पत्ते बड़े प्यारे लगते।

अगल-बगल और किसी को न पाकर सोचा चलो सैलानियों से ही कुछ बतकही कर लूँ लेकिन तब तक उन्होंने गाँजा-चिलम निकाल ली। कुछ मल्लाह भी दम लगाने जुट आए। गाँजा पहले से ही चुटका-मसला तैयार था, साफी बँधी, तीली दिखाकर लुक्का रखा और फिर 'ज-ऽ-य-ब-ऽ-म भोले' लपट माथ ऊपर तक भभक गई।

पश्चिमी सैलानी और बम-बम भोले का महोच्चार? धूनी रमाए भाँग-बूटी छानते, आज यहाँ कल वहाँ विचरते शंकर इनके भी आदर्श। महाप्रलय के बाद से शिव और शिव से पार्वती का जन्म हुआ। काल-कलि से मुक्त उनका यह निवास 'अविमुक्त-क्षेत्र' कहलाया। शिव अर्थात् ज्ञान से प्रकाशित यही क्षेत्र काशी भी कहलाया।

शंकर बाबा, मस्तमौला औघड़दानी, साथ विजया भवानी की सवारी और छान-छान का जाप, बम-बम भोले का महोच्चार करते भवानी के पुजारी, शिव के आनन्द के हेतु इस आनन्द वन के वासी, जगती तल पर जाने माने हैं। इटली, जर्मनी, अमेरिका, जापान सभी जगहों के नए शिवभक्त हिप्पी, सैलानी इसीलिए तो इनसे दोस्ती फरमाने भागे चले आते हैं। खूब जानते हैं कि यहाँ विजया भवानी का अभय सर्वव्याप्त है, गाँजे-सुल्फे का अच्छा इन्तज़ाम है। एक साथ दो-दो लाभ, नशे-पानी की सुविधा और आध्यात्मिक आदर्श का तर्क भी। सो दूर-दूर से इनके समूह के समूह यहाँ खिंचे चले आते हैं। काशीवासी अपने इन गुरु-भाइयों को हाथोहाथ लेते हैं।

कुछ देर में पुल से इधर आता रामनगर का ही रहनेवाला अपना सहपाठी नजर आया तो पुकार लिया। वह आश्चर्य से साइकिल टिकाकर पूछने लगा—'का गुरू, ऐसन दुपहरिया में इहाँ, गंगा-किनारे का करत हौवा?'

नाव से चलने का ब्योरा सुनकर पहले तो अविश्वास भरी नजरों से देखता रहा फिर डोंगी दिखाने और समझाने पर छाया में बैठते हुए हँस पड़ा—'ऐसन सरीर तपावै से का पइबा गुरू! तोहूँ के एक से एक खुराफात सूझा ला!'

बातों-बातों में रामनगर के राजा साहब की चर्चा चल पड़ी। छाया में लेटे और भी कुछ लोग वार्ता में रस लेने लगे—'राजा साहब के बड़ा मान हौ। ऐसन बिदवान और धर्मात्मा चिराग लै के खोजै चला तब्बौ न मिलैं। नेम-समय के ऐसन पाबन्द न देखली। दक्खिन से आवै वाले तो इनके दर्शन बिना काशी यात्रा पूरी नाहीं मनतैं। राजा साहब धर्म-कर्म में बड़ी सिरद्धा राखै लैं। ओनकर तौ पियै के पानी तक हरिद्वार की गंगा जी से आवा ला।'

गंगाजल की बात चली तो कुछ अनजाने तथ्य सुनकर अचरज में आ गया—

'गंगा जी की महिमा न पूछा गुरू! राजा साहब तो यात्रौ में साथे लै के चलिहन। ई त चला हिन्दू हइन ई कुलि करबै करिहन। बाकी मुगलिया बादशाह अकबर और औरंगजेब तक गंगाजल के साक्षात् अमृत समझ के पियत रहलैं। यात्रा पर निकरतैं

तो ऊँटन पर गंगाजल साथे लदा रहत। साहनवर के नवाब के घुट्टी से नीचे एकरे अलावा कउनौ जल उतरबे न करै...'

बनारस में मिलने का वादा करके मेरा सहपाठी घर चल दिया। और लोग भी एक-एक कर उठने लगे तो दम लगाते सैलानियों को भक्ति-भाव में डूबा छोड़कर हम भी विश्वनाथ धाम की ओर बढ़े।

2

शिव प्रसाद सिंह के बनारस की पृष्ठभूमि पर लिखे उपन्यास 'गली आगे मुड़ती है' और उसकी गलियों के झरोखों से वाराणसी की अलग-अलग झाँकियाँ याद आने लगीं। गलियाँ मुड़ते-मुड़ते जब भी घाटों पर खुलती हैं, गंगा का कोई न कोई रूप, बनारसी संस्कृति का कोई न कोई पक्ष, नई दृष्टि, प्राचीन कथानकों, झूरी की नाव, रजुल्ली की गुंडई, नायक के विचारों अथवा देव-दीपावली की सजावट सजीव और सटीक अभिव्यक्ति के साथ उभरकर सामने आती हैं। शिव प्रसाद जी गंगा के दीवाने जान पड़ते हैं। तपस्वी कुमारी गंगा की बलखाती कमर पर संस्कृति-कलश दिखाकर जैसे उन्होंने दिल का भेद खोला है। मालवीय पुल से छह मेहराबों वाली आसमान तकती स्त्री की तुलना, झुक-झुककर चूमते सफेद फालसाई[1] बादल, अहा! क्या बात कही है! जितनी बार इस मोड़ से आँखें उठाई हैं उनकी पकड़ को दाद दी है।

शाम उतर आई। सैलानी नावों पर निकल पड़े। दंड निकालते पहलवान दिखे। घाट नहानेवालों से भर गए। असिसंगम से होकर गुजरने लगा। वाराणसी के पाँच महान तीर्थों में एक यह भी है। शंकर तो पापियों को रोकने के लिए भक्त हरिषेण को नगर का दंडपाणि बनाकर निश्चिन्त हो गए। परन्तु दुर्गम-दैत्य का वध करनेवाली दुर्गा इस तथ्य से भलीभाँति परिचित थीं कि इतनी बड़ी नगरी में धर्मस्थापना कितना मुश्किल काम है सो उन्होंने हरिषेण की सहायता के लिए शुम्भ-निशुम्भ के संहारोपरान्त अपनी रक्तरंजित असि[2] नगर की दक्षिणी सीमा पर फेंक दी। इस झटके से धरती फट चली और पापियों को पापी दैत्यों की दुर्गति-कथा सुनाती, सचेत करती, धर्म-रक्षक, दुर्ग की बाह्य परिखा[3] जैसी, पाप-विनाशिनी 'असि-धारा' प्रवाहित हुई।

'तुलसी घाट' आया। मानव-मानस के प्रत्येक पक्ष की विवेचना कर रामचरितमानस में समेटनेवाले तुलसी बाबा का दीर्घकालीन निवास और गोलोक वास का स्थान। कहते हैं कि यहीं गंगा तट पर रानी झाँसी भी जनमीं जिनका शौर्य बुन्देलों की आग बनकर फूटा, सहस्त्रों गोरे और वीर बुन्देले उसमें समा गए। घाट के चेतसिंह दुर्ग की खिड़की कभी गोरी सेना से बचकर गंगा पार जाने का गुप्त मार्ग बनी थी।

1. फालसा नामक फल के रंग जैसा, 2. तलवार, 3. खाई

आगे आया हरिश्चन्द्र की सत्यनिष्ठा बखानता चिर प्रज्वलित महाश्मशान। हरहराते वृक्ष, तारी दै-दै नाचत भूत-प्रेत-वैताल-अघोर...। लाश पर मुँह मारते कूकर-श्रृगाल, मांस-मज्जा और अस्थि जलने की चिरायँध। वहीं महसूल[1] उगाहते डंडा थामे डोम के चाकर हरिश्चन्द्र। रत्नाकर वर्णित यह शब्द-चित्र जब-जब देखा भय, बीभत्सता और वितृष्णा से सिहर उठा। फिर भी, सब कुछ भर आँख देखने की तीव्र उत्सुकता थी। भयानक श्मशान के साथ राजा की अद्वितीय सत्यनिष्ठा की कथा का योग इस स्थल के साथ रोमांच समावेशित कर इसमें चुम्बकीय आकर्षण भर देती है।

पहली बार बनारस आने पर इसकी ओर बढ़ने की अभिलाषा ज्वार में चढ़ी लहरों जैसा जोर मारने लगी। ढूँढ़ता-पूछता घाट पर पहुँचकर चकित रह गया। यहाँ न तारी, न प्रेत-नृत्य। डाकिनी-अट्टहास नहीं, मुंड-कोटरों में भर-भर रक्त-पान करती पिशाचिनियाँ नहीं, मस्तक-खंडों से कन्दुक क्रीड़ा करती भूतों की टोलियाँ नहीं। सारे कल्पना-चित्र छितरा गए। हरहराते घने पुरातन वृक्ष पर घंटे, बासन, चीर कहाँ से आते! पौधों तक का पता नहीं। साफ-सुथरा पक्का श्मशान। एक ओर बालुका राशि का प्रियदर्शी अम्बार। घाट पर बड़ी-बड़ी नावों की पाँति। सामने गंगाजल का सिन्दूरी फैलाव। उस पार अस्त होते सूर्य-रश्मि से रँगा हुआ बलुआ विस्तार। वितृष्णा का सवाल ही कहाँ? अब यहाँ सैलानियों का जमघट रहता है।

उस दिन वहाँ भीड़-भक्कड़ न थी। ऊपर की चिता वेदिका पर ठीक सरस्वती जैसी वस्त्रावृता सुन्दर, सौम्य, युवा, गौरवर्णीय विदेशी बाला को उदास-उदास, खोई-खोई सी मुद्रा में एकटक शून्य बींधते देखा। उस सुदर्शनीय युवती और उस भाव मुद्रा के विचित्र आकर्षण में दो घड़ी अटका रह गया। कैसा विरोधाभास! एक ओर प्रकृति संहार, चरमगति प्राप्त, अग्नि-समर्पित मृत शरीरों की भस्म-राख। दूसरी ओर अद्वितीय सुन्दरता का अति आकर्षक रूप। कितना आकस्मिक और कैसा विचित्र मेल था वह भी! पता नहीं वह किस चिन्ता से आकुल थी। गंगा को पहचान रही थी या टेम्स-डेन्यूब-राइन की स्मृति में डूबी थी। दीर्घकालीन विदेश प्रवास के दौरान वतन, नगर, गाँव-गली की याद सता रही थी या प्रिय विछोह में व्याकुल अथवा रानी शैव्या की करुण कथा से द्रवित हो उठी थी। शायद राजा के वचन और क्रूर ऋषि की जिद की कसौटी पर रानी की परीक्षा का औचित्य तलाश रही थी।

3

एक के बाद एक चले आते माला के मनकों जैसे घाट देखकर सिद्धू ने चकराकर पूछा–'कौने घाट पर रुकिहौ?'

---

1. चुंगी

'आ-ऽ जाएगा। चिन्ता न करो जिस घाट पर रुकना है उसकी और यहाँ के कुछ मशहूर तीर्थों की कथा सुनते चलो। इतने दिन बनारस रहकर जो कुछ जान सका, तुम्हें बताता हूँ–

'ब्रह्मा ने अविमुक्त क्षेत्र में तपस्यारत राजर्षि रिपुंजय को वर दिया–समस्त पृथ्वी पर शासन करो। नागराज वासुकि तुम्हें पत्नी बनाने हेतु नागकन्या अनंग-मोहिनी देंगे। इसलिए 'दिवो दास्यन्ति' व्युत्पत्ति के अनुसार तुम्हारा नाम दिवोदास होगा। दिवोदास ने शर्त रखी–सभी देव-दानव-यक्ष नगर को खाली कर दें तभी मैं राज करूँगा। ब्रह्मा के 'एवमस्तु' कहने पर शिव सहित समस्त देवों को अपनी-अपनी सवारी काशी से बढ़ानी पड़ी।

'दिवोदास के दीर्घकालीन धर्मराज्य से मन्दराचलवासी शिव काशी के वियोग में व्यथित हो उठे। उन्होंने दिवोदास के शासन में दोष ढूँढ़ने चौंसठ योगिनियों को काशी भेजा, वे दोष न ढूँढ़ सकीं, वहीं बस गईं। अब सूर्य भेजे गए, काशी-महिमा से प्रभावित वे भी लोल (डोल) उठे 'लोलार्क' कहलाए। ब्रह्मा ने अनेकानेक उपायों से कमी पाने में असफल होने के बाद दस अश्वमेध यज्ञ सम्पन्न कराने की माँग रखी। दिवोदास ने रुद्र सरोवर के किनारे ब्रह्मा की इच्छा पूर्ण करा दी। सरोवर दशाश्वमेध-तीर्थ कहलाया। ब्रह्मा भी वहीं रह गए। फिर गणेश जी ज्योतिषी बनकर पहुँचे। दिवोदास को वैराग्य सुझाया और कहा–अठारहवें दिन उत्तर दिशा से आया ब्राह्मण तुम्हें उपदेश देगा। अन्त में विष्णु आए। राजा ने ब्राह्मण-भेसी विष्णु से मुक्ति का मार्ग पूछा। वे बोले—सातवें दिन जब तुम शिवलिंग स्थापित कर चुकोगे, तुम्हें लेने विमान आएगा। समयानुसार दिवोदास स्वर्ग चले गए और शंकर अपने गणों सहित पुनः नगर में प्रविष्ट हुए और इस प्रकार दिवोदास को काशी से निकालने का देव-षड्यन्त्र पूरा हुआ।

'दिवोदास को काश वंशीय राजा माना गया है। इसी वंश के सातवें राजा काश के नाम पर यह क्षेत्र काशी कहलाया। कुछ लोग काश और कुश नामक स्थानीय घास से काशी की व्युत्पत्ति मानते हैं।'

दिवोदास की कथा सिद्धू को बाँधे रही लेकिन व्युत्पत्ति-जाल में उलझते-उलझते मित्र समुदाय के दर्शन होने लगे। घाट पर लोग उत्सुकता से हमारा इन्तजार करते मिले। अभिवादन में हाथ हिलने लगे। उत्साह और प्रसन्नता भरी आवाजें सुनाई पड़ने लगीं। प्रतीक्षित क्षण आ पहुँचा।

घाट तक पहुँचने से पहले ही दो नावें हमारी ओर बढ़ आईं। फोटो उतरने लगे। घाट पर विश्वविद्यालय के साथी, परिचितों-अपरिचितों और प्रेरकों ने स्वागत किया। शिष्य के स्वागतार्थ सौ काम छोड़कर आए श्रद्धेय पन्त जी, सिन्हा जी से आशीष मिला। श्याम, लखनऊ के साथी पांडे जी वगैरह, पुराने साथी, अजय, अभय सभी मौजूद मिले। किस-किस का नाम लूँ किस का नहीं। मुक्त हृदय से प्रेरित

करनेवालों का शुमार नहीं। वाराणसी में रहते जिनसे छठे-छमाहे ही मुलाकात होती, वे भी वहाँ बाँहें फैलाए, फूल-मालाएँ लिये मिले। गुप्ता अंकल बोले–

'यार, धूप में जलकर अब तो पूरे मल्लाह लगते हो!'

'तब्बै न पता लागी भा–ऽ–य इतना दूर से नइया लै के आवत हौवें।'

'वा–ऽ–ह गुरू, बड़ी करारा जिगरा पवले हउवा!'

'वेल डन माई ब्वाय। यू विल सर्टेनली एचीव योर गोल। आई ऐम प्राउड–।'

मालाओं, मुबारकवाद के अम्बार, कुछ ही देर के लिए सही अपना भी जलवा हो गया। राम भंडारवाले चाचा जी 'बड़का डब्बा' भर मीठा लाए। तरह-तरह की विख्यात सुस्वादु बनारसी मिठाइयाँ–मधुरमिलन, लौंगलता, खीरकदम्ब से मेज भर गई।

उधर सामने सीढ़ियों के पास लगे माइक पर हमारी समिति के सचिव व्याख्यान दे रहे थे–

'चक्रवर्ती भारशिव राजाओं के घोड़े बारम्बार समस्त धरती पर उनकी वीरता का सिक्का जमाकर वाराणसी लौटते रहे। बारम्बार इस पवित्र घाट पर अश्वमेध यज्ञ के अवसर पर यज्ञ-कुंडों का सुगन्धित धूम दशों दिशाओं में भरता रहा। उसी तरह आज हमारा यज्ञाश्व घाट-घाट पर अपने साहस का डंका पीटता हुआ यहाँ पहुँचा है...।'

इस तरह पूरे बत्तीस दिनों तक डोंगी चलाकर हमने 22 अप्रैल की रात दशाश्वमेध घाट पर लंगर डाला।

4

पुरवइया खौखियाई हुई टूट पड़ी। सँभलने तक का मौका न मिला। रस्सियाँ खुल गईं, नावों की कतारें छितरा गईं। बजरे पटकी खाने लगे। घाट पर मल्लाहों की दौड़ मच गई। एक से दूसरी, दूसरी से तीसरी नाव पर कूदते, फिर बड़के बजरों पर छलाँग लगा देते, एक-दूसरे को पुकारते, गरियाते, चेताने लगे। पूरा कउआ-रोर मच गया। आर-पार बँधे तार पर डोंगियाँ कसी गईं, बजरों के रस्से बुर्जियों और ऊपर की छत से कसे गए। बड़े-बड़े लौह-लंगर खनन-खनन पटके जाने लगे।

दो घड़ी बाद शोरगुल मिट गया। हवा पहले की तरह हरहराती और लहरें अललाकर तरणि-पाँति पर सिर पटकती रहीं। आँधी आने से पहले उस पार गई, साँसत में पड़ी सवारियों को ढाढ़स बँधाते वापस लाए मल्लाहों की गोहार जब-तब शान्ति भंग कर जाती। जब तक इनके लिए रास्ता बनता, लहरों पर उठती-गिरती डोंगी पर भयग्रस्त, हदसे-सिमटे यात्रियों के चेहरे घाट की रोशनी में सुन्न दीखते।

मर्णिकेश्वर पर जलती बेतरतीब चिताओं से उठती ढेरों चिनगारियाँ हवा के साथ हमारी ओर लपकती चली आतीं। रह-रहकर मांस-मज्जा की चिरायँध नाक में समा

जाती। यह दृश्य पहली बार नहीं देख रहा था। इधर आने पर एक चक्कर यहाँ जरूर मारता। चिताओं का जलना कभी नहीं रुकता। कभी-कभी एक साथ बीस से ऊपर जलती चिताओं के बाद भी टिकठी रखे पारी की प्रतीक्षा में बैठे शवयात्री दिखते।

जो आया वही मिटा। प्रकृति का आदि स्वरूप आज भी वैसा का वैसा। अनेकानेक प्राणियों का अन्त हो चुका, मानव का भी जरूर होगा। सृष्टि में कुछ भी स्थायी नहीं। यह सब सोचकर वैराग्य जागता। जीवन व्यर्थ लगता। सारी आकांक्षाएँ, रिश्ते और महत्त्वाकांक्षाएँ वृथा प्रतीत होते। फिर, प्रतिप्रश्न उभरने लगते–तो क्या सब, सारी मोह-माया किनारे कर, घर-बार छोड़ वैराग्य ले लूँ, सबसे तटस्थ हो जाऊँ? यहाँ कुछ भी तो अपना नहीं है! एक दिन मिटना ही है! फिर, सोचता–क्या सचमुच वैराग्य ले सकता हूँ? अभी तो इतनी वितृष्णा नहीं जान पड़ी, सब छोड़कर फिर वापस उसी ओर तो नहीं लौट आऊँगा? युधिष्ठिर-सा विध्वंस नहीं देखा। महावीर-गौतम-सा ज्ञान नहीं मिला। भोग की चरमावस्था नहीं पाई। विवेकानन्द-सा असाधारण भी नहीं। एक पैर विराग और दूसरा राग की नाव पर रखने से कहीं बेहतर है रोती-गाती जिन्दगी में डूबकर जीना-मरना। भले ही कुछ भी स्थिर नहीं, क्यों न जब तक जियूँ भरपूर जियूँ, सारी मोह-माया के साथ। यह भी तो योगावस्था ही होगी, जान न पड़ेगा कब प्राण-पखेरू उड़ गए। विचारों की डोंगी हर बार इसी घाट टिकती रही।

'का हो गुरू! ई अँधिया में उप्पर कउन इतर महकत हौ? सरवा, इहौ कउनौ टाइम हो चिरायँध सूँघै के।'

मैं घूम पड़ा। यह अभय थे।

सिद्धू भाई यहाँ से घर चल दिए और अब चौथे फक्कड़ अभय का साथ मिला।

'मर्णिकेश्वर देख रहे थे।'

'तोहरौ जवाब नाहीं ओ जनम में अघोर रहयौ का? अच्छा ई बतावा एकरेयौ साथे कउनो कथा जुड़ल हौ का? तू त घाट-घाट के किस्सा-कहानी जोड़ले हउआ। उहै सुनावा नींदौ त नाहीं आवत हौ ससुरी।'

लम्बे-तड़ंगे पक्के बनारसी अभय के ठाठ, पूरी स्कूली शिक्षा सैनिक स्कूल में पाकर भी, ज्यों का त्यों। विजया-आराधना, पार निपटना-नहाना, रबड़ी-मलाई के ऊपर से मुँह में पान की लाली, गले में चेन या रुद्राक्ष की माला, शौकीन, मस्त-मलंग।

'सब जान लिया ऐसी गलतफहमी नहीं है मुझे लेकिन वाराणसी के पंच-महातीर्थों की महिमा भी न जानूँ तब तो यह घाट-बेघाट की फेरी ही बेकार। प्रथम असि-संगम, द्वितीय पर हमारा लंगर पड़ा ही है, तृतीय सामने है मर्णिकेश्वर, चतुर्थ पंचगंगा और पंचम पुल पार आदिकेशव।'

'यहाँ नहीं डोंगी पर ही चलो वहीं सुनाएँगे–महाप्रलय और शिव-पार्वती के काशी वास की कथा तो जानते ही होगे?'

'अरे आगे बतावा। ई सरवा के नाहीं जानत कि इहाँ साक्षात् भोले बाबा निवास करत हैं।'

'फिर शिव ने पार्वती के साथ त्रिभुवन सुन्दर, परम शान्त और गुणी पुरुष उत्पन्न किया। पुरुषों में उत्तम-पुरुषोत्तम, ये महाविष्णु थे। उन्होंने चक्र से पुष्करिणी बनाकर तपस्या प्रारम्भ की। घोर तपस्या से शिव प्रकट हुए। वहीं सती जी की मणिजटित कर्णिका (मणिमय कुंडल) गिरी और रुद्र-सरोवर मणिकर्णिका तीर्थ कहा गया। यह मुक्ति का प्रधान क्षेत्र हो गया। यहाँ शिव स्वरूप अनिर्वचनीय ज्योति प्रकाशित है।'

नींद न आने की बात करनेवाले अभय तो छोटी सी कथा के साथ ही कब ऊंघ गए पता ही न चला।

5

आधी रात का समय हो गया। घाट की सीढ़ियों और नावों से टकराती लहरों की मधुर ध्वनि के अतिरिक्त नीरवता छा गई। रह-रहकर नजरें तारों भरे अनन्त गगन में निरुद्देश्य घूमने लगतीं। रात के ऐसे ही सन्नाटे में पंचगंगा घाट पर बैठकर बहुत बार सुनी पंडितराज जगन्नाथ की कहानी जैसे प्रतिध्वनित होने लगी–

काशीनगरी में एक से एक विद्वान, सिद्ध-महात्मा और गुणियों का वास रहा है। सबकी अपनी-अपनी निराली कथाएँ हैं। लगभग तीन सौ वर्ष पहले ऐसे ही एक महापंडित जगन्नाथ ने काशी ही नहीं सारे भारत को अपनी विद्वत्ता से चमत्कृत किया। आन्ध्र प्रदेश के विद्वान ब्राह्मण मेरु के होनहार पुत्र जगन्नाथ ने काशी के आचार्य वीरेश्वर से शिक्षा पाई और श्रेष्ठतम विद्वानों में गिने गए। युवा जगन्नाथ ने संस्कृत-प्रेमी दिल्लीपति शाहजहाँ से पंडितराज की उपाधि पाकर दाराशिकोह को संस्कृत की शिक्षा दी। अपने युग के धुरन्धर विद्वानों के ग्रन्थों का खंडन करते हुए ग्रन्थ लिखे। 'जगदाभरण' में दाराशिकोह, 'आसफ-विलास' में नवाब आसफ़ खाँ तथा 'प्राणाभरण' में कामरूप के राजा नारायण का वर्णन किया। इसके अलावा पंडितराज ने 'वरुण-लहरी', 'अमृत-लहरी', 'लक्ष्मी-लहरी' और 'सुधा-लहरी' जैसे रस-युक्त काव्य रचे।

मुगल युवती के प्रेमपाश में आबद्ध होकर उसका पाणिग्रहण क्या किया उनकी जय-जयकार करनेवालों ने उनकी सारी उपलब्धियाँ ताक पर रख दीं। घर और समाज में उनका घोर अपमान होने लगा। प्रताड़णा से दीन होकर एक रात वे पत्नी सहित पंचगंगा घाट की सीढ़ियों पर आ बैठे। कहते हैं, उस रात पंडितराज की पीड़ा भरी वाणी से निकले गंगा-स्तुति के व्यथा भरे श्लोकों के साथ क्रमशः बढ़ती आती

गंगा ने उन्हें अपने अंक में समेट लिया और तब से रोज रात के सन्नाटे को तोड़ते हुए वहाँ पंडितराज के करुण स्वर सुनाई पड़ते हैं–

तदा लम्बादंब स्फुर दल धुवर्गेण सहसा
मया सर्वे ऽ वज्ञासरणिमय नीता: सुरगया...

(मातेश्वरी तेरे भरोसे मैंने समस्त देवी-देवताओं की उपेक्षा कर दी है, ऐसी स्थिति में यदि तुमने भी मुझे स्वीकार न किया, उपेक्षा की तो मुझे कौन आश्रय देगा, निराश्रय होकर अब मैं किसके सम्मुख हाथ पसारूँ जो मुझे आश्रय दे सके।

'माँ गंगे! मैं अनाथ हूँ, तुम स्नेहमयी हो। मैं गतिहीन हूँ, तुम पुण्यमयी तथा सबको आश्रय देनेवाली हो। मैं पतित होकर मर रहा हूँ, तुम विश्व का उद्धार करनेवाली हो। मैं रोग-ग्रस्त हूँ, तुम अचूक औषधि हो। मैं तृष्णा से सन्तप्त हृदय वाला हूँ अत: तुम जैसा उचित समझो करो।')

6

रात भर दुलारती-सुलाती लहरें सुबह फुफकारने लगीं। स्नानार्थियों ने एक नजर उधर ताकते ही पार जाने की इच्छा त्याग दी। सीढ़ियों पर ही डुबकी लगाई, धीमे से फुसफुसाए—'जै गंगा माई की' और लौट पड़े। मल्लाह कुड़बुड़ाने लगे–'आज तौ गंगा माई कुल धन्धा-पानी लै गइलीं, ई पुरवइयौ सरवा मुसीबत कै देहलेस।'

सैलानियों का हुजूम आता। मल्लाह लपकते–'हल्लो साहब! हरिश्चन्द्र घाट? रामनगर?...।'

आज सब सूखे दर्शन से ही तृप्त थे। कुछ क्षण सुनी-अनसुनी कर ठहरते। क्लिक-क्लिक, उनके कैमरों के शटर दबते। दशाश्वमेध घाट, शीतला घाट, घाट पर लँगोट का पट्टा लहराते लगभग नग्न बनारसी, चन्दन पोते मंत्र बोलते पंडित, छतरी, तखता, नावों की पाँत, सब कैमरे की गिरफ्त में।

झाग उठाती जोरदार लहरें एक के पीछे एक थपेड़े मारती आतीं। उनकी ताकत अन्दाजता, लड़ने की हिम्मत सँजोता और थपेड़े बार-बार हिला जाते। हमलावर लहरों के पार वह किनारा, आगे की मंजिल और अपना उत्साह ताकत आजमाने का हौसला देते। हाथ पर हाथ धरे ललकारती लहरों को देखते रहने से बनता भी क्या!

तिरछी नाव लहरों पर चढ़ती-उतरती धारा काटने लगी। लहरों पर पड़े लम्बे बाँस पर कबूतरों की कतार झूलती रही। मणिकर्णिका पर चिताओं का धुआँ अनवरत उठता रहा। कुछ अधजली लाशें लहरों पर उतराती रहीं। एक गिजगिजी लाश पर बैठा कौआ रह-रहकर फूले गोश्त में चोंच मारता रहा।

7

पंचगंगा घाट आया। गंगा, यमुना, सरस्वती, धूतपापा और किरणा, पाँच पवित्र नदियों का जल पंच-अमृत, पंचामृत। पुराकथाओं में नदियों और सुन्दर युवतियों का सीधा नाता बताया गया है। एक मुनि किसी अप्सरा पर मोहित हो गए, पुत्री कहलाई धूतपापा। पाप मुनि का, भार वहन किया पुत्री ने। धूतपापा भी माँ पर गई। अनुपम मोहिनी। उस पर धर्मराज आकृष्ट हो गए। पकड़े गए खुद और शाप दिया अबला युवती को, वह नदी बन गई। किरणा की दो कथाएँ हैं। किरणा चकमक करती जगतमोहिनी परम सुन्दर युवती थी, चन्द्रमा के संस्पर्श से नदी बनी। किरणा मयूखादित्य नामक सूर्य के तपस्या काल में स्वेद से उद्‌भूत हुई। भगीरथ के साथ आई गंगा, यमुना, सरस्वती। सत्ययुग में धर्मनद, त्रेता में धूतपापा, द्वापर में बिन्दु तीर्थ, कलियुग में पंचनद। स्वयं विष्णु का निवास-स्थल।

पंचामृत-पान मोक्षदायक है। परन्तु सावधान! इस अमृत-पान के लोभ से बचिए। आपको पुण्य-लाभ से वंचित नहीं कर रहा। पुरखों ने तो कहा है यहाँ अमृत-पान कर जीवन-मरण से मुक्ति का द्वार खुल जाता है। किन्तु देवताओं का बढ़ता प्रभाव देख दानवों ने छल किया है। अमृत-स्रोत में अनेक गरल-नद छोड़ दिए हैं। एक तो बगल में ही हरहरा रहा है—कचरानद—गन्दा नाला।

समूचा गंगाजल रुहेलखंड और कान्यकुब्ज के खेतों की उर्वरा शक्ति बढ़ाने के लिए ऊपरी और निचली गंग-नहरों ने सोख लिया है। बचे रह गए गंगाजल और वाराणसी तक पहुँचते विन्ध्य की नदियों से आए जल का अनुपात बोतल भर पानी में बूँद भर से ज्यादा नहीं और उसमें भी हर साल हजारों शव, हजारों टन लकड़ी, राख और मांस। कूड़ा-करकट और मैला लेकर गंगा में गिरते हजारों नालों की कैसी गिनती जिनसे हैजा, पेचिश आदि प्राणघातक रोग तेजी से फैल रहे हैं।

सिन्धिया घाट के ऊपर नेपाली मन्दिर की छत, सूर्य-रश्मियों की आभा से चमचमाती अपनी ओर खींचती रही, दो पल थमने का मन करता लेकिन पीछे धकेल देने को लालायित लहरों से दोनों हाथ जूझते मूड उखड़ गया। पंजों से बल लेते, सीधे होते, गहरे डाँड़ धँसाते, पूरा हाथ खींचते कलेजा मुँह को आ जाता। हवा रौद्र रूप धरे रही। बचता-कटता डाँड़ मारता गया। नज़र बराबर राजघाट-पुल पर जमी रही।

8

सामने मन्दिर, घाट और गंगा में समाती वरणा नदी। दिवोदास को वैराग्य सुझाने आए विष्णु ने वरणा में पाँव धोए, वही पादोदक तीर्थ हुआ। स्वयं केशव प्रतिमा स्थापित कर मन्दिर बनवाया। वही आदिकेशव-मन्दिर, पंचम महातीर्थ हुआ।

'असि' वाराणसी में पापियों के प्रवेश निषेध हेतु और 'वरणा' विघ्न–निवारणार्थ। लगभग तीन हजार बरस पहले से ही वरणा के किनारे दोनों ओर प्राचीन मानव का निवास रहा। और पहले से रहा हो तो अचरज नहीं। उधर शुरुआत में असि, इधर अन्त में वरणा–वाराणसी।

प्रारम्भ में काशी नामक एक राज्य था और वाराणसी उसकी राजधानी। यहाँ काश वंश की तीस पीढ़ियों का शासन रहा। कालान्तर में वाराणसी नगर ही काशी कहलाया। औरंगजेब का दिया महमूदाबाद नाम टिक न सका। मान्यता है कि राजा बनार के नाम पर बनारस हुआ। अंग्रेज–साहब के करिश्मों से 'बेनारेस' बना। फिर, बाबू सम्पूर्णानन्द जी के प्रयास से नगर को अपना गौरव भरा प्राचीन नाम फिर से मिला।

9

राजघाट पुल से पूरा बनारस सामने आया। यहाँ बिताए दिनों की तसवीरें उभरने लगीं। पुल से देखिए या अस्सी या रामनगर के रेते से, बेजोड़ हैं बनारस के घाट। उनके ऊपर उठी हुई इमारतें। मन्दिर, मस्जिद, किले अम्बर में धँस जाने को आकुल। कहीं बड़ी नावों से भूसा उतर रहा है, लादकर ले जाते ऊँट दिख रहे हैं। कहीं पत्थर की पटियाँ उतर रही हैं, कहीं बालू के ढेर। चहलकदमी करते, बनारसी अन्दाज में गप मारते फक्कड़, बनावटहीन, हरफनमौला विद्वान। भजन–कीर्तन–सत्संग। राजघाट का अस्पताल, पानी टंकी, काशी–करवट, डोंगियाँ, बजरे, मोटरबोटें घाट से चिपके।

साँझ ढलते ही सैलानियों से भरे बजरे। इनके झरोखों से गाँजे, चरस, सिगरेट के धुएँ और मदिरा, भाँग की गमक। विदेशी रूपकुंड में गोता लगाने को लालायित कुछ हिन्दुस्तानी हिप्पी। किनारे तैराकों और नहानेवालों से पटे हुए। मोटर–ट्यूब पर उतराते लोग, नारियल जैसे सिर। सन्तरणरत बच्चे। सामने का सलोना तट। नरम, सुखद, शीतल। सिकताकण, रूपा–चमचम, कटी–फटी मटियाली धरती, गड्ढे व ढूहे। ऊपर से विहँसती चाँदनी की पारदर्शी रजत–पत्र की परत। मन्द पवन। किलकारी मारते, धवल–मुस्कान बिखेरते बच्चे, भंग, मस्ती, टिटकती टिटिहरी। जगमग, जुगुर–जुगुर, झिलमिलाती विद्युत–लट्टुओं की आभा।

गरमियों में उस पार चाय की दुकान खुल जाती। सैलानियों की सैरगाह में एक और अड्डा। इसी के बगल पहलवानों के अखाड़े। बनारसी पट्ठे कसरत मारते, जोर करते। कोई चेला बूटी घोंटता। थके पहलवान गंगा में माटी–पसीना उतार, माथे पर चन्दन पोत, बूटी चढ़ा, घाट पर रबड़ी–मलाई–दूध–ठंढाई गटक, साफ–सुथरी धोती पर रेशमी कुर्ते, गले में सोने की मोटी चैन या रुद्राक्ष की माला, पान से लाल ओठ, मजबूत सुडौल बदन व मुसुक–बल्ला छलछलाते, ठनाकेदार चाल में निकलते तो असली बनारसी बाबुओं की बानगी देखते ही बनती।

अँधेरी रातों में रेते पर लुका-छिपी खेलनेवाले प्रेमी-युगलों का अखाड़ा जमता। मल्लाह एक ही फेरी में इन्हें पार कराने में दिन भर की कमाई वसूलते। योजना बनाकर सैलानियों को लूटने का निरापद स्थल। पुलिसवालों के लिए बदमाशों को पकड़ने का निश्चित इलाका। शहर के तमाम गुंडे यहाँ आकर पुलिस की गोली के शिकार बनते। दूसरे दिन खबर छपती 'नगर का कुख्यात गुंडा रेते पर डकैती की योजना बनाते पुलिस की गोलियों से मारा गया।'

पूरे शहर में, गली-गली में पहुँचे हुए साधकों, दार्शनिकों, विद्या-प्रेमियों की भरमार है। अपने-अपने विषयों के शीर्ष पर पहुँचकर कितने ही लोग काशी सेवन को आ बसते हैं। संगीत के क्षेत्र में बिस्मिल्ला खाँ, गिरिजा देवी, सितारा देवी, गुदई महाराज को कौन नहीं जानता!

10

वरणा-संगम से आगे नदी के बीच एक बड़े बलुआ-द्वीप पर बोया हिरमाना[1]। आगे शिवदशा गाँव के पास बाईं धारा बन्द। दाएँ चल रही गहरी धारा में निकल गए। हवा का रुख तनिक शान्त हुआ तो उत्तरवाहिनी धारा का सहारा लेकर चप्पू चलाए। दोपहर बाद तक बलुआ घाट से आगे निकल गए। गंगा यहीं लगभग चार मील पश्चिमाभिमुख होकर चलती है। हरिद्वार, प्रयाग के समान पश्चिमवाहिनी धारा का माहात्म्य हिन्दू धर्म में सर्वविदित है। मकर संक्रान्ति पर यहाँ मेला लगता है।

अब तक दमतोड़-परीक्षा लेने पर उतारू प्रकृति और गंगा माई दिन भर की तपस्या से प्रसन्न हो उठीं। न केवल पानी का बहाव वरन् हवा भी हमारे साथ। अभय ने मक्खन लगे स्लाइस और मिठाई से स्वागत किया। अदावत ठाननेवाली लहरों ने दोस्ताना हाथ बढ़ाया। एक बार फिर हमारी डोंगी मानसरोवर के राजहंसों-सी इठलाने लगी। साँझ तक उत्तर मुड़ने की तैयारी में टूटती धारा के बगल में लंगर डाला।

विशिष्ट धुन-ताल में प्रवाहित बालू तराशती धारा की खसखसाहट सुन पड़ती। सुँइस[2] की फुफकार प्रेत-लीला का भ्रम देती, भागते सियार और घाटिया कुत्ते, निस्तब्ध रात का सन्नाटा और तटीय एकान्त अभय को विस्मयकारी और थोड़ा भय भरा लगा। काफी देर तक चुप रहकर वे बोले-'इहाँ तो सरवा मसान डोलत बा!'

अगल-बगल मँडराते एक मांसाहारी कुत्ते से शंकित होकर अभय ने एक बाँस में मोबिल सना सूत लपेटा और उसे बाँस में गाड़कर तीली दिखा दी। लुक्कारा धू-धू कर जलने लगा-'दूरै रहत जा लोगन। लग्गे अइल्या त मुँहै झौंस देब।'

1. खरबूज / तरबूज, 2. सूँस, सूँइस

लुक्कारे की घटती-बढ़ती रोशनी के साथ लगता जैसे चारों ओर बहुत सी छायाएँ डोलती हों, रोशनी कम होते ही खिसककर पास आ जातीं और बढ़ते ही दूर से घेरा डालतीं।

11

सुबह की हलकी पुरवइया में आगे बढ़े तो ऊँचे कँकरीले कगार पर दोनों ओर गाँव दिखे। नदी के खूब चौड़े पाट में लगा जैसे बहाव थम गया हो। सवारियाँ-लदी नावें आ-जा रही थीं। कुछ मल्लाह मछली मार रहे थे। बाएँ कगार वाले गाँव का नाम है चन्द्रावती। छह सौ बरस बीते एक प्रतापी और प्रजापालक राजा दमन देव यहाँ राज करता था। उसकी एक गुणवती परम सुन्दरी रानी थी। राजा उसे बहुत-बहुत प्यार करता। रानी की स्मृति चिरस्थायी बनाने की गहरी इच्छा से उसने गंगा किनारे एक किला बनवाया। समीप की बस्ती को राजधानी बनाया और रानी के नाम पर नाम दिया—'चन्द्रावती'। जीती-जागती यादगार। जब तक मानव यहाँ निवास करेगा राजा-रानी के प्यार की याद करेगा। चन्द्रावती की कहानी इसके आगे जाती है। सारनाथ आते-जाते महात्मा बुद्ध यहाँ रुके और जैनाचार्य चन्द्रप्रभ तो यहाँ जन्मे ही थे।

अभय चाय के बर्तन धोकर स्टोव में तेल डालने लगे। मछली मारनेवालों की बगल से निकले तो उन्होंने आवाज लगाई—'सुक्खै टोवत हए कि एक्कौ पइबौ कइला?' सूरज ऊपर उठा। सामने गंगा की दो धाराएँ हो गईं।

'ला गुरू! ऐसन किस्मत सब के होए! बनारस भर में ऐसन नीक मीठा केहू नाहीं बनावा ला और बनारस से बढ़िया पूरे हिन्दुस्तान में केहू का खाए के बनाई।'

राम भंडार वाले चाचा जी का लाया मिठाई का डिब्बा मेरी ओर बढ़ाकर अभय मछलियाँ साफ करने लगे। चाय का पानी बदकने[1] लगा।

सामने के बाएँ कगार का मन्दिर निकट आ गया। कहते हैं यहाँ कभी मार्कंडेय मुनि का आश्रम रहा। तपस्यारत मुनि मृकंडु को दर्शन देकर ईश्वर ने उन्हें अयोग्य किन्तु दीर्घायु अथवा योग्य किन्तु अल्पायु पुत्रों में से एक के चुनाव का अवसर दिया। मुनि मूढ़ पुत्र की कल्पना तक से काँप उठे। अल्पायु पुत्र पाकर भी क्या मिलना था, फिर भी, उन्होंने योग्य पुत्र का ही चयन किया। उसका नाम मार्कंडेय रखा। बारह वर्ष की आयु में ही यमराज उन्हें लेने आए। बुद्धिमान मार्कंडेय शिवलिंग से लिपट गए। शिव के डर से यमराज को मजबूरन खाली हाथ लौटना पड़ा। मार्कंडेय महामुनि के रूप में प्रख्यात हुए और दीर्घकाल तक यहीं आश्रम बनाकर रहे।

खटर-खट्ट-खट्ट, खटर-खट्ट—बढ़ते रहे। संगीतात्मक स्वरों के साथ। जोर-जोर डाँड़े मारते। लहरों से टकराते, पसीने में सने। गंगा-गोमती संगम आया।

1. खौलना

किनारों पर बँधी नावों की पाँति के साथ गोमती की सँकरी धारा गंगा से मिल गई। पीपा पुल के पार उभरे चार सफेद आकार हमारी ओर बढ़ने लगे। पुल पार हो गया। सैदपुर बगल से गुजरा। आकार स्पष्ट हुआ।

चार-पाँच नावों का बेड़ा युद्धरत जलयानों की तरह पानी उछालता झपटता अचानक सामने आया। मोटे बाँस बाँधकर बनाए ऊँचे मस्तूल पर ऊपर-नीचे तने दो विशाल पाल और उससे भी ऊपर खिंचा एक छोटा पाल—हवा से पूरी तरह फूले हुए। सबसे ऊपर लगी छोटी झंडी फड़फड़ा रही थी। बड़ी-बड़ी नावें उलटी धारा में भी तेजी से धँसती हुई कुछ ही पलों में निकल गईं। उनके पाल इतने बड़े थे कि उसमें मेरी डोंगी जैसी कई डोंगियाँ समा जातीं।

पाल चढ़ाने के लिए लगाई गई मस्तूल से लटकी लकड़ी की बड़ी गरारियों[1] में रस्से लटक रहे थे। 'गिलास' पर जड़ा हुआ पत्तर और कीलें चमक रहे थे, पूजा के समय उस पर लगाई गई लाल रोली अब भी चटख थी। पिछले हिस्से की झोंपड़ीनुमा छत पर लगी भारी किलवारी के हत्थे को एक खासा मजबूत आदमी सँभाल रहा था। नीचे नाविकों के विश्राम-कक्ष, शयन-गृह और भोजनालय का काम देनेवाले कमरे में खाना बनता दिखा। पिछले हिस्से में नाव में भीतर रिस आया पानी उलीचते मल्लाहों का मनोयोग देखने काबिल था। अगला हिस्सा पानी की सतह से एक हाथ और पिछला तीन हाथ ऊँचा। क्या शान से पानी काटती चली आईं, लपकती निकल गईं!

बाएँ खड़ा टीला छूटा। आदिवासी राजा धनदेव का धानापुर निकला। तिकोनिया पाल चढ़ाए एक नाव आगे-आगे भागती गई। सूरज उतर चला, मोड़ उत्तर चढ़ा। लाल लकीरों ने अम्बर पाट दिया। चौंचकपुर घाट पर बड़े-बड़े अक्षरों में लिखे विज्ञापन नजर आए। पार जाने की तैयारी में बड़ी नाव पर लदती साइकिलों की खड़खड़ाहट और घर पहुँचने की उतावली में सवारियों की जल्दबाज ऊँची आवाजों से घाट गूँज उठा। थोड़ा आगे बढ़कर धीरे-धीरे लंगर उतारा।

---

1. घिर्री

बिना पैसे के राम-राम

1

सुबह उठते ही पहले अँगुलियों को पानी में डालकर बीस-पच्चीस बार खोला-बन्द किया, तब कहीं वे डाँड़ थामने लायक बनीं।

चक-दर-चक कटे रेतीले टुकड़ों में बाएँ-दाएँ दोनों ओर कई गहरी-छिछली उप-धाराओं में हम चक्कर में पड़ गए, इधर जाएँ या उधर! थोड़ी देर अन्दाज लगाया और अपेक्षाकृत गाढ़े रंग की धारा में बढ़े चले गए। गाजीपुर तक रास्ता दबा जाने के इरादे से चप्पू पर चप्पू झोंके चले गए। हाथ भर गए तो मील-दो मील गोन खींचा फिर डाँड़ सँभाले और इसी तरह बढ़ते गए।

किनारे पर लम्बे कद, चौड़े कन्धे, भरी-भरी बाँहों वाले जवान, पानी में उछल-कूदकरते साँवले-गोरे बच्चे गाय-गोरू नहलाते मिले। कोई-कोई बच्चा एक-एक शब्द तोड़कर जोर-जोर से पढ़ता—'दि-ऽ-इ-ल्-ली-से-ऽ-ऽ-ए-क-ऽ-ल-क-ऽ-ऽ-त- ऽ-ऽ-' (दिल्ली से कलकत्ता।)

कुछ लोगों ने नाव की मशीन के बारे में पूछताछ की तो एक लड़का अचरज के साथ बोला—'ऐसन डोंगी कबहूँ न देखले रहली।'

आगे जमानिया का विकराल मोड़ सामने आया। इस मोड़ पर गंगा का समूचा जल सीधे सामने की कँकरीली कगार से टकराकर घूमता हुआ भँवर बनाता दिखा। अच्छा-अच्छा तैराक भी इसकी लपेट में चकरघिन्नी बन जाए। कगार के खँडहरों में डेरा डाले और आकाश में मँडराते गिद्ध ऐसे हादसों पर पैनी नजर रखते हैं।

मोड़ से लगे-लगे बाएँ निकल जाने में ही भलाई है वरना धारा और हवा के जोर में नाव कगार की ओर खिसककर उससे टकराकर टूट भी सकती है। बगल के खेतों में हिरमाने की तैयार फसल दिखी। अभय उतरकर एक तरबूज मोल और खरबूज भेंट में ले आए। जमकर माना-भोज चला। रेतीला किनारा हरे-पीले धारीदार छिलकों और तरबूज के चमकदार काले बीजों से पट गया।

बगल से चलती हवा बाएँ तट पर ठेलती रही, हम धीरे-धीरे गाजीपुर की ओर बढ़ने लगे। सिर उठाए आती लहरों पर सवारी करते आगे निकल जाते। थके तो

आराम कर लेने के इरादे से रेती पर डोंगी लगा ली। कुछ देर नरम गीली बालू पर टहलते रहे। शोर मचाती सैकड़ों चिड़ियाँ सिर पर मँडराती रहीं। हम उनके एकान्त निवास में अचानक घुस पड़े थे और उस छोटे-से टापू पर कटोरे जैसे चिकने कटे गड्ढों में कहीं एक, कहीं दो या तीन अंडे सेती चिड़ियाँ घबराकर उड़ पड़ीं। सैकड़ों अंडे, चितकबरे, सादे, छोटे-बड़े। अंडों पर खतरे की छाया देखकर चिड़ियाँ और कुछ न कर पाने की मजबूरी में शोर मचाती हुई बार-बार हमारी ओर गोते लगाने लगीं।

गाजीपुर की इमारतें, धुआँ उगलती चिमनी और एक मीनार दिखने लगीं। सामने की कगार से टकराकर वेग से बढ़ती मटमैली फेनिल धारा के पीछे टापू, उसके पार पानी और रेत दिखता। गंगा से मिलती छोटी पतली धारा के संगम से आगे बढ़ते सूरज डूबने लगा। मटियाले पानी पर लाली बिखरते ही प्रवाह गेरुआ दिखने लगा।

अँधेरा घिरने के बाद भी अनुमान से बढ़ते रहे। डाँड़ों की खड़खड़ाहट और उसके पानी में धँसने, आघात करने, उठने की आवाज–'डुडुब-ऽ-डुब-ऽ-छप डुडुब-ऽ-डुब-ऽ-छप' नीरवता भंग करती रही।

निकट दीखती नगर की बत्तियाँ अब भी दूर। धीरे-धीरे रास्ता सिमटता गया। दोनों ओर निपट अन्धकार। उस किनारे कुछ चिनगारियाँ चमकीं, लपट दिखी और फिर धीमे-धीमे चिमटा-थाली-करताल झनझना उठे, भोजपुरी लय में एक कड़ी सन्नाटा फोड़ती उभर चली–'हो-ऽ-ऽ-बचपन में लूटा ऽ- ऽ -ऽ-।'

इन गीतों की बुलन्द आवाज का जादू मुझे पहले-पहल बरसते पानी-सा खींचता है। इन्हें गाने के लिए दिनभर की दमतोड़ मशक्कत, मोटी-मोटी रोटियाँ या भौरी-बाटी और निश्चिन्त स्वच्छन्दता जरूरी हैं। असम धरती, बीहड़ इलाकों, बियाबान जंगलों का वासी ही अपनी समस्त विशिष्टताओं के साथ इन्हें पूरी ठसक से गा सकता है। इनकी लय, अदा और मस्ती कुदरती है। इनका कोई रियाज नहीं होता। गरमी-सर्दी-बरसात, नदी-नाले-जंगल इन्हें सँवारते हैं। थका-हारा मेहनतकश जब भी मस्ती में कुछ गाता है पसीने से उभरे सहज ही फूटे भाव-भरे बोल लोकगीतों को जन्म दे देते हैं—

बचपन में लू ऽ-टा ऽ-जवानी में लू ऽ-ऽ-टा ऽ-।
जवानी में लू ऽ-टा ऽ-बुढ़ापे में लू ऽ-ऽ-टा ऽ-।

क्रमशः उच्च आरोहों पर चढ़ती जादू भरे बोलों की कड़ियाँ दिनभर जालिम रुपइया के चक्कर में माल ढोते, डाँड़ खींचते, मल्लाहों के कंठ से फूटी थीं। ये लोग जन्मते ही बाप की छाया में रुपइया-पैसा के इशारों पर नाचते, बाँहों-डाँड़ों के खेल देखते हैं। बचपना बीतते-बीतते खुद भी पैसे के चक्कर में डाँड़ खींचना, और फिर तो सारी जवानी, सारा बुढ़ापा डाँड़ा-लहरें-हवा-किलवारी-पानी और पैसा। पैसे बिना निस्तार नहीं। पापी पेट की जरूरतें, बचपन की भोली ललक, बहुरिया की

फरमाइशें फिर बाप की जिम्मेदारी। बचपना, बुढ़ापा, जवानी सबको निचोड़-निचोड़कर लूटता है जालिम रुपइया, पापी पैसा। पैसे बिना कुछ नहीं मिलता, बस अपवाद हैं तो राम, जब चाहो जहाँ चाहो पुकार लो, मस्त लहजे में उमग रहे थे–

बचपन में लू-ऽ-टा जवानी में लू-ऽ-टा।
जवानी में लू-ऽ-टा बुढ़ापे में लू-ऽ-टा।

इन्हीं पंक्तियों की बारम्बार पुनरावृत्ति। फिर–

बिना पैसे के राम-राम
पैसे के राम-नाम...।

करताल, थाली और चिमटे के समस्वर के साथ।

बिना पैसे के राम-राम-...।

2

गाजीपुर, गंगा के बाएँ किनारे, कँकरीले कगार पर बसा नगर। यहाँ के नामी उपन्यासकार राही मासूम रजा इस ऊँघते शहर के बारे में कहते हैं–

'अगर अब भी इस किले की पुरानी दीवार पर कोई आ बैठे और अपनी आँखें बन्द कर ले तो उस पार के गाँव, मैदान और खेत घने जंगलों में बदल जाएँ और तपोवन में ऋषियों की कुटिया दिखाई देने लगे और वह देखे कि अयोध्या के दो राजकुमार कन्धे से कमानें लटकाए तपोवन के पवित्र सन्नाटे की रक्षा कर रहे हैं।'

खयाल अच्छा है लेकिन दीवार के नीचे की भीषण गन्दगी और दुर्गन्ध में शायद ही कोई उन पर बैठने की हिम्मत करे और अगर रजा साहब के जादू में बँधकर वहाँ तक पहुँच भी जाए तो निश्चय ही उस माहौल में उसे कमान लटकाए कुमारों की कल्पना करने के लिए पूरे योग-सन्धान की आवश्यकता होगी।

दिन-भर की मेहनत के बाद भूख-प्यास से कुड़बुड़ाते पेट की चिन्ता सताने लगी। शहर सचमुच ऊँघने लगा था। बने-बनाए खाने के जुगाड़ में घाट पर डोंगी लगते ही अभय गलियों में उतर गए। घाट पर हवा खाते सिपाही बताने लगे– 'अफीम कारखाने ने सारा पानी गन्दा कर दिया है। इसका पानी पीकर आस-पास के बन्दर दिन भर पिनक[1] में रहते हैं।'

फिर वो अपने कारनामे सुनाने लगे। अभय लौटे तो अच्छे पानी की तलाश में इस पार निकल आए। अफीमी पानी की दुर्गन्ध से छुट्टी पाई। कभी-कभी पुल से गुजरती सवारियों के धचके[2] से हिलते पीपों की आवाजों के अलावा शान्ति भी मिली।

---

1. अफीम का नशा, 2. धक्के

अँधेरी काली चादर के पार बाएँ कगार पर गाजीपुर के चमकते बल्ब और सामने दूर जमानिया की झिलमिलाती रोशनी दिखती रही। फिर धीरे-धीरे सब लुप्त होने लगा। यहाँ आँखें बन्द करके ध्यान साधने में कोई परेशानी नहीं।

अयोध्या के दो कुमार गंगा तटीय तपोवन की रक्षा करते। दोनों कुमार, अल्पवयी किन्तु सुगढ़, सुन्दर, सौम्य, साहसी, सबल, तेजवान। एक श्याम वर्ण दूसरा गोर। जुगल-जोड़ी। क्षीण कटि, विशाल वक्ष, सबल भुजाएँ, सुन्दर तेजोमयी आँखें। भव्य भाल, दृढ़ ग्रीवा, सुगढ़ स्कन्ध वाले कुमार सजग दृष्टि, हाथों में तीर-कमान लिये चल रहे हैं। दोनों कुमार अयोध्या के रघुकुल-राजा दशरथ के पुत्र। गुरु विश्वामित्र के साथ दैत्यों के दमनार्थ यहाँ आए हैं।

विश्वामित्र की कुल-कथा अत्यन्त रोचक है। किसी समय ब्रह्मा के समान तेजवान राजा कुश ने इस पृथ्वी पर राज किया। उनके चार पुत्र हुए, कुशाम्ब, कुशनाभ, असूर्त-रजस और वसु। प्रत्येक ने एक-एक नगर बसाया, कौशाम्बी, महोदय, धर्मारण्य और गिरिव्रज। कुशनाभ की कन्याएँ वायु के शाप से कुब्जा या कुबड़ी हो गईं। उनकी राजधानी 'कन्याकुब्ज' कहलाई। वही बाद को 'कान्यकुब्ज' और फिर 'कन्नौज' हुआ। कुशनाभ के पुत्र हुए गाधि। उन्हीं राजा गाधि के नाम पर यहाँ गाधिपुर नगर बसा।

अंग्रेज अफसरों का कहना है कि 630 ई. में मलिक-उस-सादात गाजी ने इस नगर पर कब्जा किया और यह पुर गाजीपुर कहलाया। इसी प्रकार जमानिया का उत्स अकबर कालीन जौनपुर के वाली खान-जमान के नाम से जोड़ा गया, लेकिन गाजीपुर शहर के टीलों में दबे सात सौ वर्ष से पहले के पुराने सामान सादात से कहीं पहले से इस नगर की कहानी बताते हैं। इसके दूसरे दो नाम गजपुर और गर्जपतिपुर भी मिलते हैं।

3

ताड़ीघाट के पीपा-पुल के नीचे से बढ़ने पर सामने निर्माणाधीन नए पुल के खम्भे दिखे। एक बड़ा मालवाही स्टीमर खड़ा था। पुल बनाने के बड़े-बड़े उपकरण लगे थे। दाहिने मुड़कर धारा कगार से सटी फिर सीधे उसे तराशती हुई बाएँ घूमी। चढ़ती धारा से दूसरी धारा मिली। फिर पूरब मुड़ी, कगार के ठीक ऊपर सड़क से सटकर तेज हो गई। बीच-बीच में छोटे बालू-द्वीप और ठेठ दाएँ लम्बा दियारा चल पड़े।

महमूदाबाद गाँव आया। गंगा तनिक सा दक्षिण दबकर फिर दक्षिण-पूर्व मुड़ चली। दोनों ओर के लम्बे बलुआ किनारों के बीच ही चौड़ी धारा सुन्दर जल प्रवाह बनाने लगी। तट पर हुड़दंग मचाते ग्रामीण बच्चों की उछल-कूद दिखती।

तटीय रेती पर डोंगी अटाकर उतर पड़े। अभय भोजन के जुगाड़ में लग गए। मुँह-हाथ धोकर और आराम से पानी में पैर लटकाकर डोंगी के किनारे बैठने पर

गाँव की ओर से गंगा की ओर चली आ रही गाती हुई स्त्रियों का समूह दिखा। निकट आने पर गायन के बोल साफ हुए–

सेवा में मरीला तोहार हे गंगा जी...
माँग माँग एनी हो बर कुछु माँग
जे तोरे मन में समाय हे गंगा जी
पढ़ल पंडितवा मैं ससुर माँगीला
मचिया बैठला संग सास हे गंगा जी।
घोड़वा चढ़न के बेटा माँगीला
गोड़वा लागन के पतोह हे गंगा जी!
राम ही चन्द्र अस पुरुष माँगीला...

विविध वय, कद, स्वास्थ्य और रूप-रंग की स्त्रियाँ भाँति-भाँति के सोने-चाँदी के आभूषणों से सजी। हाथों में पूजा सामग्री। साथ एक पंडित, दो-चार ग्रामीण। गंगा मइया से अपनी सेवा की दुहाई दे-देकर वे पढ़ा-लिखा पंडित ससुर, मन-माँगी सास, घोड़े पर चढ़ा पुत्र, पैर दबाकर सेवा करनेवाली बहू और साक्षात् राम जैसा पति पाने के वरदान माँग रही थीं। एक सोहर थमा। लय-ताल बदली। युवतियों ने बड़े मनोयोग से दूसरे गीत का अन्तरा उठाया—

गंगा जी की जय-जय बोलो प्यारी सखियाँ
के चढ़ावे हार-फूल, के चढ़ावे पतियाँ।

गंगा जी पर हार-फल और पतिया निछावर करनेवाली स्त्रियाँ तट पर आकर रुक गईं। साथ लाई पूजा-सामग्री में से जौ का आटा घोलकर गोल पिठार बनाया। गीली रेत पर मिट्टी की गोल वेदी बनाई। उस पर पिठार रखा। फिर ऊपर से शुद्ध घी की पाँच पूड़ियाँ, कच्चा भीगा चना, बतासे और कुछ सिक्के चढ़ाकर हवन शुरू कर दिया। सरसों के तेल से पाँच जगहें बनाईं, उस पर सिन्दूर लगाया। पंडित जी ने देवताओं के नाम पर आहुति डलवानी प्रारम्भ कर दी–

ॐ विष्णु विष्णुः तस्समद्भगवते श्री वासुदेवस्य।

लाल-हरे-पीले लुगे वाली स्त्रियाँ नए सिरे से गाने लगीं। जैसे रुका हुआ ज्वार पुनः उठ चला–

अपने गंगा के मनइबे दिनवा-राती हो
अपने गंगा के मैं पियरी चढ़इबे
पहिरे ली गंगा मइया हुलसे मोरी छाती हो
अपने गंगा के मनइबे दिनवा-राती हो।

तरह-तरह के कर्मकांड और गीत साथ-साथ चलते रहे। कुछ समझ में आया कुछ नहीं। अपनी ही परम्परा से अनभिज्ञ होने पर बड़ा क्षोभ हुआ। यात्रा के उपरान्त

एक-एक बात की सूक्ष्म जानकारी प्राप्त करने का दृढ़ निश्चय किया। पंडित जी ने पूजा का एक सोपान पूरा कराया...'तरणाय च तारणाय अहं संकल्प करिष्ये।'

स्त्रियों का रेला किनारे लगी बड़की नइया की ओर चला। घुटनों तक लुग्गा चढ़ा-चढ़ाकर चाँदी के बिछुए चमकाती, पायल छनछनाती नाव के अगल-बगल घेरा बनाकर खड़ी हो गईं। किसी लुग्गे की किनारी गोटेदार, किसी की सादी। किसी की बिन्दी छोटी, किसी की बड़ी, तिकोनी या गोल, सादी या रंगीन। आँखों में काजल, गलों में सोने या चाँदी की हँसुली, कलाइयों में चाँदी के छल्ले, अँगुली मुँदरी सोहै। कानों में बाले, नाक में छोटी-बड़ी कील। अधरों से उड़ते गीतों के पक्षी।

नौका पूजन हुआ। 'गलही' पर शुद्ध घी की पाँच पूड़ी, चना, बतासा, सिन्दूर आदि से बहुविध पूजन-अर्चन करके पियरी चढ़ाई और मल्लाह को भेंट की। गीली रेत में एक खूँटी गाड़ी। आम की पत्तियाँ बँधी माला का एक सिरा उससे बाँधा और बाकी साथ लेकर सभी स्त्रियाँ गाती हुई नौका पर सवार हो गईं। इतनी सवारियों के एक साथ चढ़ जाने से नौका डगमगाने लगी। धारा में दूर तक लहरियाँ उठीं। मल्लाह ने चार हाथ गहरे में नाव ठेली, फिर कूदकर गलही पर जा चढ़ा। लम्बा बाँस उठाकर लग्गी लगाई। नइया उस पार की सीध में बढ़ चली। ध.रा के आर-पार पहनाने के लिए खूँटी से बाँधकर साथ रखी गई आम के पत्तों की माला धीरे-धीरे धारा में छोड़ी जाने लगी। नाव बढ़ती रही और उसमें सिमटी धरी माला पानी में सरकती गई–

मैं तो आई तेरे द्वार डोरिया चढ़इबै गंगा मइया
घर मोरा दूरी चलत पाँव थाकी...
आई मैं शरण तिहारी...
मोरा करो उद्धार
डोरिया चढ़इबै गंगा मइया।

पार पाते-पाते माला छोटी पड़ गई। अंकमाल पहनाने में सफल नहीं हुए। मान्यता है। लोग गंगा माँ की मनौती मानते हैं–

मइया तू हमके फसल दे हम तोके माला चढ़इबै।
मइया तू हमके लइका दे हम तोके माला चढ़इबै।
मइया तू हमार दुख दूर कर हम तोके माला चढ़इबै।

... ...

काम सध गया। मनचाहा, मनमाँगा मिल गया तो फिर, एक बार गंगा किनारे आते हैं। अपना वादा पूरा करने। कहते हैं, गंगा के लिए अंकमाल अब तक नहीं बना। इसके आर-पार कभी कोई माला पहनाने में सफल नहीं हो पाया, कभी छोटी रह जाती है तो कभी बड़ी। किसी की पकड़ में नहीं आती माँ गंगा। सबका भला साधती हैं लेकिन किसी से भी कुछ स्वीकार नहीं करतीं।

नाव चक्कर लगा के इस पार आ लगी। स्त्रियाँ अपनी-अपनी थाली वगैरह सँभालती उतरने के लिए उतावली हो उठीं। लेकिन नहीं, पंडित जी ने रोक लिया। साँवले स्वस्थ मल्लाह ने मुस्कुराकर कुछ कहा, स्त्रियों में अचानक हँसी की लहर उठ पड़ी। उन्होंने भी कुछ कहा, इस बार मल्लाह खुलकर हँसा। फिर डाँड़ सँभालकर वह नाव को गोल-गोल चकरिया खिलाने लगा। नए उत्साह और मधुर हास्य के साथ नया स्वर चढ़ा—

धीरे-धीरे झिझरी खेलाव रे भइया मलाह!
तोके देबै रुपिया पैसा ओ देबै भौजी क दान

स्त्रियों ने कहा—ऐ भइया मल्लाह! झिझरी खिलाने या नाव को गोल-गोल चक्कर खिलाने की रस्म पूरी करो, हम तुम्हें न केवल रुपिया-पैसा वरन् भाभी भी उपहार में देंगे। कितने सहज रूप में हर वर्ग को आदर और स्नेह के साथ सम्मिलित करने का सुन्दर तादात्म्य बिठाया गया है। घर-परिवार के सदस्यों की तरह सबको हँसी और मौज की छूट—

रुपिया पैसा से खर्चा चलइहा
औ भौजी से घर घरुआर।
धीरे-धीरे झिझरी खेलाव रे भइया मल्लाह।

झिझरी खिलाने की रस्म पूरी होते ही नइया तीरे पर आ लगी। सोहर गाती स्त्रियाँ जल्दी-जल्दी उतरने लगीं। एक चुलबुली युवती जाने क्या बोलकर हड़बड़ाकर हँसती हुई भागी कि अपने साथ दो-तीन और को लेकर पानी में जा पड़ी। सारा समूह किलकारकर हँस पड़ा। शरमाई-सकुची युवती पल्ला निचोड़ती भागकर उनमें मिल गई। हँसती-गाती स्त्रियाँ उत्साह-आह्लाद भरे कदम रखती गाँव की ओर लौट चलीं।

अमोली आँखों और चूड़ियों भरी कलाइयों वाली, ताँबिया माथे पर भारी गोल काली टिकुली लगाए, चाँदी की भारी करधन, पायल, बिछुआ और चमचमाती हँसुली से सज्जित स्वस्थ ऊँची युवती ने लम्बी काली चोटियाँ पीछे फेंक, आँचल सँभालकर गंगा को सम्बोधित करके अत्यन्त मधुर गीत गाना प्रारम्भ किया—

अब ना अइबै ए गंगा! अब न अइबै हो।

दूसरी ललना ने चहककर मुस्कुराते हुए जवाब दिया—

फी-ऽ-र अइबू ए-ऽ-तिरिया! फी-ऽ -र अइबू-ना-ऽ-।

पहली वाली के साथ और भी कइयों ने मिलकर गाया—

अब ना अइबै ए गंगा! अब न अइबै हो।

गंगा की पक्षधर दूसरी के साथ मिलकर औरों ने उत्तर दिया—

गोदिया लै के बलकवा फी-ऽ-र अइबू-ना-ऽ-।

ऐसे ही क्रम में गीत चलता रहा। पूरा समूह दो हिस्सों में बँट गया। एक पार्टी एक पंक्ति गाती, दूसरे गोल की सदस्याएँ समवेत स्वरों में उत्तर देतीं। मधुर बोलों से मोहित हम काव्य-रस में गहरे डूब गए–

अब न अइबै ऐ गंगा! अब न अइबै हो।
सइयाँ लै के ऐ-ऽ-तिरिया! फी-ऽ-र अइबू-ना-ऽ-।
फी-ऽ-र अइबू ऐ-ऽ-तिरिया! फी-ऽ-र अइबू-ना-ऽ-।
... ...
गोदिया लै के होरिलवा फी-ऽ-र अइबू-ना-ऽ-।

गंगा पर आर-पार की माला चढ़ाने के लिए दूर से आई सौभाग्यवती को पैदल चलने में बड़ा कष्ट हुआ लेकिन मनौती पूरी होने पर उसे आना ही पड़ा। यात्रा के कष्ट से दुखी होकर वह कहती है—'ऐ गंगा मइया! इस बार आ गई तो आ गई दुबारा न आऊँगी।' लेकिन गंगा से नाता तोड़ना इतना आसान कहाँ! जन्म से मृत्यु और उसके बाद भी उससे सम्बन्ध नहीं टूटता। गंगा की ओर से दूसरी स्त्रियों ने उत्तर दिया—'ऐ तिरिया! अभी तो तुम्हें यहाँ बार-बार आना पड़ेगा। ब्याह, पुत्र, नाती-पोतों के लिए तुम बार-बार मनौती मानोगी और उसके पूरा हो जाने पर कभी सइयाँ (पति), कभी बालक (पुत्र) तो कभी होरिलवा (पौत्र) को लेकर गंगा तट पर पूजन-अर्चन अंकमाल और मल्लाह भइया से झिझरी खेलाने आना ही पड़ेगा।'

गीतों का लहरा गाँव की ओर निकल गया। सूने गंगा तट पर छूटी रह गईं–सिन्दूर रची रेत, पूड़ियाँ, क्रमश: थिर होती लहरियों जैसे मधुर गीतों के स्वरावर्त और खड़ा रह गया अपनी तरणी सहित लम्बी-लम्बी बलिष्ठ बाँहोंवाला 'भइया-मल्लाह'।

4

एक मील चलकर धारा दक्षिण मुड़ गई। झाड़ू-हँड़िया का मार्का मिलने लगा। स्टीमरों को रास्ता दिखाने के लिए लगाए गए ये निशान न हों तो उनके फँसने में क्या देर लगे! स्टीमर को सही ढंग से चलने के लिए कम से कम छह फीट गहरा पानी चाहिए। इस लिए लम्बे बाँस में हँड़िया पहनाकर या झाड़ू बाँधकर गहरे प्रवाह के साथ-साथ ये निशान लगाए गए हैं। अक्सर झाड़ुओं पर परिन्दों के घोंसले और सलीब की तरह बँधे बाँस भी मिले। ऐसे बाँसों पर बैठे पक्षी दूर से पानी की सतह पर ही बैठे लगते। घंटे भर के अन्दर धुर दक्षिण तक धँसी नदी के किनारे लिफ्ट नहर योजना के पाइप और चमकता टिन शेड दिखने लगा। कँकरीली कगार पर सिर पटकती धारा एक बार फिर पूरब की ओर भागी। कगार के नीचे एक घाट, ऊपर छायादार पेड़ और नीचे सवारियों–गाय-बैल, साइकिलों, घोड़ों और खच्चरों को पार कराती नावें।

यह था 'गहमर घाट'। कगार से निकट ही है गहमर गाँव। गाँव और घाट दोनों निराले। प्राचीन-अर्वाचीन का संगम। घाट पर अपने में सिमटी, कगार की ओट में स्नान-रत लोग। अंग्रेजीदाँ पुष्ट-स्वस्थ लड़के और लचकीली भोजपुरी बोलते गज भर छाती वाले जवान। गाँव में गरीबी से अमीरी, अशिक्षित से अतिशिक्षित, सीमित से असीमित तक के सभी सोपान मौजूद। फौज में तो इस गाँव के जवान से लेकर ब्रिगेडियर तक मिलेंगे। बनाई जाए तो गाँव में ही पूरी बटालियन खड़ी हो जाए। प्रशासनिक सेवा, पुलिस सेवा, देश की उच्चतम सेवाओं में इस गाँव की प्रतिभाएँ मिल जाएँगी। खेती, मजदूरी और मध्यम सेवाएँ तो परम्परागत रूप में हैं ही।

छुट्टियों में महानगरों के पब्लिक स्कूलों में पाश्चात्य वातावरण में पढ़े-पले इस गाँव के बच्चे गाँव की सैर करने आते हैं तो देहाती जमीन से उभरे जवानों के साथ मिलने पर निराला समाँ बँधता है। ग्रामीणों को शहरिया लड़कों की इतनी उछल-कूद और स्वच्छन्दता असंगत लगती है और शहरियों को इनके इतने संकोच और प्रतिबन्ध में संकीर्णता नजर आती है। काश! यह अन्तर दूर हो पाता! कई जगहों से सड़-गल गई हमारी संस्कृति में बदलाव की जरूरत है। लेकिन गाँवों-कस्बों का आदमी उसी से चिपटा है और जब-तब नई चकाचौंध की ओर भागने को उद्यत है। नई चकाचौंध में सब कुछ अपनाया जा सके, ऐसा भी नहीं लेकिन शहरों से आयातित इस सभ्यता का दानव हमारी पीढ़ी को निगलता जा रहा है। हम उनका सब कुछ स्वीकारते जा रहे हैं।

जहाँ पारम्परिक संस्कृति का कट्टरता से पालन हो रहा है, वहाँ सड़े-गले अंशों को भी पूजा जा रहा है, पाश्चात्य सभ्यता के सभी कदम उनके लिए बेढंगे हैं। दूसरी ओर, नगरों में विकास की ओर बढ़ती पीढ़ी अपनी संस्कृति को बिलकुल बेढंगा और बेकार समझकर पश्चिमी-दर्शन को रामबाण समझने की गलती कर रही है।

लोक-परम्परा में गाँव का इतिहास कृष्ण काल तक जाता है। गहमर-गह-मुर, गृहमुर, मुरा का घर या गृह। यहाँ मुरा नामक दैत्य रहता था। कृष्ण और कंस में परस्पर शत्रुता थी। कृष्ण ने कंस और उसके मित्रों का वध किया। मुरा भी कंस का साथी था। कृष्ण ने उसे भी मार गिराया और फिर मुरारी कहलाए।

5

आधे घंटे के सफर के बाद गंगा बाएँ घूमकर कगार बनाने लगी। दाएँ भी कगार की दीवार-सी दिखी। बाएँ दूर मन्दिरों के शीर्ष, मकानों की दीवारें और नावों के काफिले नजर आने लगे। बाढ़ में भरी-चढ़ी धारा का नजारा देखना हो तो मन्दिरों-मकानों के दालान से नजर उठाने पर सामने दोनों के बीच मील भर चौड़ी वेगवान धारा में अथाह-अकूत जल उछलता-उमगता दिखाई देगा।

बाढ़ का समय न हो तो शान्त-श्यामल और कुछ हरापन घोले गंग-धार चुपचाप पसरी मिलेगी। पार दियारे पर रेत के कबूतर अन्धड़ के इशारे पर पर-तौलते मिलेंगे और गाँव के बगल से एक पतली नदी गंगा में गिरती दिखेगी। पता करने पर ज्ञात होगा कि आगे ऊपर चौसा का मैदान है।

अभय के कहने पर डोंगी किनारे के मन्दिर पर लगानी पड़ी। वे उतरकर चावल लाने गए और मैं मन्दिर के बरामदे में गाँव के लड़कों से बातें करने लगा। वे उत्साह से बताने लगे–'कभी यहाँ सामने एक सघन वन में एक ध्यानस्थ तपस्वी के शरीर पर दीमकों ने बाँबी बना ली, बाहर से देखने पर केवल उनकी चमकती आँखें ही दिखतीं। किसी समय राजा ययाति इधर आए तो वन में विचरण करने निकली उनकी पुत्री सुकन्या को बाँबी में दिखते दो चमकदार बिन्दु बहुत आश्चर्यजनक लगे। उसने उत्सुकतावश उनमें तृण से छेदा तो ऋषि का ध्यान टूट गया। वे अत्यन्त क्रुद्ध हुए। उनके कोप से बचने के लिए राजा ने सुकन्या का ब्याह ऋषि से कर दिया। वृद्ध और अन्धे मुनि, सुन्दर अल्पायु सुकन्या। कैसा दुर्योग! देवों के वैद्य अश्विनीकुमार से यह विसंगति न देखी गई। उनके चमत्कार से मुनि के नेत्रों में ज्योति आ गई, मुनि पुनः युवा हो गए। सब सुन्दर हो गया, सुन्दर और युवा मुनि, सुन्दर राजकुमारी सुकन्या।

मुनि विश्वामित्र के यज्ञ में विघ्न डालते राक्षसों का वध करने राम-लक्ष्मण यहीं आए थे। यहाँ तपोवन में मृगों के स्वच्छन्द विचरण, यज्ञ-कुंडों से उठते सुगन्धित धुएँ और मंत्रोच्चार की अटूट ध्वनि जीवन्त रहती। राक्षसों की टोली दशरथ कुमारों के बाणों से छिन्न-भिन्न हो गई। यज्ञ-मंत्र पूर्ववत् चलते रहे।

सशरीर स्वर्ग पहुँचने की इच्छा रखनेवाले राजन वशिष्ठ से निराश होकर इसी आश्रम में विश्वामित्र के पास आए। विश्वामित्र वशिष्ठ से शत्रुभाव रखते थे। जो कार्य वशिष्ठ से नहीं सधे उसे करने से विश्वामित्र कैसे चूकें? यज्ञ-मंत्रोच्चार के बल पर उन्होंने राजन को सशरीर स्वर्ग की ओर भेजा। देवताओं ने ऐसा अनिष्ट होते देख उनको रोकने का प्रयास किया। परिणामतः राजा त्रिशंकु बीच में लटक गए। त्रिशंकु के मुँह से गिरी लार नदी बन गई जिसका नाम रखा गया कर्मनाशा।

यदाकदा इन वनों से व्यापारियों-मुसाफिरों के सार्थवाह[1] गुजरते। आगे बढ़कर कर्मनाशा पार कर इनमें से कुछ गाधिपुर से गंगा के बाएँ बढ़कर काशी जाते और कुछ पश्चिमोत्तर बढ़कर साकेत और तक्षशिला की ओर।

इतने सधे हुए और प्रामाणिक विवरण सुनकर मेरा ध्यान उस लड़के की ओर गया–'आप क्या करते हैं? पढ़ते हैं क्या?'

---

1. व्यापारिक जत्थे का नेतृत्व करनेवाला

'पटना विश्वविद्यालय में पुरातत्त्व का शोध-छात्र हूँ।'

मेरा अन्दाजा सौ फीसदी सही निकला। उससे पूछा–'क्या आपने ये विवरण शोध के आधार पर सुनाए हैं?'

लड़के ने बताया–'पटना में हुए एक सेमिनार में इस क्षेत्र पर लेख पढ़ने के लिए मैंने यह सब मैटीरियल बटोरा था।'

सौभाग्य से मैं सही आदमी से टकराया था। अधिक जानने के लिए उकसाया और वे मंडन मुनि के तोते की तरह धाराप्रवाह सुनाने लगे–

'मौर्य, शुंग और गुप्त आदि अनेकानेक राजाओं के प्रसार-अभियान के लिए शस्त्र सँभाले सैनिक-जत्थे, शान्ति का सन्देश ले जाते बौद्ध, देशी-विदेशी मुसाफिरों और माल लादे व्यापारियों के काफिले इसी रास्ते गुजरते। ह्वेनसांग भी इसी रास्ते टहलता हुआ गुजरा। चौसा को 'चांग-चुंग' कहा।

'काफी समय बीतने पर वनों की कटाई-छँटाई से चौसा ने मैदान का रूप ले लिया। शेरशाह से हारकर हुमायूँ घोड़े सहित बाढ़ की गंगा में कूदा। बढ़ी-चढ़ी गंगा में उसका घोड़ा डूब गया। लेकिन हुमायूँ एक भिश्ती की मशक लेकर दुबारा गंगा में कूदा और दुश्मन के हाथों में आने से बच गया। चौसा की यह जंग मुगल इतिहास की सड़क का काला पत्थर है।'

अभय लौटने पर स्टोव जलाकर खाना बनाने का उपक्रम करते डोंगी खोलने लगे तो उस लड़के ने पूछा–'क्या नाव पर ही भोजन बनेगा?'

अभय बोले–'तब और का होटल धइल हौ गाँव में?'

लड़का हँस दिया। उसके आगे बोलने से पहले ही मैंने बात काट दी–

'और तो सब ठीक है लेकिन हमारे यहाँ करमनाशा अशुद्ध मानी गई है–'

डोंगी बीच धार में आ गई।

'का कहत रहल्या ओसे? करमनासा कै कैसन खिस्सा हौ?' अभय ने पूछा।

'आनन्द रामायण में कहा गया है–इस नदी को छूना तक मना है। उसका इशारा इसी तरफ था। कहीं हम उधर से गुजरते हुए इसका पानी न पी लें।'

यह सुनकर अभय खुंसियाए–'रहब्या जनम भर घोंघै। एतना पढ़ले-लिखले से इहै कुल सिखले हउआ का?'

परम्पराओं में उन्हें तनिक विश्वास नहीं फिर भी समझाने की कोशिश की–'ऐसा करने से सारे पुण्य अथवा कर्म नष्ट हो जाएँगे, सही बात तो नहीं मालूम लेकिन इस नदी का पानी पीने लायक नहीं है। राजदरी के पास तुम भी इसका पानी पीकर देख चुके हो, कितना कसैला है और भोजन के लिए इसमें आग पर चढ़ाए गए पथ्य बीरबल की खिचड़ी बन जाते हैं। हो सकता है लोगों ने इसी वजह से इसके इस्तेमाल पर रोक लगाने के लिए ऐसा कहा हो!'

6

कर्मनाशा पार करते ही दाएँ कगार से बिहार की भूमि शुरू हो गई। दाहिनी तरफ कगार बनाकर गंगा उत्तर-पूर्व चढ़कर लस्त-पस्त सी छितरा गई। सूरज नीचे उतरने लगा। सायेदार माहौल में गहरा-छिछला रास्ता ढूँढ़ना कठिन हो गया। किसी तरह मन्दिरों-मकानों वाले गाँव के नीचे तरतीब से बँधी नावों वाले घाट पर पानी भरते, एड़ी रगड़ते, स्त्री-पुरुषों के बगल से कोरंडा-डीह के विश्रामगृह के नीचे पहुँचे। दूर बक्सर जेल की दीवारें, नगर के आवासों के शीर्ष और बक्सर-उजियार को जोड़ता नौका-पुल आँखों की रेंज में आया। साँझ के धुँधलके में पुल की कतार लहराती नजर आई जैसे धारा पर आरपार एक लम्बा, मोटा, काला लट्ठा तैर रहा हो।

पास-पास बँधी नावों के पुल के नीचे से निकलने की कोशिश में जहाँ भी डोंगी घुमाई गरदन निकल जाती धड़ फँस जाता। आस-पास के लोगों ने हमें इस तरह सिर मारते देखकर बताया कि आधी रात में स्टीमर निकालने के लिए पुल खोला जाता है। फिर भी, हमारी चिन्ता कम न हुई, 'दिन भर के थके-हारे सो गए तो हो गई दो दिन की छुट्टी!'

पहले उजियार घाट की ओर चले फिर वहाँ की गन्दगी मलबे और दलदल से घबराकर बक्सर की ओर बढ़े। धारा पर रोशनीदार लट्टुओं की छाया उतर आई। औरतें आटे की दियलियों में नन्ही-नन्ही बाती जलाकर धारा में बहाने लगीं। आस-मनौतियों से लदे नन्हे जलदीप ठुमक-ठुमककर कुछ दूर बढ़ने के बाद एक-एक कर गोता खा जाते। दाएँ कगार पर ऊँचे टावर की तीखी सर्चलाइटी रोशनी गंगा-ठौर संगम का पता बता रही थी। किस्मत से इधर घाट से सटे पुल के नीचे डोंगी निकालने भर की जगह मिल गई।

राम-लक्ष्मण कभी इस घाट से पार उतरे थे अथवा यहाँ उन्होंने स्नान किया था। इसी कारण इसे रामरेखा घाट नाम मिला। वहाँ दो बला की सुन्दर आदिवासी-बालाओं की साँवली-सलोनी रूप-राशि का प्रभामंडल घेरा डाले नजर आया। उनके खुले-खुले सुगढ़ अंगों के रूप का वशीकरण कुछ ऐसा छाया कि कुछ सुध ही न रही। अचानक कोल से निकलती नाव देखकर जब वे वस्त्र लपेटती किनारे खिसकने लगीं, तो हड़बड़ाहट में सिर और डोंगी ने पुल से करारी ठोकर खाई, आँखों में अँधेरा छा गया और एकबारगी तारे टूटते दिखे। कुछ पल तक अहसास ही खो गया। समझने लायक हुआ तो पाया डोंगी सही-सलामत निकल आई है, युवतियों की सुन्दर आँखें सहानुभूति से भरी हैं और अभय घाट के तखत में डोंगी अटका रहे हैं।

कहा जाता है यहाँ वेदशिरा ऋषि का आश्रम था। तपस्यारत मुनि ईर्ष्या-द्वेष के चंगुल से छूट न पाए थे। एक रात उन्होंने पड़ोसी दुर्वासा ऋषि को डराने के लिए व्याघ्र रूप धर दहाड़ना शुरू किया। दुर्वासा सिद्ध ऋषि थे, छण भर में कपट-लीला

समझ गए। उनका क्रोध सर्वविदित है। वेदशिरा शाप पाकर बाघ बन बहुत समय तक इसी रूप में विचरते इस बला से छुटकारा पाने का उपाय तलाशते रहे। दूसरे मुनियों से उन्हें पता चला कि निकट ही स्थित 'अधसर' में स्नान करके अनचाही मुसीबत से मुक्ति मिल सकती है। उन्होंने ऐसा ही किया और तब से तालाब ब्याघ्रसर कहलाया। कालान्तर में वहाँ बसी बस्ती 'ब्याघ्रसर' व्युत्पत्ति के अनुसार 'बक्सर' कहलाई।

बक्सर की लाजवाब सोन-पापड़ी की दूर-दूर तक धूम मची है। छपरा-आरा, बलिया-गाजीपुर तो निकट हैं, लखनऊ और पटना-कलकत्ता तक के लोग इस पर ललचाते हैं। दूर-दराज से यहाँ आनेवाले वामनाश्रम, सिद्धाश्रम और चरित्रवन के साथ जुड़े धार्मिक आस्था के जादू में बँधकर आते हैं। कहते हैं, गंगा किनारे मिले कुएँ विश्वामित्र के यज्ञ-कुंड हैं। इनसे यज्ञ-सामग्री और जले हुए अन्न प्राप्ति का दावा किया गया है। इसी तरह राम-लक्ष्मण के अध्ययन केन्द्र चरित्रवन स्थित राम-चौंतरा के ऊँचे टीले को बौद्ध-चैत्य का अवशेष तथा बक्सर को बेठ-दीप मानकर इसे प्राचीन चैत्यवन सिद्ध किया जाता है, जो बाद में चरित्रवन हुआ।

हमारे स्टोव का बर्नर खराब हो गया था जिसे बनानेवालों की दुकान की खोज में हम बक्सर की पतली, खस्ताहाल सड़कों पर स्पीड-ब्रेकर्स की भूमिका निभाते घूरों को फलाँगते और गड्ढों के कीचड़ से बचते नगर में उतर गए।

7

लंगर डालकर लेटने का जुगाड़ ही बाँधा था कि किनारे के थिर पानी में आबाद मच्छरों ने हमलावर जेट-विमानों की तरह गोते मारना शुरू कर दिया। यहाँ की मकड़ियाँ भी अजब जीवट वाली निकलीं। घाट के ऊपर से पुल तक उतरने के सीधे ढलान पर उतरती बैलगाड़ी के गंगा में जा गिरने का डर रहता और उससे उत्पन्न आवाज एक बार कुम्भकरण को भी करवट बदलवा देने के लिए काफी होती।

चारों ओर हरहराती हवा। घनी अँधेरी रात में वरुण-देव मुँह बाए दौड़ पड़े। देखते ही देखते हमारी छोटी-सी डोंगी टक्कर मारते क्रुद्ध मेढ़ों जैसी लहरों के भीषण आघातों पर छटपटाने लगी। घबराकर उठ बैठे। किनारों के चिराग गुल मिले। अँधेरा और घना होकर भरमाने लगा। ऐसी विपदा की तनिक भी आशंका न थी। हड़बड़ाकर लंगर उठा लिया। लहरों ने हमें अपने-आप पुल पर पटक दिया। हमने पुल वालों की बड़ी नाव में डोंगी का रस्सा अटकाकर चैन की साँस ली।

आठ-आठ फीट ऊपर तक उछलकर लहरों के साथ पटकी खाती डोंगी में सो सकने का अवसान अब किसमें रहा? टकटकी बाँधे उस विपदा को अन्दाजते हुए लहरों का छीपा खाते रहे। डोंगी उठ-उठकर बड़ी नाव से ठका-ठक्क सिर लड़ाने लगी

और तभी तूफान की हुंकार सुनकर पुल वाले केवट कुड़बुड़ाए। पुल के बड़े-बड़े रस्सों को कसते हुए जो उनकी नजर हमारी डोंगी पर पड़ी तो लगे उलटी-सीधी सुनाने।

आँधी और लहरों की धर-पटक में हम कहाँ जाते? कुछ समझ न आया क्या करें? नाव खोलें तो लहरें लील लेने को मुँह फैलाए तैयार और न खोलने पर केवटों की कटकटाहट। चारों ओर उठती युद्धरत जंगली भैसों की फुफुआहट जैसी लहरों की फनफनाहट और भीतर आते पानी के झोंके विकट असमंजस में झुलाने लगे।

मल्लाहों की धमकियाँ और कड़ी होने लगीं। उनमें से एक क्रोध में किटकिटाकर बोला–'ई सब ठेठै में मनिहन।'

लगा अब कुछ अप्रिय घटनेवाला है।

लहरों के मुक्त नृत्य और भीषण नाद के सामने अपनी लाचारी, अपनी दीनता का रोना रोकर कुछ देर और नाव बँधी रहने देने का अनुरोध करने पर भी केवटों का गुस्सा सातवें आसमान पर ही चढ़ा रहा। हम बिलबिला गए। नाव खोलने का मतलब होता चौदह आना जल-समाधि। यह मुसीबत और हमारा अनाड़ीपना जानने के बाद भी उनका दिल न पसीजा। ऐसे कठकरेजी थे बक्सर के केवट।

बुरी तरह घबरा गया। साथ ही तीव्र आवेश में मन किया उठकर इनका गला दबोच लूँ। तभी उसने फिर एक बार धमकाया–'का ठेठै में मनबा।'

हम भी तमतमाए लेकिन ढेर सो शेर, करते ही क्या। हिम्मत करके डोंगी खोल ली। अभय गुस्से में आपे से बाहर हुए जाते। कुछ कर न सकने की लाचारी में बुरी तरह खिसिया गए। न मिला और कुछ तो कमजोर औरत की तरह उन्हें जी भरकर कोसने लगे लेकिन हमारे सुवचन मल्लाहों तक पहुँच न सके।

खुले बवंडर में आते-आते शायद माँ गंगा को हम पर दया आ गई अथवा उन्हें मेरी गंगा-भक्त नानी का आशीष याद आ गया–'गंगा माई सब पार लगइहैं।' और जंगली लहरें धीरे-धीरे अनुशासनबद्ध सिपाहियों की तरह खुली-चाल में कवायद करने लगीं।

देर तक अभय से चर्चा चलती रही। कैसा बेवकूफ जो केवटों से याचना करने लगा, कहा गया है–'केवट कुटिल महा जग माँही, माँगै भिक्षा पावै लाठी।'

8

भोर ने दिन के मृदुल कथानक की भूमिका बाँधी। पुल पर हलकी आवाजाही और घाटों पर प्रातः स्नान की तैयारी, किनारे खड़ा स्टीमर दिखने लगा। अभय बेसुध सोते रहे। लंगर खींचकर चप्पू सँभाल लिये। भारी-पपोटों और अलसाई काया के बन्द खोलते, अलस हाथ खींचते, धीरे-धीरे सरक चले।

लगभग तैयार पक्के पुल से पार होते ही धारा दाएँ दबकर कगार से सट गई। बाएँ, छिछले पानी का उजला-चमकीला चौड़ा विस्तार झलकने लगा। अभय करवट बदलकर उठ बैठे। बक्सर पीछे छूट गया। पुल लकीर की माफिक पतला पड़ गया। चलते हुए दो घंटे निकल गए। सिलेटी दियरे से डोंगी सटा दी।

नरम बालू पर टहलते हुए दिखे छोटे-छोटे कुछ सूखे और कुछ नम गड्ढे। सतह पर कहीं बैंजनी कणों की लकीर, कहीं चाँदी-चूरे का बाहुल्य और कहीं पचड़ेदार मिट्टी की फूटती पपड़ी। टीं-टीं करती टिटिहरी मेरा आभास पाकर भागी, उसके चितकबरे अंडे कटोरे जैसे गड्ढे में पड़े रह गए। किनारे के कछुए आहिस्ते से पानी में सरक गए। तपस्यारत बगुला-भगत चौंककर उड़े। किनारों पर छूटे पानी की नन्ही मछलियों में भगदड़ मच गई, पानी गँदला हो उठा और सबकी सब उसी में कहीं गुम हो गईं। बिलों से झाँकते कीड़े झट भीतर ढुक गए और घोंघों ने मूड़ी अपने खोलों में खींच ली। चारों ओर खामोश हड़बड़ी मच गई।

पंजों की ठोकर से एक हड्डी पानी में जा पड़ी। बालू पर अपना नाम लिखा। एक छोटा ढूहा वजन पाकर धसक गया? मैं भौचक्का-सा बालू में लिथड़ गया, सामने पड़ी मानव-मूड़ी के खाली कोटर इस दुर्गति पर मुँह फैलाकर हँसते जान पड़े। इधर-उधर देखकर बालू झाड़ी, आरीआर[1] चरण पखारती लहरों पर खीझ उतारते चक्कर मारकर लौटने पर दस्तरख्वान बिछा मिला। अभय ने एक प्लेट में आलू की भुजिया और दूसरी में सोन-पापड़ी सजा रखी थी, चाय गरमा-गरम।

उत्तरी दियारा छूती गंगा जैसे ही पूरब घूमी, बाएँ से आती छिछली धारा मुख्य धारा से मिल गई और तभी डगमग करती एक बड़ी नाव आगे आती दिखी। अब तक इधर की नदियों में ऐसी नाव न देखी थी। खड़े ढोल को खड़ा आधा काटकर बनाई गई नाव जैसी। किलवारी पर एक काला भुजंग मुस्तैद और दूसरा आगे-पीछे कदम बदलता झूम-झूमकर अकेला ही भारी डाँड़ से जूझता रहा। उलटी धार में चढ़ती मछली जैसी फड़फड़ाती नाव दाएँ-बाएँ थूथुन हिलाती बढ़ती रही।

मेरी-उसकी अनकही होड़ लग गई। हाथ तेजी पकड़ गए। काला ऊँचा घाटिया कुत्ता किनारे-किनारे साथ लग गया। उजियार में बड़ा हल्ला सुना था, इस दियरे पर घड़ियाल रेंगते हैं, उनकी तलाश में नजर फेंकता रहा। कगार बनाती हुई नदी फिर दो लम्बे दियरों के बीच तिरछी दीख पड़ी। पानी थिर गया, धारा हलकी और गँदली हो गई। जगह-जगह खरपतवार का जमाव या छोटी भवरें नजर आने लगीं।

ढोलकिया नाव ओझल हो गई। धारा बढ़ी और दाएँ कगार छोड़ती बाएँ दियरे पर घाट की झोंपड़ी तक चढ़ गई। पार लौटती नइया की प्रतीक्षा में सिर पर तौलिया-गमछा डाले उकड़ूँ बैठे दो-चार पथिक दिखे। हवा का अता-पता नहीं, चिलचिलाती

1. किनारे-किनारे

धूप। जैसे रह-रहकर बदन पर चींटियाँ काट रही हों। माथे से टपका पसीना मुँह खारा करने लगा तो बाँह से पोंछने को झपाटा मारा और इस चक्कर में भवों का पसीना आँखों में घुसकर कड़ुवाने लगा।

बढ़ने की तैयारी तक ढोलकिया नाव थूथुन हिलाती फिर पास आ गई। अभी तक उसने हार न मानी थी। मुस्तकिल रफ्तार से चलती चली आई। भुजंग अब डाँड़े पर आ गया और पहले वाला माँझी किलवारी पर बाँह लपेटे तम्बाकू पीटने लगा। भुजंग सिर पर गमछा कसे था और उसका नंगा काला बदन पसीने से भीगकर काले पॉलिशदार बर्तन जैसा चमक रहा था। एक-एक पेशी अलग-अलग। हर बार कदम बदलते और हाथ खींचते, भरे-भरे वक्ष की मांसल गोलाइयाँ, आड़ी-तिरछी रेखाओं से बँटी सुदर्शनीय कटि-प्रदेश और भुजाओं-जंघाओं की मछलियाँ तड़फड़ाकर बाहर भागने को छटकतीं और फिर जहाँ की तहाँ बैठ जातीं।

डोंगी बीच धारा में आ गई। बैरिया गाँव के नीचे की कगारी-दीवार खड़ी होकर पूरब दिशा में घूमती एक हलका चाप बनाने लगी। मोड़ पर तमाम मटियाले ढूहे और कट-फटकर कई रास्तों से बढ़ती धारा नजर आने लगी। कहते हैं, सरयू पहले यहीं गंगा से मिलती थी।

हवा अब अजब रुख अपनाने लगी। पूरब जाना होता तो पुरवइया चलती, लहरें दीवारें बन जातीं। जिधर भी घूमते हवा उलटी होकर अड़ जाती। पूरब-पश्चिम-उत्तर-दक्षिण से आती। कभी साथ भी देती तो पाल चढ़ाने तक दिशा बदल देती। इन पँचमेल हवाओं का आना शायद हमें चिढ़ाने के लिए ही हुआ। आजिज आकर पाल का खयाल ही छोड़ दिया। चप्पू के सहारे चलते रहे। गनीमत इतनी कि हवाओं के साथ आए बादलों ने हमारे ऊपर एक विशाल छतरी तान दी।

नक्शों पर से विश्वास उठ चुका था क्योंकि गंगा ने कई जगह धारा की जगह दियारा पाटा था और कई जगह अरसे से चले आ रहे दियरों के बीच रास्ता फोड़ा था। कभी तो ठेठ भोजपुर नगर तक सरयू का मटमैला पानी ले जाकर उसे धन और समृद्धि से भर दिया था और आज रूठकर दूर से ही सारी श्री बहा ले जाती है। प्राचीन नगर के खँडहर अपने अतीत की बुलन्दी के ख्वाब देखते रह जाते हैं।

गंगा पूर्वोत्तर उठती, तराशी हुई कगारी दीवार का सुन्दर चाप बनाती घूम गई। कुछ देर यूँ ही बढ़ी और फिर सामने चौड़ा छिछला पाट छोड़ती एकाएक दाएँ मुड़कर लगभग पचास गज में सिमटती, हरहराती दो ऊँची बलुआ सतहों के बीच से गुजरकर पूर्वी कगार से टकरा गई। हमने यहीं रेते पर डेरा डाला। अब तक के प्रवाहपथ में यह पहली जगह मिली जहाँ इतने सँकरे रास्ते से गंगा का इतना पानी निकल रहा हो।

खाना बनाने के जुगाड़ में लग गए। अभय ने बाँस में पाल फँसाकर हवा की ओट ले ली और वहाँ स्टोव जलाकर खिचड़ी चढ़ा दी। मैं रगड़-रगड़कर हाथ-मुँह

का पसीना छुड़ाने लगा। हाथ कस के रगड़ खाते तो मैल के साथ-साथ त्वचा की महीन परतें भी छूट जातीं।

सिलेटी रेती पर मानव-कपाल, अस्थियाँ, सीप और अन्यान्य सामग्री बिखरी थी। अभय ने कुछ देर की खोज के बाद एक साबुत खोपड़ी ढूँढ़ी। बालू में बाँस गाड़कर खोपड़ी उसमें पहना दी और खुद उसके सामने तांत्रिक-मुद्रा में जम गए। कहते–'एके गेस्टरूम में लगावल जाई, एकरे कोटर और दाँतन में छोट-छोट बलब फी-ऽ-ट करवाइब। कौनौ सरवा मेहमान आई त रात के स्वीच ऑन कै दिहल जाई। दँत-निपोरा परेत देखिहन तब्बै न पता लागी कैसन होली मेहमानी।'

लहरों की उठा-पटक में पानी में उठा खूब ढेर सा फेना किनारे पर इकट्ठा होकर साँझ के झुटपुटे में लिजलिज करता मछली के गलफड़े-सा फड़कता। उजियार से चला स्टीमर अचानक सायरन बजाता धारा के मोड़ पर प्रकट हुआ। उसकी गोल-काली और ऊँची चिमनी भकाभक धुआँ उगल रही थी। पीछे लगी चरखी के पानी में डूबे बड़े-बड़े लोहे के तवे घूम-घूमकर पानी पलटते चले गए। पूर्वी कगार के पास पहुँचते ही लम्बा-चौड़ा स्टीमर ठीक नब्बे डिग्री का कोण बनाता बड़ी सफाई से उत्तर घूमकर गुम हो गया और पीछे छोड़ गया पानी पर अपनी लीक, धुएँ की काली लकीर और मथे हुए पानी में उठी तरंगें।

9

भोर से ही गंगा-भक्त श्लोक बुदबुदाते डुबकी मारने लगे। धुँधलका पश्चिम खिसकने लगा। हलकी ठंडी हवा सुरसुराती रही। रात तिरपालों पर पड़े पाले की पनियाली लकीरें फिसलने लगीं। ललाट पर चन्दन लगाए एक भक्त आँखें मूँदे बड़े मनोयोग से प्रार्थना करने लगा–'स्मृतिं माता पुंसामकृत सुकृतानामायि व या...'

'जग-जननी गंगे, तुम्हारे स्मरण मात्र से पापियों के अन्तःकरण के पाप इस प्रकार नष्ट हो जाते हैं जैसे चन्द्रमा की किरणों से अन्धकार नष्ट हो जाता है। समस्त देवता भी जिस पवित्र जल का सेवन करते हैं, तुम्हारी ऐसी जलमयी मूर्ति अन्तःकरण को दग्ध करनेवाले तीनों तापों को दूर करनेवाली है। कानों को सुख देनेवाले तुम्हारे नाम के स्मरण मात्र से ही अन्तःकरण में तत्काल शान्ति मिलती है। गंगा-स्मरण, गंगा-स्नान आदि से वह विष्णुपद सहज ही प्राप्त हो जाता है जिसे वर्षों की कठोर साधना एवं तपस्या से भी प्राप्त करना कठिन है।'

लंगर उठाते बदन में चनक उठी और अँगुलियों की जकड़न ने डाँड़ पकड़ने में आलस बरता। किसी तरह लचर-पचर चल पड़े। नीचे उतरे और उत्तर चढ़ गए। बदन टीसने लगा और मन किया डाँड़ फेंककर भाग चलें। चलते समय लोगों से अपने लिए कहे गए प्रशंसा भरे वाक्य शूल-सा कोंचने लगे–

'इनसे मिलिए। ये हैं...। बड़े ही जीवट वाले, मजबूत और दृढ़ आदमी हैं। बड़े ही 'रफ एंड टफ'।'

'हूँ-ऽ-। बड़े आए 'रफ एंड टफ'। कहाँ के मजबूत और कैसी दृढ़ता? यहाँ तो हालत पतली है।' आत्मविवेचना में पैठता चला गया–'न बहादुर, न रफ न...। जैसा कि निकट मित्र कहते हैं जिद्दी या सनकी हूँ। एक इरादा बाँधकर उसी पर खींचते जाना। फिर चाहे उतनी सामर्थ्य हो या नहीं। सनक सब पर हावी होकर जबरदस्त ताकत देने लगती है। इस तरह धीरे-धीरे मंजिल पा ली तो लोग जाने क्या-क्या कहने लगते हैं। सचमुच का बहादुर तो चेहरे पर शिकन लाए बिना ही मंजिल पीट लेता है, मेरी तरह घिसट-घिसटकर नहीं।'

कगार तक पहुँचते-पहुँचते स्टीमरों की कतारें दिखने लगीं। उलटी हवा के खिलाफ बाँहों की तौल पर डाँड़े धँसते रहे। दो घंटे की मेहनत ने जकड़े अंगों की कसावट उतारकर यन्त्रवत् चलने की कूवत ला दी। दाह-संस्कार के बाद गंगा में प्रवाहित बाँस-खपचियाँ, गद्दे-तकिया आदि लहरों पर पटकी खाते रहे। रह-रहकर लहरों के छीपे अभय के चेहरे पर पड़ने लगे तो उन्होंने सीधे ट्रांजिस्टर पर हाथ मारा– 'नदिया चले–चले रे धारा–' जैसे रेडियोवालों ने हमारे लिए ही लगाया हो।

अभय ने लेटे-लेटे बर्तन खँगाले और डोंगी थमते ही दलिया चढ़ा दी। सामने धारा दो हिस्सों में बँटकर एक बालुका द्वीप को घेरती निकल गई। दोनों धाराओं के मेल पर, लम्बी, छोटी, मँझली नावों की कतारें। उनके मस्तूलों पर फड़फड़ाती लाल-हरी झंडियाँ। बड़ी नावों से उतरा ऊँटों का समूह कतार बाँधे दियरे पर बढ़ा। नावों पर खच्चर और गाय-गोरू लदने लगे। लाल गमछों में चेहरा छुपाए मुसाफिर भी चढ़ गए। केवट चिल्ला-चिल्लाकर उतराई उगाहने लगे। लट्ठबन्द कारिन्दों से घिरा पान चबाता घाट का ठेकेदार बँगले की छाया में बैठा हुकुम चलाता रहा।

धारा एक बड़ा मेहराब बनाकर घूम गई। किले की गोल दीवार जैसे कगार के साथ-साथ चलने लगी। हवा हलकी पड़ी। सूरज उतरने लगा। लहरों का अन्तिम हलका कम्पन भला लगने लगा। शान्त धारा में धीवरों ने अन्तिम जाल डाले। खाली डिब्बों और सूखी लौकी या कोंहड़ों से बँधी कँटिया धारा में दूर तक फैला दी फिर एक-एक काँटे में चारा फँसाते चले गए।

10

लहरों की छीपाछापी में अगले किनारे की ओर बढ़ लिए। हवा के झोंकों से उठती, लपटों जैसी लपलपाती लहरें झूम-झूमकर डोंगी पर टूटने लगीं। उनके भयानक आरोहों में पटकी खाती डोंगी में ढेरों पानी घुस आने का डर। सीधी चढ़ने के बजाय

डोंगी के तनिक तिरछी होते ही दोनों ओर की छह-छह फीट ऊँची लहरों में डूबते देर न लगती। एक लहर आने और एक जाने के बीच झटपट तीन-चार फीट तिरछे बढ़कर डोंगी सीधी कर लेते। पार जाने में आधा घंटा लगा। बाँहें भर गईं। सारा सामान भीग गया। अभय को राशन लेने भेजा और खुद नाव में से पानी उलीचने में जुट गए। जितना पानी निकालते उतना ही भीतर आ जाता। हारकर कगार पर बैठ गए।

हवा के जोर से लहरें कगार खोदने लगीं। नीचे की मिट्‌टी कटने लगी और ऊपर से बड़े-बड़े ढूहे धसकने लगे। घबराया कि कहीं कोई ढूहा डोंगी पर ही न भहरा जाए। अभय के लौटने का रास्ता देखते वे कुछ पल क्या बीते क्षण-क्षण में जान रहे और जाए। उधर हुंकारती हुई लहर कगार से टकराए, इधर कलेजा हक्क रह जाए। अभय के आते ही गोनारी सँभालकर उन्हें आगाह किया–'कगार तीस-चालीस फीट ऊँची है, कम से कम इससे सौ फीट दूर ही रहना।'

अन्धड़ के आक्रामक झकोरों से कदम-कदम जूझते रहे। घुटनों के नीचे तक पूरा पैर जवासों[1] से छिद गया। उससे जान छूटी तो झाड़ियाँ आ गईं, बार-बार फँसकर चित गिरा, चेहरा, हाथ-पैर सब कीचड़ में लपेट उठे। ऊपर-नीचे उतरने के चक्कर में कई बार रस्सियाँ मोड़ों पर अटक गईं।

आसमान से गिर कर खजूर में अटके। कगार छूटा तो बलुआ किनारा आया। पानी बहुत उथला मिला, मजबूरन गोन खींचना पड़ा। फिर नीचे गड्ढे मिलने लगे तो साँसत हो गई। पता भी न लगता कब गड्ढा आ गया और फचाक से सीने बराबर गहराई में चले जाते, गोनारी छटककर अलग गिरती, नाक-मुँह में पानी भर जाता, डोंगी बालू पर अटी मिलती। फटर-फटर करते बाहर आते, डोंगी ढकेलकर गहरे में पहुँचाते और फिर से खींचमखींच। पानी में नीचे पड़े काँटे तलुए में धँस गए, उन्हें निकालकर आगे चले तो तीखी हड्डियों ने घावकर दिए। ऐसे में सचमुच पागल बनना पड़ता है। एक ही धुन–हवा चले, लहरें उठें, सब अपना-अपना करें, मुझे अपना करना है। थोड़ा ही सही, चलते जाने से रास्ता तो कटता ही है।

तीसरे पहर हवा रुकने पर डोंगी में बैठा। अब गरमी और उमस में पसीने ने त्रस्त कर डाला। आँखों में आता पसीना पोंछने को हाथ बढ़ाया तो डाँड़े फिसल गए, सँभालने लपका तो आँखें कड़वा गईं, मुँह खारा। तभी धुआँ उड़ाते आते स्टीमर की ऊँची काली चिमनी दिखने लगी तो अनजाने ही हाथ तेज हो गए। जैसे स्टीमर को पछाड़ ही देता। दस मिनट में स्टीमर साफ दिखने लगा और देखते ही देखते निकट से गुजरा। सवारियाँ देर तक हमारी ओर हाथ हिलाती रहीं और उसके गुजरने से उठी तरंगों पर डोंगी धीमे-धीमे लहराती रही।

---

1. नदी किनारे की काँटेदार घास

इस रेस के चक्कर में लम्बा रास्ता कट गया। नदी, नावों और कगार पर बसे गाँव के समीकरण से अत्यन्त आकर्षक दृश्य सामने आया। बीच-बीच से फटे बलुआ फैलाव में धारा शाखाओं-प्रशाखाओं में बँटकर उन्हें पिरोती गई, पानी में पड़ती गुलाबी बादलों की छाया ने अजब छटा बिखेरी। किनारों से ऊपर धुँधलके के साए में डूबे खामोश मकान और कोलों के उथले पानी में खड़े लंगर डाले विभिन्न आकार-प्रकार वाली नावों के बेड़े को देखकर लगा बहुत दिनों की लम्बी यात्रा के बाद दूर देश के किसी अनजाने बन्दरगाह में पहुँच रहे हैं।

11

अटूट बल और धैर्य का परिचय देते, उजान यात्रा पर निकले गोन लगाते मल्लाह दृढ़ कदमों से जमीन गूँधते बढ़े जा रहे थे। गोन लगाने की परम्परा की प्राचीनता का अनुमान लगाना कठिन है, लेकिन दो हजार बरस से भी पहले कौटिल्य ने अर्थशास्त्र में 'गुनरखे' का उल्लेख किया है। उस समय बड़ी नदियों में निर्यातकों, खेनेवाले या दानग्राहकों, गुनरखों या रश्मिग्राहकों और पानी उलीचनेवाले या उत्सेचकों[1] की टोली द्वारा एक शासक के नेतृत्व में बड़ी-बड़ी नावें चलवाई जाती थीं।

घाघरा और गंगा के संगम तक पहुँच जाने की आशा से उत्साह दूना हो गया। पास आने पर हमें देखकर मल्लाह और किनारे से गुजरनेवाले चौंक जाते। उनमें से कुछ ने रुककर हमें पुकारा–'दर्शन दइले जावा बाबा। खाए बदे तर-तरकरियौ मिलि जाई।' जोगिया बनियाइनों को देखकर वे हमें साधु-संन्यासी समझते।

सदियों से साधु-संन्यासी गोमुख से गंगासागर और सागर से हिमालय में गोमुख तक गंगा के किनारे-किनारे पदयात्रा और नौकायात्रा करते रहे हैं। इसमें उनका छह-छह वर्ष तक का समय लग जाता है। हमारा ज्ञान इस परम्परा को आज से लगभग तीन हजार वर्ष पीछे ले जाता है। इक्के-दुक्के यायावर-संन्यासी गेरुआ वस्त्र धारण किए, हाथों में कमंडल और जम्बू वृक्ष की शाखा लिये 'चरैवेति-चरैवेति' का जाप करते गंगा तट पर डेरा डालते इस मार्ग पर चलने का तप आज तक साधते हैं। मान्यता है कि तीर्थयात्रा का फल पदयात्री को ही मिलता है, नौकायात्रा की भी छूट है, इसलिए अक्सर हरिद्वार, प्रयाग या वाराणसी से साधु-संन्यासी नाव द्वारा गंगा-यात्रा पर निकल पड़ते हैं और विभिन्न तीर्थों का सेवन करते हुए इधर से गुजरते हैं। हमें भी ऐसा ही कोई साधु-संन्यासी समझा गया।

1. पानी निकालनेवाले

बाएँ दियारे पर दो हरिण विचरते दिखे। पास से देखने के लालच में डोंगी किनारे लगाई तो हम पर नजर पड़ते ही छलाँगें मारते दूर निकल गए। गंगा-घाघरा का संगम कुछ सौ मीटर ही रह गया। लोगों ने आगाह किया था—वहाँ बड़ी-बड़ी भँवरें हैं, बहाव ऐसा कि खिलाड़ी मल्लाह भी डिग जाएँ।

पल-पल में फासला घटता गया। भयजनित दुविधा का रस भी अनोखा है। थोड़ा सा भय और सन्देह भी हो तो यात्रा का मजा दूना हो जाता है। सहमते-सहमते मिली जीत और एक झटके की जीत में बड़ा अन्तर है। थोड़ी सी भय की चटनी बिना सैर का स्वाद फीका ही रहता है।

घाघरा-सोन-सदानीरा संग

1

घाघरा का घरघराता मटमैला प्रवाह घूर्णित वलयों का समूह लिये गंगा की शान्त श्यामल निर्मल धारा पर टूट पड़ा। मटमैले आवरण से ढकी गंगा लुढ़कती चली गई। संगम पर आते ही डोंगी झटके से भागी। भँवरों में चक्कर खाती प्रवाह के साथ थिरती, चकराती, फिसलती। घाघरा क्या आई भौगोलिक-राजनीतिक सीमा के साथ गंगा का रूप भी बदल गया। धारा बदली, वनस्पतियाँ बदलीं, पाट चौड़ा, बोली का लहजा भी बदला। पहली बार तट पर ताड़ के हरियाले गाछ दिखे, सरयू के मुहाने पर बहुत सी बड़ी-बड़ी नावें। भारी-भारी पाल लगाए, एक साथ आधा दर्जन डाँड़ खींचते, घाघरा की उलटी धारा काटते, जूझते मल्लाहों का श्रम देख चकित रह गया।

चिरान्ध-घाट पर स्टीमर और ट्रक खड़े दिखे, कोयले का व्यापार गरम था। यहाँ मिलनेवाले टूटे-फूटे बर्तनों आदि को देखकर पुराविदों ने प्राचीन संस्कृति का ज्ञान पाने के लिए खुदाई कराई तो पता चला कि यहाँ चार हजार साल से भी पहले के खेतिहरों ने अपनी बसावट बसाई थी। वे पत्थर और हड्डी से कुल्हाड़ी, तीर, सुइयों जैसे अपने काम के उपकरण बनाते थे।

इधर चिरान्ध पार हुआ और उधर मनमोहक इन्द्रधनुष सँभाले सोनभद्र बढ़ आया। बड़ी-बड़ी रंग-बिरंगी पालों वाली नावें गगन में चढ़ी पतंगों जैसी तनी चली आतीं। मटियाले पानी पर तेजी से तिरती आती नौकाएँ, सोन की सुनहली धारा, बादलों भरे नीले आसमान और हरियाले ताड़-कुंजों ने मोहक परालोक में पहुँचा दिया।

घाट पर डोंगी किनारे लगाकर स्टीमर के खम्भे से बाँध दी और जल्दी से स्टीमर पर चढ़ गए। स्टीमरवालों को अपनी पड़ी थी और मुझे अपनी। पूछा–'स्टीमर पर लदा अनाज कहाँ जा रहा है? इस पर कितना माल आ जाता है? कितने हॉर्स पावर का इंजिन है और किस रफ्तार से चलता है?'

उन्होंने सवाल किए–'कहाँ से आते हो? कहाँ...'

'अकेले तुम्हीं डाँड़ खींचते हो?'

'नहीं? तुम्हारा साथी भी चलाता होगा?'

थोड़ी ही देर में अनुकूल हवा चलने लगी। इधर गरारी पर पूरी रस्सी खिंच भी न पाई कि डोंगी छटपटाकर भागी। पाल हवा से भरकर फूल गया और किलवारी वजनी पड़ गई। ऊपर चढ़ती बड़ी नावों के पसीना बहाते केवट हमें देखते रह गए। तीर-सी तेज हमारी तरणी तिरती-फिसलती चली गई। आगे-आगे जा रही बहुत सी नावों में से काली नाव पीछे कट गई, दो नावों के बीच से निकले, पीला पाल चरका खा गया, सतरंगा पीछा करके हारा, धारीदार पाल वाला नाविक मुस्कुराता रहा। फटहे पाल के मालिक ने हमारी ओर देखने के फेर में गलती कर गए लड़के को गाली देकर फटकारा—'ऐसनै रसरी खिंचबा। बहिन...।' उसका पाल पानी में जा पड़ा।

तीन पालों वाली बड़ी नाव आँधी जैसी बगल से गुजर गई।

'अभय! जरा यह चादर तानकर खड़े हो जाओ तो अभी लिये लेते हैं।'

अभय ने वैसा ही किया। डोंगी और तेजी से भागने लगी।

'देखा कैसी तेज हो गई! अभी धरे लेते हैं करिक्की को।'

उस नाव के बूढ़े मुखिया ने कुछ रस्सियाँ कसवाईं, कुछ ढीली करा दीं। उनकी नइया देखते ही देखते सोन की सुनहरी धारा में धँसती चली गई।

2

मल्लाहों के डेरे की ओर बढ़ते ही अभय ने टोका—'नइया रेता पर चढ़वाय दा तब कहीं जावै के सोचत जा। अकेल्ले हमरे मान के ना हौ।'

दोनों ने मिलकर तीन-चौथाई डोंगी रेत पर खींच दी। अभय ने गीली बालू में बाँस गाड़कर उस पर रास्ते से लाई खोपड़ी पहिना दी। स्टोव में तेल डालते हुए पूछा—'का बनावल जाय भाय?'

'जो मन करे बनाओ। है ही क्या जो पूछ रहे हो?'

'नहीं! हम तो हई हुकुम के गुलाम! जैसन हुकुम होई सरकारी वैसनै बनी तरकारी।' वे मौज में सिर हिलाने लगे।

'पराँठा-सब्जी बन जाए।'

अभय सोचकर बोले—'तेल के बनी।'

संगम पर खड़ी बहुत-सी नावों पर मजदूरों का भारी जमाव। किनारे की नावों में खाना बनाने के लिए जलाई गई आग की रोशनी में चेहरे दमक उठते। ये बालू भरने का धन्धा करते हैं। सोन का बालू दूर-दूर तक के मकान बनानेवालों को बहुत पसन्द है। नाव या ट्रक से बालू पहुँचाना यहाँ का मुख्य व्यापार है। गहरे पानी में लगी नाव पर जोड़े-जोड़े में मजदूर बालू भरते हैं। एक के हाथ में बाल्टी-बँधी बल्ली और दूसरे के हाथ में खाली बाँस होता है। पहला बाल्टी मपें बाँस फँसाकर उसे पानी में डुबाता और दूसरा जोर लगाकर बालू में धँसाकर बाँस हटा लेता है। अब पहला

बाल्टी खींचता है। तीन-चौथाई बाल्टी सुनहरी बालू से भरी निकलती है। एक बाल्टी में थोड़ी-सी बालू आती है लेकिन बूँद-बूँदकर भरे समुन्दर। भरी नावें इधर चिरान्ध, दिघवारा और पहलेजा घाट और उधर 'डेहरी-ऑन-सोन' की ओर रवाना।

'डेहरी' का अर्थ है ठिकाना और 'सोन' नद का नाम है। बीच में अंग्रेजी-हिन्दी के माध्यम से क्या मेल कराया गया है-'सोन पर ठिकाना'।

बाँस-बल्ली के खेल में खोए मुझ अजनबी को देखकर कुछ लड़कों ने मेरे वहाँ आने का प्रयोजन जानने के लिए सवाल करने शुरू कर दिए।

'... ... ...'

'दिल्ली से नाव से आते हैं, कलकत्ता जाएँगे।'

उनके मुँह अचरज से खुले रह गए-'नहीं?'

'नहीं क्या मैं झूठ कह रहा हूँ?'

एक लड़का नपी-तुली काव्यात्मक शैली में बोलने लगा-'बड़ा आनन्द रहता होगा। सुनहली सुबह, गुलाबी संझा और चाँदनी में नहाई नदी के खूबसूरत कटावों के बीच लम्बे अन्तहीन रास्ते पर छोटी-सी नाव में नौका विहार।'

चौंककर उधर घूमा-'आप कविता लिखते हैं क्या?'

वह मुस्कुराने लगा-'कभी-कभी लिख लेता हूँ।'

'थोड़ी कसर रह गई दोस्त!' वह मेरी ओर देखने लगा।

'नाव-नदी, सुबह-शाम और चाँदनी के साथ प्रेयसी बिना कैसा विहार!'

'बड़े रसिया लगते हैं गुरू-ऽ-जी। कहिए तो व्यवस्था की जाए।'

वे मजाक पर उतर आए। कवि महोदय ने बीच-बचाव के लहजे में बात घुमा दी-'देखिए अतिथि से अधिक मजाक ठीक नहीं।'

कुछ पलों तक सब मौन रहे, फिर एक लड़का जैसे सोते से जाग पड़ा-'आपका नाम क्या है?...घर कहाँ है?...गाँव चलिए। भोजन-पानी होगा और बातें भी।'

रास्ते में लड़कों का परिचय मिला। एक-दो के अलावा सभी गाँव से दूर पटना, राँची, बनारस, इलाहाबाद, लखनऊ, दिल्ली और कलकत्ता जैसे शहरों में पढ़ते हैं। छुट्टियों पर घर आने पर मिले तो शाम को नदी किनारे की सैर के लिए निकल पड़े।

'देखा गुरू! कहीं जाए के जरूरत नाहीं। दूध जोगड़ियावा तो एही ठन चाय बनावल जाय। सब जन पियत जा और गप-सटाका उड़ावा।'

गले में औघड़ों जैसी मालाएँ लपेटे, बाँस पर मानव-खोपड़ी उलटाए, दाढ़ी-मूँछ बढ़ाए, नंगे बदन, स्वस्थ अभय को देखकर वे सहम गए। इधर-उधर देखकर एक लड़के ने बाँस पर उलटी खोपड़ी की ओर इशारा करके पूछा-'ई मूड़ी?'

'ए पर भूत बुलावल जाला। जाय मुड़िया रेता पर नाचै लागै ली औ एकर अँखिया द-ऽ-प द-ऽ-प...करै-ली...।'

अभय ने रूपक बाँधा तो बोलना पड़ा–'अरे नहीं! इनकी तो हँसोड़पने की आदत है। रेत पर खोपड़ी पा गए तो लोगों को डराने के लिए उठा लाए।'

अभय का वश चलता तो सबको भगाकर ही मानते। मनमानी न कर पाने से निराश स्टोव में हवा भरने जुट गए।

दो लड़के दूध लेने चले गए। बाकी ने बालू पर तिरपाल बिछाकर अड्डा जमा लिया और बोले–'दो-एक दिन ठहरते तो आस-पास की जगहें दिखाते, उनके बारे में बताते।' उन्होंने अपनत्व के साथ उलाहना दिया।

'रुक-रुककर चलें तो इस जनम में मंजिल पाने से रहे! आप लोग जगहों के बारे में यहीं क्यों नहीं बताते?'

'इस समय तो अँधेरा हो गया है। सुबह इधर सामने देखिएगा मनेर नाम का गाँव है। व्याकरणाचार्य कात्यायन यहीं के रहनेवाले थे। महाकवि विद्यापति भी घूमते-घामते आकर रहे। बाणभट्ट का बचपन यहीं बीता। महाभारत काल में गाँव का नाम मणिमती था। बाद में मनियर, फिर, मनिहारी और अब मनेर हो गया है।'

3

सुबह जगने पर पाया कि लहरें बढ़-बढ़कर दुलरा रही हैं। संगम पर खसा-खस्स बालू निकलती रही। बालू लदी बड़ी-बड़ी ढोलकिया नावें धारा पर तिरती दिखीं। चिथड़े वस्त्रों में बच्चों और युवतियों के समूह पार से झाऊ के झाड़ काटने निकले पड़े। प्रात: स्नान के लिए आते अथवा भीगे वस्त्रों में लौटते स्नानार्थियों ने क्रम पकड़ लिया। सोन की तरफ की गंग-धार और अधिक लाल पड़ गई।

लोक-परम्परा के अनुसार प्रेयसी 'नर्वदा' के साथ 'सोन' विन्ध्य की मैकल पहाड़ियों की एक खोह में प्रेमपूर्वक रहता था। किसी बात पर दोनों में ठन गई। सोन तुनक के उत्तर चले और नर्वदा पश्चिम। सूर्योदय के साथ ही इस पर सोना बरसता है इसलिए इसे 'सोन' नाम मिला। अमरकंटक से चलकर बघेलखंड के घने वनों में मस्त घूमता, मैकल, कैमूर और कंठा पहाड़ों से टकराता सासाराम-रोहतास से गंगा की ओर मुड़ता है। इसके अगल-बगल सींधी, रीवा, मिर्जापुर, पलामू और सासाराम के वे आकर्षक इलाके हैं जहाँ बड़ी-बड़ी खोहों, मनभावने प्रपातों और घने वनों के बीच अपनी ही दुनिया और रीति-रिवाज वाले धनुर्धारी बैगा, कोरवा, चेरों, कोल और परशुधारी खरवार, बंसवार, उराँव और गोंड जैसे वनवासी रहते हैं। जहाँ सुबह-शाम तरह-तरह के वन्य पशु सोन के तटों पर निकल आते हैं। भाँति-भाँति के पक्षी उसके थिर पानी में तिरते रहते हैं। स्वतंत्रता-प्रिय वनवासियों का यह इलाका अशोक और समुद्रगुप्त जैसे प्रतापी सम्राटों के लिए भी चुनौती बना रहा।

दूसरे पहर की शुरुआत के साथ मध्याह्न का तेजस्वी सूर्य आकाश से प्रचंड अग्नि बरसाने लगा। नरम बालू तपकर धधकने लगी। तेज हवा के साथ आग की भयंकर लपटों जैसी तरंगें लपलपाने लगीं। दियारे पर बवंडरी भूत नाचने लगे। क्षण यहाँ क्षण वहाँ, वहाँ से यहाँ, ऊपर उठते। एक बैठा दूसरा नाचने की तैयारी करता। पाट का फैलाव धुन्ध में खो गया, चारों ओर धूल-बालू।

घाघरा और सोन से मेल के बाद गंगा दूसरा जन्म लेती है और उस अकुलाहट में दक्षिणी कगार से टकराकर उत्तरी कगार पर सिर पटकने लगती है। वर्षों तक पहले से ही सचेत मही या गंडकी उन्मादित गंगा को अंक में समेटकर गले लगाती रही, फिर, जाने क्या हुआ, एक बार रूठी तो दो कोस आगे जा बैठी। गंगा और गंडकी के मेल की जगह मुहाने से बने दीर्घ प्रवाह के कारण संगम स्थल 'दीर्घग्रह' कहलाया जो बाद में 'दिघवारा' हो गया।

दक्षिण से उत्तरी कगार के बीच कोस भर का फासला होगा लेकिन उलटी हवा में योजन बराबर जान पड़ा। दोनों ओर से लम्बे उथले किनारों पर गोन खींचना भी बस का न रहा। डोंगी के अनुपात में रफ्तार सँभली रही वरना बड़ी नावें तो एक साथ आठ-आठ डाँड़ों के दम पर भी आधे-आधे घंटे लगता जहाँ की तहाँ हैं।

तीसरे पहर हवा थम गई। माहौल सन्न मार गया। डाँड़ों की खड़खड़ाहट और चप्प-चप्प के अलावा कोई आवाज न सुनाई पड़ती। तपन से त्रस्त अभय गमछे में मुँह छुपाए पड़ रहे। वे क्षण बेहद उबाऊ थे। पसीने के पनाले फूट-फूटकर मुँह में जाने लगे, बनियाइन, लुंगी और अंडरवियर तक गीले हो गए। धूप से जली परत छोड़ती चिमड़ियाई काली चमड़ी थोड़ी देर में भभाकर नारकीय पीड़ा देने लगी और कन्धों के घाव पर तो जैसे किसी ने टिंचर[1] का ताजा फाहा रख दिया। डाँड़ छोड़कर बैठ जाने की इच्छा तेजी से कसमसाने लगी। गिरते कगार जैसा उत्साह टूटने लगा– यहीं हाथ टूटे जाते हैं, आँखों में अँधेरा छा रहा है, अभी तो पटना भी नहीं पहुँचे, इतना लम्बा रास्ता पार करके कलकत्ता क्या पहुँचूँगा।

हठात् दिवास्वप्न जैसे दृश्य उतरने लगे। सब सिमटकर ओखला हेड की पहली शाम में सिमट गए–

बड़ा बहादुर लड़का है।...कैसे इजाजत दी?...आप इनके मामा हैं?...बच्चे काबिल हों तो इजाजत देने में हर्ज क्या है?...ओए चौधरी! मिठाई लाणा...हाथ भर का कलेजा चाहिए।...हैरानी कौतुक और अनुराग भरी आँखें...रोली-चावल-तिलक...उठे हुए हाथ।...

जेठ का मध्याह्न मानो शीतल सन्ध्या में बदल गया—'नाव की सैर नहीं कराइएगा?...अरे! डहेलिया की माला तो घर पर छूट गई...।

1. एक दवा का नाम

अन्तर्मन ताजे उत्साह से छलछलाने लगा। ताप और पसीने का कसैलापन और जिस्म का दर्द मानो जादू के जोर से कहीं उड़ गए। लोग प्रशंसा करते हैं, प्रेरणादायक बातें कहते, लगाव से बोलते या प्यार भरी नजरों से देख भर लेते हैं तो उस समय उनका महत्त्व नहीं पता चलता, लगता है बस फर्जअदायगी है लेकिन वही बोल मुसीबत के समय कवच बन जाते हैं। याद आती है हाथ भर के कलेजे की बात, प्रिय के लिए स्नेह और उम्मीद भरी आँखें, वह समूह, आतिथ्य, श्रद्धा...सब चिनगी-चिनगी चमकता, मिलकर बनता ज्योति:पुंज। ताकत के छोटे-छोटे स्ट्रोक्स से लगते हैं और मुसीबत के पल कटने, टूटते उत्साह जुड़ने और लक्ष्य निकट लगने लगते हैं। लगता है, सब नजरें गड़ाए हैं। सवाल मेरे पहुँचने न पहुँचने, सफल-असफल होने का नहीं, डहेलिया की माला, रोली-तिलक, भोली श्रद्धा, अनमोल आतिथ्य का, स्नेह-सम्मान का है, उस नारियल का है जिसे चलते समय डोंगी के माथे पर फोड़ा गया, उन बातों का है जिन्हें चलने से पहले कहा गया, पुरुषार्थ का है जिसके बल पर इसे साधा गया।

4

क्षितिज पर छिटकते छिटपुट बादल विविध रंगों में रँग गए। ऊपरी कगार के गाछों में पक्षी-कूजन का शोर मचा। इसी समय हमें जोर की भूख लगी। बोल से अच्छा मौन का सिद्धान्त लादे अभय कितना ही भूखे होने पर भी कुछ न बोले लेकिन डोंगी किनारे लगते ही जब वे झटपट चटनी से तर दोना भर पकौड़ी और एक दोने में बर्फी लेकर लपकते आए तो पोल खुलते देर न लगी।

पहलेजा घाट से दिघवारा और महेन्द्रू घाट के बीच स्टीमरों का शंटिंग रूट बना हुआ था। एक आता, एक जाता दिखता–झक-झक, खल-खल-खल-खल, ओं-ऽ-ऽ-ओं ऽ-ऽ। डोंगी लहरों पर झूलती रहती। सवारियों से लदे पानी से छह इंच ऊपर चलते स्टीमर लगता एक ही लहर में डूब जाएँगे लेकिन पानी उलीचते साफ निकल जाते। पटना तक ट्रेन से आई मुजफ्फरपुर-सारण जानेवाली सवारियाँ स्टीमर से इस पार उतरतीं और इधर खड़ी छुक-छुक रेल उन्हें आगे ले जाती है।

अँधेरा उतरने लगा तो सामने की धारा के अतिरिक्त सब स्याह पड़ गया। मल्लाहों की बोलचाल और बड़े-बड़े डाँड़ों की एकताल आवाजें सुनाई पड़तीं। किसी-किसी नाव में जलते चूल्हों से फूटती हवा में उड़ती चिनगारियाँ पानी पर काले जादू जैसा रहस्यमय खेल दिखातीं। कभी-कभार दैत्याकर स्टीमर शान्त माहौल को झकझोरते हुए गुजरते। गंगा की धारा में झिलमिलाती पटना की रोशनी दिखने लगी।

महेन्द्रू घाट पर सवारियों, जलयानों, मोटरबोटों की धकापेल में डोंगी बचाने में बड़ी साँसत। इधर सँभले तो उधर से मोटरबोट आती दिखी, उससे बचे तो खौंखियाता

हुआ स्टीमर चला आया, बचने के लिए डाँड़ काटा तो एक तैराक के सिर पे जा लगा और उसने एक साँस में सैकड़ों गालियाँ दे डालीं। मैं बुरी तरह चकराया–'ये भी कोई समय है तैराकी का। तैरना ही है तो आगे-पीछे देखकर तैरो। तैरेंगे महेन्द्रू घाट पर ही और डाँड़ लगने पर गरियाएँगे।'

उबाल खाकर भी चुप लगा गया। घाट पार करते ही चैन की साँस ली, जान बची और लाखों पाए।

गाजीपुर, बक्सर, सिनहा घाट और चिरान्ध में बार-बार हमें काटकर निकले स्टीमर के चालकों ने पटना में जहाज-घाट पर आने का निमंत्रण दिया था इसलिए हम उनका पता पूछने लगे–'जहाज-घाट कौन सा है?'

जवाब मिला–'आगे।'

दूसरा घाट आया तो फिर पूछा–'जहाज-घाट कौन सा है?'

फिर वही जवाब मिला। थककर चूर हो चले थे। भूख से हाल बेहाल। डाँड़ खींचते बारह घंटे होने को आए फिर भी मन-मारे चलते रहे। अभय ने सब्र और मौन का वसूल तोड़ा–'छोड़ा जहाज-घाट के चक्कर, ओ पार चल के रेता पर लंगर डालल जाय।'

'ज्यादा दूर न होगा। जितनी देर में पार पहुँचेंगे, उतने में जहाज-घाट। जहाँ इतना चले आए, थोड़ा और सही।'

अभय ने घाट पर खड़े आदमी को छेड़ा–'ऐ-ऽ पगलेटवा-ऽ जहाज-घाट केतना दूर हौ?'

शायद वह पूरी बात न सुन पाया, इत्मीनान से बोला–'पहुँचे ही हैं।'

डाँड़ों की एकरस आवाज गूँजती रही, पहुँचे ही हैं, आगे है, के चक्कर में हाथ मारते चले। और जहाज-घाट पर भागीरथी स्टीमर पर पहुँचकर त्राण मिला। डोंगी अटते ही स्टीमर के डेक पर निढाल पड़ गए। अंग-अंग करकने लगे। सीधे लेटते भी न बना। न दाएँ, न बाएँ, न सीधे या तिरछे किसी करवट चैन नहीं।

'ढेर पिरात होवै त बतावा। एक्कै बोतल में निपट जाई। दू घूँट उतरतै काया नाचे लागी और बकिया चौंचक्क[1] देही पर–...' अभय मस्ती में आने लगे।

जानते हुए भी उन्होंने तुक्का मारा लेकिन लाल झंडी देख रेलिंग के सहारे उठँगकर चिलम, सुल्फा और साफी की सफाई में लग गए। भोजन-पानी की व्यवस्था स्टीमर वालों ने सँभाली।

कड़क चाय पाकर चोला कुछ चैतन्य हुआ तो स्टीमर वालों से बातों-बातों में सुने स्टीमरों के नाम बड़े आकर्षक लगे। किसी का नाम 'गोदावरी', किसी का 'कावेरी', 'कृष्णा', 'कमला', 'गोमती' जैसे विशुद्ध भारतीय नाम।

---

1. पक्का

5

दूसरे दिन शहर घूमने निकले तो पटना के मशहूर लखनऊ मिठाई वालों की दुकान में किस्म-किस्म की मिठाइयाँ देख अभय की ओर सायास नजर उठाई। वे मुस्कुराकर बोले–'गुरू! खाए के जियरा होए त जिन चूका। दस रुपैवा धइले हई।'

देख-दाखकर दो-तीन तरह की मिठाइयाँ उड़ा गए फिर हाथ रोक लिया–'कहीं पास की मुद्रा से अधिक न खींच जाऊँ।'

तब तक दुकानदार ने दो स्वादिष्ट मिठाइयाँ हमारी ओर बढ़ा दीं–'एक-एक पीस मेरी तरफ से।'

ललचाई नजरें प्लेट पर डालीं लेकिन मन घबराया–इन्हें क्या? दो मिठाइयाँ और बिक जाएँगी लेकिन हमारे पास इतना नाँवा कहाँ है?

'नहीं भाई साहब! अब दाम बताइए कितना हुआ?'

'अरे! एक पीस में क्या बनता-बिगड़ता है। ये हमारी तरफ से रहा।'

हम पसोपेश में पड़ गए। उन्होंने फिर जोर मारा तो अनायास हाथ प्लेट की ओर बढ़ गए। पानी का गिलास तैयार मिला। हमारा अचरज बढ़ता गया?

जेब से नोट निकालने लगे तब जाकर राज खुला–'मेहमानों से पैसे नहीं लिये जाते। आप लोग इस शहर के मेहमान हैं।' उन्होंने हमारी बनियाइनों पर लिखा 'दिल्ली से कलकत्ता नौका अभियान' पढ़ लिया था।

आस-पास के ग्राहक हमारी ओर घूमकर देख रहे थे।

पाटलिपुत्र जगत् विख्यात

1

'कई हजार बरस बीते...गंगा तट पर पहली महत्त्वपूर्ण घटना घटी थी जब मगध नरेश उदाई ने पिता अजातशत्रु द्वारा गंगा किनारे बसे पाटलि नामक ग्राम में स्थापित सैनिक-शिविर को नगर का रूप दिया।' इतना कहकर घाट पर मिले राय साहब ने धारा प्रवाह बोलना शुरू किया–

'पाटलिपुत्र नाम रखकर अपनी राजधानी बनाया। वह नगर कुसुमपुर अथवा पुष्पपुर भी कहलाया। सारे भारत की राजनीतिक, सांस्कृतिक आदि सब तरह की गतिविधियों की केन्द्र बनकर यह नगरी समस्त जम्बू द्वीप में विख्यात हो गई। वीरों, कलाविदों और अन्यान्य क्षेत्रों के जानेमाने लोगों ने यहाँ डेरा जमाया। सिलसिला चलता रहा–नन्दों का नाश, सैल्यूकस की हार, मेगस्थनीज की दरबारदारी, अशोक द्वारा बौद्ध मत के प्रचार के लिए पुत्र महेन्द्र और पुत्री संघमित्रा की विदाई, गुप्तों के शौर्य-वैभव, प्रसिद्ध चीनी यात्री ह्वेनसांग के आगमन, ब्रिटिश शासन काल में तिरंगा फहराते शहीद हुए नौजवानों अथवा सम्पूर्ण क्रान्ति के उद्घोष जैसी इस नगर से जुड़ी अनगिनत उल्लेखनीय घटनाओं की शृंखला अब तक चल रही है।

'भारत में पाटलिपुत्र के अलावा ऐसा कोई दूसरा नगर नहीं है जिसे राजधानी बनाकर लगभग पूरे भारतीय उपमहाद्वीप पर शासन स्थापित किया गया हो और जो करीब एक हजार बरस तक उत्तर भारत पर राज करनेवाले राज्यों का केन्द्र रहा हो। शोध-ग्रन्थों से इस विषय की जो जानकारी मुझे मिल सकी है, सामने रख रहा हूँ।

गंगा के जन्म की कहानी बहुत पुरानी है। इस परिवर्तनशील धरती पर आज के उत्तर भारत की जगह कभी सागर लहराता था। अन्दर की गरम गैसों के ताप से बौखलाई समुद्र की तली का एक हिस्सा ऊँचा उठा, उठता गया, इतना कि सागर कच्छ की राह भागा। इसी उभार को आज हिमालय कहते हैं। उधर दक्षिण में अगस्त्य की आज्ञा शिरोधार्य किए विन्ध्य पहले से अड़ा था। धरती के करवट बदलने से हिमालय से विन्ध्य तक एक विशालकाय गड्ढा बन गया, कहीं पन्द्रह हजार मीटर और कहीं उससे भी अधिक गहरा। पहाड़ों का पानी बेतहाशा नीचे

भागा और साथ में हजारों मन मिट्टी लाकर इस गड्ढे को पाटने लगा। इस तरह लाखों बरस में सिन्ध, गंगा और ब्रह्मपुत्र के मैदान बने और आज भी परत-दर-परत उनकी सतह ऊँची हो रही है। गंगा की व्युत्पत्ति सम्बन्धी कथन 'गां गता', (स्वर्ग या हिमालय से) पृथ्वी की ओर जानेवाली, के मूल में यही तथ्य रहा होगा।

'कालान्तर में जल राजनीतिक, सांस्कृतिक और धर्म की महत्ता और विभिन्न महत्त्वपूर्ण गतिविधियों का केन्द्र होने के कारण गंगा सर्वाधिक महत्त्वपूर्ण हो गई। गंगा अकूत अन्न और जल प्रदान करती है। गंगा द्वारा सिंचित क्षेत्र में कम से कम श्रम से अधिकाधिक उपयोगी फसलें प्राप्त होती हैं। इसलिए श्वेत वस्त्रों से सुशोभित गंगा के स्त्री या देवी रूप की कल्पना की गई। नदी में पाया जानेवाला सबसे शक्तिशाली जन्तु मकर उनका वाहन माना गया और सुख-समृद्धि, नदी एवं जल के प्रतीक कमल के पुष्प से आच्छादित पूर्णकुम्भ संवाहिका के रूप में दिखाया गया।

'गंगा का प्राचीनतम अंकन अमरावती से प्राप्त एक अठारह सौ वर्ष प्राचीन प्रस्तर-खंड पर मिला है। इसमें मकर पर आरूढ़ गंगा को भोजन और जल का पात्र लिये दिखलाया गया है। लगभग इतनी ही प्राचीन एक आकृति वाराणसी के भारत कला भवन में संगृहीत है। उदयगिरि और महाबलीपुरम में निरूपित सोलह सौ वर्ष प्राचीन गंगा-यमुना के अवतरण-दृश्य बड़े सुन्दर और कथात्मक हैं। देवी के रूप में गंगा का उल्लेख आज से लगभग सोलह सौ वर्ष प्राचीन समुद्रगुप्त की प्रयाग प्रशस्ति में हुआ है। बाद में कुमारसम्भव के कथनानुसार—मकर पर सवार, मंगल कलशधारी और कभी-कभी मांगल्य विहगों एवं परिचारिकाओं के साथ गंगा तथा कच्छपवाहिनी यमुना को देवालयों में प्रवेश द्वार के दाएँ-बाएँ स्थान दिया जाने लगा।

'वामन विष्णु के त्रिविक्रम रूप धारण करने पर ब्रह्मा ने गंगाजल से उनका पदप्रच्छालन किया। कहते हैं गंगा विष्णु के चरणों से निकलीं। कथा है कि एक अवसर पर उच्छृंखल गंगा जह्नु ऋषि का आश्रम ही बहा ले जाने को उद्धत हो गई तो उन्होंने गंगा को अँजुली में लेकर पी लिया और बाद में कान से निकाला। ये सारी कथाएँ प्राचीन प्रतिमाओं में बड़ी कुशलता से सफलतापूर्वक अंकित की गई हैं। क्षेत्रीय परम्पराओं एवं मान्यताओं के अनुसार एक कथा का तो बहुत ही रोचक तादात्म्य हुआ है। सौतन गंगा के आगमन से पार्वती अवश्य रुष्ट हुई होंगी ऐसा सोचकर भारतीय प्रतिमाओं में पार्वती को रोषपूर्ण मुद्रा में और दक्षिण-पूर्व एशिया स्थित कम्बोडिया में जहाँ सौतिया-डाह की गुंजाइश नहीं है दोनों को प्रसन्नतापूर्वक शिव के साथ रहते दिखाया गया है।

'नेपाल, बांग्लादेश, कम्बोडिया, चम्पा और जावा में भी लगभग एक हजार वर्ष पूर्व ही गंगा की प्रतिमाओं का निर्माण और अभिलेखों में पर्याप्त उल्लेख होने

लगा था। लगभग सोलह सौ वर्ष पूर्व गंगा-यमुना क्षेत्र के समृद्ध शासकों समुद्रगुप्त और कुमारगुप्त ने समृद्धि वाहिका मकरवाहिनी गंगा को समृद्धि की प्रमाण सिंहहन्ता और खड्गत्राता प्रकार की मुद्राओं के पार्श्व भाग पर उचित स्थान प्रदान किया।'

देर तक हमें ऐसी ही अनेक बातें बताने के बाद राय साहब चले गए तो सोचता रहा कि अचानक कैसे कुछ विद्वत्तापूर्ण लोगों से मुलाकात हो जाती है।

2

सुबह उठते ही पाया कि पछुवाँ कुनमुनाकर तन्द्रा तोड़ रही है। प्रफुल्लित हो उठा। झटपट सिंह साहब को जगा कर विदा माँगी और डोंगी खोल दी। किधर जा रहे हैं, कहाँ हैं, इस सबसे बेखबर अभय चादर खींचकर औंघ गए।

सब्जी, अन्न और बालू लदी मुहाने से चली जाती नावें दिखने लगीं। सब्बलपुर के अहीरों और दूध के बाल्टों से दबादब भरी नावें शहर की ओर बढ़ती चली गईं जहाँ की दो-तिहाई सब्जीमंडी और दूध के बाजार पर इनका कब्जा है।

पुल के पार गंगा का चौड़ा घाट दृष्टि की परिधि में नहीं समाया। सामने तीन धाराएँ दिखने लगीं। कुछ मील चलकर तीनों एक ही जगह पहुँचती हैं। स्टीमर पर ही सलाह मिल चुकी थी कि–'बीच का रास्ता धरना।'

सबसे बाएँ की गंडकी की एक धारा और गंगा की दो धाराओं के घेरे में 'राधोपुर' नाम से विख्यात एक बड़े नदी द्वीप पर लगभग पचास छोटे-बड़े गाँव हैं। किसी भी ओर से इस पर पहुँचने के लिए नाव का सहारा लेना जरूरी है।

धूप तेज हुई तो अभय चादर खिसकाकर कमसमाए–'कहाँ पहुँचली हो ?'

'अभी तो पटना भी पार नहीं हुआ।'

'ऐसन घाट तो न रहे उहाँ!'

'घाट नहीं ये तो गुरु गोविन्द सिंह का गुरुद्वारा है।'

'खूब ब्योरा मारा ला भाय! गुरु जी पंजाब के रहलन एतना हमनौ जानी ला।'

इतना कहकर उन्होंने सूरज की ओर पीठ करके फिर से चादर खींच ली।

ताप चढ़ने के साथ हवा माथा पटकने लगी। लहरों के प्रबल वेग पर डोंगी उड़ चली। एक घंटे की इस सैर में मन उमगने लगा। चारों ओर रेत ही रेत चढ़ गई। धारा किधर है, दियारा किधर? बवंडरी हवा में सब गड़बड़ा गया। ऐसे में चपला धारा हमारी बावली उड़ान को चरका देकर[1] चुपचाप एक ओर मुड़ी और डोंगी रेत पर जा लगी। रुककर मौका अन्दाजने लगे। धारा का सही रास्ता तो पता लगा लेकिन हवा का रुख देख दुविधा में डोलने लगा–डोंगी खोलूँ कि न खोलूँ। नदी में पत्थर तो हैं

1. बेवकूफ बनाकर

नहीं, ज्यादा से ज्यादा रेत पर ही तो चढ़ जाएगी। लेकिन इस हवा में मिनटों का सफर घंटों में तय होगा...थोड़ा खतरा ही सही।

अभय से सलाह माँगी तो मस्ती में बोले–'जैसन जियरा करै करा। हम्मैं बैठ-ही के त बा।'

कुछ झिझक और कुछ भीड़ के तमाशा देखने की इच्छा से मस्तूल पर पाल चढ़ा दिया। हरहराती हवा में डोंगी शिकार देखकर बँधे कुत्ते जैसी तेजी से झपटी।

गाँव छोड़कर गुजरे, कोना तिरछे होकर काटा, छिछले से कतराए, गहरी धारा को अंक भर भेंटा। घाट की मड़इया में बैठे मल्लाह और पार उतरइया अकबकाकर बाहर आ गए, जाने क्या चिल्लाए। पूछते होंगे–कहाँ की नइया, है कहाँ... ?'

एक तो रंगीली डोंगी नदी के इन शहंशाहों के लिए एकदम अजनबी तिस पर हमारा यह दु:साहस कि धारा के चप्पे-चप्पे से वाकिफ मल्लाहों की बड़ी-बड़ी नावें तो हवा और लहरों का थमना जोहैं और लड़के छोटी डोंगी पर अठखेलियाँ करें।

सात-आठ फीट उठती लहरों पर हर्डल रेस के सधे दौड़ाक जैसी फलाँगें भरती डोंगी के हवा भरे पाल रह-रहकर मस्तूल लपलपाने लगे। दाँत दबाकर किलवारी के हत्थे पर लच गया। ऐसे में पाल ढीला छोड़कर हवा निकालने में तनिक सी चूक में डोंगी की अगली नोक सीधे पातालपुरी का रास्ता पकड़ने में देर नहीं करती। धारा पर छिछली खेलती डोंगी एक ओर उठ गई। हम उलटी ओर झुक गए, पाल थोड़ा-सा और लपेट लिया, डोंगी सन्तुलित होने लगी। पल-पल पर रोमांच के चरम बिन्दु आने-जाने लगे। उलट जाने की सम्भावनाएँ सिर पर चढ़कर ठठाती रहीं लेकिन अपने अभय बचवा भयहीन भोले बाबा जैसे अडिग जमे रहे।

दिन की मस्ती ने रात में भी चलते रहने की तरंग बनाए रखी और जब रुकने के इरादे से बढ़े तो किनारों का कुछ पता ही नहीं। कभी दाएँ, कभी बाएँ लेकिन पाट न मिला। घुप्प अँधेरा, किनारे के अन्दाज में जहाँ चप्पू मारो डुब्ब से भीतर चले जाएँ। बहाव की खलबलाहट के अलावा आवाज नहीं। अचानक बगल से किसी के गुजरने का आभास हुआ। डोंगी कहीं टकराई, थोड़ा बही, फिर टकराई। अभय चिल्लाए–'बालू आ गइल गुरू, रोका नाहीं त नइया बहि जाई।'

अभय की बात सुनकर आगा-पीछा देखे बिना छलाँग लगाकर छोटे-से टीले पर खड़ा रह गया। दोनों ओर धाराएँ सनसना रही थीं, अभय जल्दी से रस्सा न फेंकते तो डोंगी निकलने में कसर न रह गई थी। टीला मुश्किल से दस फीट चौड़ा पचास फीट लम्बा था और धाराएँ बराबर उसे तराशने में लगी थीं। अँधेरे में छाया जैसे दिखते इसी टीले से डोंगी टकराई थी। जहाँ खड़ा था उससे आगे खूब गहरा पानी था। मेरे दबाव से टीले का कोना टूटकर धारा में ढह गया, झटके से आगे न गिरता

तो धारा में होता और फिर रात रहते धारा में कितना ही फटककर भी नाव पा लेना अपने बस की बात न रह जाती।

खँडहर की लटकती मुँडेर जैसा रह-रहकर कटता टीला रात भर टिके रह सकने की सम्भावनाओं में भी संशय भरने लगा फिर भी, दूसरा ठिकाना तलाशने की ताकत और धैर्य का संचित कोश चुक जाने के कारण वहीं डेरा डाल दिया। लगातार बालू कटने की आवाज सुनते-सुनते नींद आ गई।

3

कगार ढहने की आवाज और लंगर अटकने से डोंगी के झटका खाने पर आँख खुली तो टीला कहीं नजर न आया। पूरब में सूरज उभरने लगा। भोर की चार घंटे की खिंचाई में बाढ़ नामक कस्बे तक पहुँचे। तब तक अभय 'विविध भारती' में रमे रहे। गंगा उत्तर चढ़कर नीचे दबती हुई पूरब मुड़ती चली गई। मोड़ पर हवा पाकर पाल तान दिया। डोंगी उड़ चली। लहरों के कलेजे पर सीधा चीरा मारती किलवारी मन में छूटती उमंग की फुलझड़ी जैसी फेनिल लकीर खींचने लगी। सामने से अनन्त धारा सिमटती चली आती, मजे में दाएँ-बाएँ डोंगी काटता मौज उड़ाने लगा।

मोड़ शुरू होते ही पैतरा बदलकर हमें भी किनारा पकड़ना था लेकिन उड़ती बालू की धुन्ध में धारा सीधे निकलती जान पड़ी। बढ़ते रहे और दही के धोखे में चूना निगल गए। पाल उतारते-उतारते डोंगी अरअराकर किनारे पर चढ़ गई। वहाँ चार-पाँच सवारियाँ पार से नाव आने का इन्तजार करती मिलीं। दो मल्लाह पटूल[1] के बोरे पानी पर तैराकर ले आए। सवारियों में से कुछ रुक-रुककर पार के मल्लाह को पुकारने लगे। पुकार लहरों की गरज में खो गई तो पस्त होकर बैठ गए।

दोनों मल्लाह इकहरे, ऊँचे और सुन्दर कसी हुई पेशियों वाले मजबूत जवान थे। उनमें से उलटे तवे जैसे श्यामवर्ण मल्लाह को अभय ने नाम दे दिया–'कागा करिया'। 'कगवा बड़ा चोरकट लागत बा हो!' उसके दाँत एकदम सफेद थे। थोड़ी देर इन्तजार करके कोई नाव न आते देख वह हमारे पास आकर दाँत चमकाता बोला–'हमर परबल पार पहुँचाय दहो।'

पसोपेश में पड़कर सोचने लगा तो उसने फिर दाँत चमकाए–'हम तोरा खाय भैर परबल दै देवौ आरो डायर (डाँड़) खींच देबौ।'

'नहीं भाई! हम नहीं ले जा सकते।'

उसने फिर टुकड़ा फेंका–'हम तोरा परबल देबौ।' और मेरी ओर देखने लगा।

'का सोचत हौवा गुरू! दसौं अँगुरी घी में बा। सरवन से परवलौ मिली और ओ पारी पहुँच चलल जाई।'

---

1. परवल

अभय ने मुझसे कहते हुए उधर मुँह घुमाया–'चल रे–ली आवा...'

दोनों ने झटपट डोंगी पर बोरे लादे, अभय कूदकर ऊपर जम गए, मैंने डाँड़ सँभाले। मल्लाह डोंगी ढकेलते हुए पानी में हेल पड़े। पानी गले से ऊपर होने लगा तो दोनों डोंगी में आने के लिए उछले और तभी एक जोरदार लहर ने डोंगी वापस रेते पर पटक दी। मल्लाह फिर पानी में उतरे, गले तक गहरे में ढकेला, फिर उछले और लहरों ने घड़ों पानी भरकर डोंगी फिर किनारे ला पटकी।

डोंगी से पानी निकालकर इस बार दोनों मल्लाह डाँड़ों पर बैठे हम पानी में हेले। उछलकर डोंगी पर आ गए। मल्लाहों के दमदार हाथों के बल पर डोंगी बढ़ चली। अभय ने ललकारा–'वा–ऽ गुरू! का हाथ मरले हउआ! कगवा बा दमदार!'

दोनों ने मछली जैसी लपलपाती पेशियों वाली टांगें अड़ा-अड़ा कर दम मारा।

अभय ने नारे लगाए–'और जोर से...वा–ऽ–ह रे कगवा!'

चलते-चलते डोंगी ठहर गई। कितने ही डाँड़ों के बाद भी बढ़ी नहीं। लहरों और मल्लाहों में ठन गई और तभी हू-ऽ-ऽ-करता अन्धड़ झपटकर आया, लहरें किलकारकर चढ़ दौड़ीं। और–'हे-ऽ-ऽ-ले-ऽ-रे-ऽ-ता पर पटकाय गइल।' डोंगी में ढेरों पानी भर गया। पस्त होकर रेत पर लंगर पटक दिया। परवल वाले मुँह लटकाकर बैठ गए।

दियारे पर अन्धड़ का खेल चलता रहा। यहाँ की बालू उड़कर वहाँ के ढलुआ मटियाले टीले पर थम गई, वहाँ गड्ढा बनाया, वहाँ बालू का घरौंदा खड़ा होकर टीले जैसा अकड़ गया। हवा थोड़ी तिरछी हुई, टीला उखड़कर बालू में बिखर गया। अन्धड़ की ओर पीठ करके हम चना-गुड़ खाने लगे। दो-तीन कौर काटने पर गुड़ गीला हो गया और उस पर महीन बालू चिपक गई। अनजाने में उस पर मुँह मारते ही दाँत किरकिराए तो अभय मुनमुनाए–'का हो गुरू, तोहूँ के एक से एक बवेला सूझा ला!'

बात का ओर-छोर पल्ले न पड़ा। तब तक मैंने भी गुड़ पर मुँह मारा और थू-थू करता कुल्ला करने भागा। अभय ठठा के हँसे। सहज होकर बैठे तो अभय इधर-उधर देखकर बोले–'कगवा पर नजर राखै के चाही, हम्मैं त चोरकटै लागा ला!'

उनकी बात पर उधर नजर फेंकी तो वो डोंगी में कुछ धरता-उठाता दिखा–

'लगता है तुम सही कह रहे हो। डोंगी में जाने क्या कर रहा है!'

अभय उठकर खड़े हो गए–'कुछौ चोरवतै होई।'

दूसरा मल्लाह रेत से बचने के लिए मुँह पर अँगोछा बाँधे बैठा रहा। गरम बालू पर दौड़ते हुए लपककर डोंगी पर पहुँचे। हमें पास आया देख उसने दाँत चमकाए–'जल्दी बचावैं, डूँगी डूब रहलै छन, पानी भैर जैतै त बर मुसकिल होतै।'

डोंगी में पानी ही पानी भरा मिला। आती-जाती लहरों के साथ उतराते-बैठते डिब्बे-स्टोव-तेल की बोतल-अटैची उब्ब-डुब्ब। हुंकारती हवा के साथ किलकारती लहरें चली आतीं। मल्लाह अपने बोरे और हम अपना सामान सूखे पर फेंकने लगे।

तेज बहाव, लहरों और दबाव से डोंगी के नीचे की बालू सरक-सरककर गड्ढा बनाती रही और जब तक 'कगवा' आगाह करे डोंगी गड्ढे में बैठने लगी। रहा-सहा काम ऊपर से लहरों के साथ आए पोखर भर पानी ने पूरा कर दिया। कागज, फिल्में, चावल, कपड़े सब गीले।

सबने मिलकर बड़ा जोर मारा। इधर हिलाया, उधर उठाया लेकिन डोंगी न निकली। मल्लाह सामने के ऊँचे दियरे से एक लम्बे-तड़ंगे आदमी को बुला लाए। घुटनों तक की धोती और कमीज पहने उस आदमी की लम्बी मूँछें और खूँखार आँखें, कसे चेहरे पर बड़ी रोबदार लगीं। आते ही बोला–'डूँगी डुबाय देलकै, अब की होतै।'

बोली में लट्ठ जैसा सीधापन और बच्चों जैसी निष्कपटता। उसने चिन्ता भरे लहजे में एक तरह से हुकुम दिया–'बहुत जोर रौदा (धूप) छै, यहाँ गरम से मैर (मर) जैतै, बचान (डेरा) पर चलो।'

हम अपने सामान की ओर देखने लगे।

'यहाँ कोई नै छुतौ। लूह रुक जैते, तब आदमी बोलाय क नाव निकायल देबौं।'

बातचीत के लहजे से आदमी असरदार लगा। अभय ने अपना ट्रांजिस्टर सँभालकर कमर में खुखरी खोंस ली। वह पूछने लगा–'नदी म की करैय छहीं?' (नदी में क्या करते हो?)

'यहाँ कैना अैलहो?' (यहाँ कैसे आए?)

डेरे पर, सरपत की एक छोटी झोंपड़ी में गाय-घोड़े बँधे थे, गोबर के ढेर के बगल में तखत पड़ा था। एक कोने में आधे खुदे गड्ढों में दो-तीन मटके रखे थे। बौराई लू के रेले रह-रहकर टटरों[1] पर सिर भिड़ाते और उसके छेदों से छन-छनकर आती सबके चेहरों का मेकअप करती महीन रेत। तखत पर बिछी गुदड़ी के ऊपर-नीचे बालू खिसखिसाती और गरम रेत पर जुगाली करते ढोर। बाहर चक्रवातों के वृत्त सतह के ऊपर आकाश तक अति तीव्र गति से नाचती बालू की मीनारें बनाते और पत्ता, फूस, फट्टर, जो कुछ भी मिलता नचा-नचाकर उसके ऊपर चढ़ा देते।

अल्हुआ, ककड़ी और खीरे की लतरें बालू में मुँह छुपाए पड़ी थीं। दूर-दूर तक आदमी-जानवर या परिन्दा तक न दिखता। बालू के ऊपर पिघले शीशे की महीन झिल्ली जैसी भपीली लहरें झिलमिलातीं। नाम पूछने और इतनी देर तक

1. बाँस के पार्टीशन

लिखते जाने से फूले सिंह नामक वह बीहड़ आदमी आशंका से भर उठा—'ऐ चिट्ठी म कि लिख रहलीं हन? हमरा हथकड़ी लगबैभी की? सिपाही क देबही। ऐहे खातीर फोटो खींचैलै। सिपाही क पहचानै खातीर।'

कागा ने धीरे से कहा—'एकर बाप एगो बरका बकड़ा क लहू पी जाय छै।'

उनमें से कोई पढ़ना न जानता था। फूले सिंह के आशंकित होने पर सभी लोग सन्देह करने लगे। उसने एक आदमी से किसी को बुलवाया और अभय की खुखरी की ओर इशारा किया—'एकरा की कर भीं?'

अभय ने मौज ली—'मूड़ी उतारब हो।'

फूले सिंह की आँखें कौंधीं—'नाव म भी मूड़ी रखल कै हन। तों अर मूड़ी उतारै छहीं।'

'नहीं भाई, ये हँसी करता है।'

'तब ओय मूड़ी क की करैय छहीं?'

खोपड़ी रखने का नतीजा ये हुआ कि उनमें कानाफूसी होने लगी। कोई बोला अघोर हैं, किसी ने 'बरमसाधी' कहा। जवाब देना कठिन हो गया। उसी समय फूले सिंह द्वारा बुलवाया गया हाईस्कूल पास लड़का अन्दर आया और हम पर जिज्ञासा भरी नजरें डाल तखत के एक कोने में अकड़कर बैठ गया।

फूले सिंह उखड़ गया—'कागज नै लै जाय देबौ। ई सब किय लिख रहली हन? हमरा हथकड़ी लगवैहैं। हमर फोटो देखाव। बाद में पुलिस स पकरैभी।'

तैश में उसकी गर्दन की नसें फूलकर तमतमा गईं। मुझे बकरे का गाढ़ा खून याद आने लगा। वह अभी-अभी आए लड़के की ओर घूमा—

ए छौरा पैरह कि लिख रहल खीन हन।

लड़का कागज लेकर देर तक उलटता-पलटता रहा। सभी लोग बगैर बोले उसकी ओर देखते रहे। हम दम-साधे उसके बोलने की प्रतीक्षा करने लगे।

उसने धीरे से सिर उठाकर फूले सिंह को देखा—'तोहर बाहबाही बराय लिखलकौ हन। कुटुम्ब क मदत करैय हथीन आरो तोहर खराब नै करथून। तोहर तारीफ लिख रहल खूब हन।'

फूले सिंह और उनके साथ के लोग आश्चर्य में पड़कर प्रसन्न हो उठे। हम भी दु:शंकाओं से उबरकर सहज हो गए।

उसने पास के हाँडे से दूध निकालते हुए पूछना शुरू किया—'दूध पीबहीं? कुछ खाय लहो। तो कहाँ जाय रहली हन? तोहर घर कहाँ छिकौ? तोहर नाँव कि छिकौ?'

उसने दो गिलासों में मिट्टी, तिनकों और घास पत्ती वाला दूध हमारी ओर बढ़ाया— 'ले दूध पीये। घर का बढ़िया दूध छौ।'

अनिच्छा के बाद भी गिलास मुँह से लगा लिया। फिर अभय की ओर देखने लगा, कहीं कोई हरकत न करें। वे कनखी से देखकर चुपचाप दूध गटक गए।

4

पाँच बजे के करीब हम डेरे से निकलकर दियारे पर आए। फूले सिंह ने गाँव खबर करा दी। मधुरापुर से खासे आदमी आए, नाव और हमारे बारे में सुनकर बच्चों-औरतों की भीड़ आ जुटी। बच्चों ने दौड़-दौड़कर डूबी डोंगी घेरने में हड़कम्प मचा दी। पचीस-तीस हाथों की मिली-जुली ताकत ने डोंगी उलटकर पानी निकाला और फिर से उसे धारा पर उतारा। लहरें बैठ चलीं, लू सँभल गई। आनन-फानन सारा सामान डोंगी में रखा। लेकिन खोपड़ी को देखते ही औरतों ने उत्साहित बच्चों को डाँट-डपट, खींच-खाँच और मार-पीटकर दूर बरज दिया।

'बाबा साधु छिक थीन। ई तेलिया अघोरी बाबा छथीन, जब तैक साथ म छथीन कहैं किनार म ठहैर जैथीन तब तैक भूत प्रेत नै आय सकै छन।'

फूले सिंह बार-बार मूड़ी की ओर देखता और उसकी आँखों में सन्देही हिरन चौकड़ी भरने लगता।

दोनों मल्लाह अपना बोरा लादने के फेर में लग गए। लेकिन अभय ने उन्हें हड़का लिया—'ऐ कगवा! अब बोरा लदबै त ठीक न होई। कुल एही के चलते भया।'

मैंने उनसे सहानुभूति जताई—'पार पहुँचाने में अपना क्या बिगड़ जाएगा!'

अभय उन्हें ले चलने को तैयार न दिखे। मल्लाह गिड़गिड़ाने लगा—'हमर परबल पार पहुँचाय दहो। हम तोरा परबल देवौ। पानी बहुत छै! हेल क नै जाय सकै छहो।'

मैंने अभय की ओर देखा। मल्लाह फिर रोया—'बस पार कैर दै बाबू हो। हम चैल जैब।'

अभय पसीज गए—'चल-चल लाद बोरा औरौ देरी करवावत हौवे।'

फूले सिंह से हाथ जोड़े। औरतें एक ओर झुंड बनाए जिज्ञासा से देखती रहीं। कौतूहल भरे बच्चे कभी इधर कभी उधर से जगह बदल-बदलकर डोंगी का निरीक्षण करते। उनकी मदद के बदले कुछ कहा न गया। मल्लाह डोंगी ढकेलकर ऊपर चढ़ आए। लोग दियरे पर खड़े हमारे चलते ही जाने क्या बोलने-बतलाने लगे।

पार पहुँचते ही कागा बोला—'मोकामा तैक लै चलो आधा बोरा परबल दै देबौ।'

अभय का पारा ऊपर चढ़ गया–'अबे हट साले ! हम्मन के भिखमंगा समझले है का ? परबल दै दैबो, परबल दै देबो। उतार बोरा नाहीं त अब्बे गंगा जी में फेंकी ला।' वे झपट के पास खड़े हो गए।

कागा फिर भी बोरा उतारता न दिखा तो अभय ने जल्दी-जल्दी उन्हें धारा में फेंकना शुरू कर दिया–'ले अब निकाल गंगा में से। तैं ऐसे न मनबे।...ले-ऽ-ऽ-ले-ऽ-ऽ-ले। बहुत चलाक बनत हौवे। हेल पानी में।'

वे दोनों अरे-अरे करते रह गए।

5

नदी के द्वीप पर लंगर डालकर धारा में नहाने उतरे। गाँव के कुछ लड़के भी तैरकर वहीं आ गए। कुछ देर आँखें मूँदकर उथले पानी में चुपचाप लेटा थकान काटता रहा। हाथ-पैर हलके लगने लगे। थोड़ी देर में मछलियों का एक झुंड स्थिर पड़ी देह को घूम-घूमकर टटोलने लगा। उनकी पूँछ और थूथुन बदन से छू जाने से रह-रहकर झुरहरी छूटने लगी तो धारा से निकलकर सूखी रेत पर पड़ गया।

अभय ने खिचड़ी चढ़ाकर रेडियो ऑन किया और अपने मन पसन्द गाने–'चलत-ऽ-त मुसाफिर मोह लिओ रे ' की लय पर मस्त होकर झूमते हुए चिलम सँभालकर इधर आए लड़कों की ओर घूमकर गोहार लगाई–'बा कउनौ बाबा क-ऽ भग-ऽ-त।' कुछ लड़के उधर सरक गए।

भोजन के समय पहली बार अभय खड़ी बोली में बोले और वह भी इतिहास के बारे में। दम लगाने आए गाँव के लड़कों से शायद उन्होंने यही बातें पूछी थीं–'जानते हो इसे मोकामा क्यों कहा गया ?'

गम्भीरता से सवाल करके उत्तर का इन्तजार किए बिना ही वे बताने लगे–'मुगलों के जमाने में एक बार यहाँ फौज ने ठिकाना जमाया था। उर्दू में ओके मुकाम कहते हैं। ओही से ये जगह मोकामा कहलाई।

—एक ठे रहल प्रफुल्ल चाकी। लड़कवे बतावत रहे। ऊ बंगाली रहा। ई बंगलिए बड़ी जिगरा वाले होलैं। जौने समय अँगरेजवे रहे चकिया ओनके खिलाफ बम बनावै, गोली चलावै। एक दिना एही लग्गे पुलिसे घेरलस त लागल दाएँ-दाएँ उड़ावै। लड़िकइऐ में बेचारा मराय गइल। ओके केहू नाहीं जानत। जे लोग देस बदे असलियन अपना के लगाय देहलन ओनकर कउनौ पुछन्तरै ना हौ।'

वे भावुक हो उठे। बहुत दिन बाद उनके दिल के नरम कोने से उद्गार फूटे–'हिन्दी के एक्जाम में एक कवी कै कविता पूछल गइल रही। कान का तौ रही–

वैशाली –मगध...। हाँ–ऽ...रामधारी दिनकर। लड़कवे कहत रहे राष्ट्रकवि। ओ पार के सेमरिया गाँए में रहत रहे।'

थोड़ी सी सरल पंक्तियों में अपनी प्रिय धरती के गौरवपूर्ण इतिहास के सन्दर्भ में दिनकर जी ने गीत क्या लिखा है दर्द की धारा ही बहा दी है–

देवि! आज बज रही छिपी ध्वनि मिट्टी में नक्कारों की,
गूँज रही झन-झन धूलों में मौर्यों की तलवारों की,
दाएँ पार्श्व पड़ा सोता मिट्टी में मगध शक्तिशाली,
वीर लिच्छवी की विधवा बाएँ रोती है वैशाली।

6

सूर्योदय होते-होते डाँड़े थाम लिये। मोकामा का कस्बा, सुन्दर पक्के घाट पर खड़े स्टीमर और द्वीप छूटने लगे। कुछ कारखाने दिखे, गंगा पर बना दोमंजिला पुल आया। 'बाया' नदी गंगा में मिल गई, पुल पर कारें, ट्रकें, बैलगाड़ियों और नीचे रेलगाड़ी गुजरती दिखी। उत्तरी-दक्षिणी बिहार, भारत के अन्य क्षेत्रों और उत्तर-पूर्वी राज्यों के बीच गंगा पार करानेवाला छह हजार फीट लम्बा यह पुल विशेष महत्त्वपूर्ण है। पुल बनने के पहले स्टीमर यहाँ फेरी लगाते थे।

सामने दिखते तेल शोधक कारखाने के चलते बरौनी सारे भारत में जाना जाता है। डिगबोई से लगभग सात सौ मील लम्बी पाइप लाइन से आनेवाले कच्चे तेल में से लाखों टन साफ तेल अनगिनत बसों-ट्रकों और कारों आदि की खपत पूरी करता है। खाना बनाने की गैस और बिजली उत्पादन में भी इसका प्रमुख योग है।

एक बार किसी राहगीर ने बीड़ी जलाकर पानी में तीली फेंक दी या और किसी तरह तेल आग पकड़ गया। पूरी धारा पर आग की लपटें नाचने लगीं। गंगा में नहाते बहुत से जानवर-आदमी जल मरे। कई दिनों तक अग्नि-नृत्य चलता रहा।

पुल के आगे बाएँ कगार का किस्सा पता लगा तो मैंने अभय को सुनाया– 'पहले गंगा की मुख्य धारा उधर से ही होकर बहती थी। वहाँ बहुत से बढ़ई रहते थे इसलिए गाँव बड़हिया कहलाया। अब वहाँ वणिक रहते हैं।'

'तोहन लोग जौनै अंडबंड पावा ला बक दे ला। काहे नाम बड़हियन पै पड़ा?'

मैंने उन्हें छेड़ा–'समझते हो सब जगह तुम्हारी चल जाएगी?'

वे थोड़ी देर चुप रहे फिर जैसे ज्ञान प्राप्त करके शास्त्रार्थ में उतर पड़े–'अबहियैं कहला वणिक रहै लें। हम कहब इहाँ के पुरान रहवइए बनीवे हउवैं। हम्मैं ई कुलि नीरस माथापच्ची में रस नाहीं मिलत। बकी एहू में अजमइब्या त उनइस नाहीं बैठब।'

धीरे-धीरे हवा उठने लगी। उत्ताल तरंगों के तालबद्ध नृत्य का आनन्द लेते निकल पड़े। लहरों की टकराहट से मोती छिटकने लगे, ऊँची-ऊँची कगारें भयावह शोर के साथ धसकने लगीं। धारा के बीच घुस आए बालू के टीलों पर बैठे पक्षी, तेजी से चली आ रही डोंगी देखकर उड़ पड़ते। डोंगी क्या चली स्केटिंग करने लगी।

सामने बालू आते ही पल भर में फैसला किया, दाएँ घूमें, उधर भी एक दियारा दिखा। डोंगी किनारे खिसकने लगी। इसी जगह रुकना तय करके पाल तानकर किलवारी सीधी खींच दी, सनसनाती हुई डोंगी लहर चीरती सामने की रेत पर चढ़ गई। पक्षी घबराकर उड़े। धूप सेंकते कछुए हड़बड़ाकर पानी में कूद गए। डोंगी खींचकर आधी रेत पर चढ़ा दी। फिर आधे-आधे घंटे पर मुआयना करते, नीचे की बालू कहीं कटी-धँसी तो नहीं। अभय पटरों के नीचे घुसकर ट्रांजिस्टर सुनने लगे। चारों ओर लहरों के तर्जन से लगता मानो एक साथ शत-सहस्त्र झरने झर रहे हों।

शाम को गंगा-किउल संगम पर लंगर डाला। एक राजा ने यहाँ एक नगर बसाकर अपने नाम पर उसे सूर्यमल नाम दिया। जो बाद में सूर्यपुर और सूर्यगढ़ हो गया।

7

बरियारपुर मोड़ पर कतार में बँधी नुकीली काली नावों, कुछ पेड़ों और पीछे के पहाड़ों के मेल से बने आकर्षक दृश्य-पटल में उलझा धीरे-धीरे मुड़ती धारा के साथ घूमने लगा कि सहसा सामने का दृश्य देखकर आँखों पर विश्वास न हुआ। ऊपर उठती, नीचे आती, एक झोंपड़ी लहरों पर तैरती दिखी। उस पर टहलता एक आदमी और धुआँ उठता नजर आया। डाँड़ छोड़कर इस माया के चक्कर में पड़ गए–

'झोंपड़ी पानी पर कैसे टिकी है? बहकर भी नहीं आई। बाकायदा अपने पूरे आकार में खड़ी है! अजब खेल है। बाढ़ में बहनेवाली झोंपड़ियाँ भी देखी हैं। वे तो टूटी-फूटी होती हैं। समूची झोंपड़ी का खड़े-खड़े बहना कभी नहीं देखा। कभी छप्पर बहता दिखता है, कभी छत और उस पर दहशत भरे चिपके आदमी भी दिखते हैं। यह आदमी तो इस पर पूरी तसल्ली से चल रहा है?...क्या चमत्कार है? अजब रहस्यात्मक लीला!'

हुंकारती हुई लहरें धारा पर तैरती झोंपड़ी से टकरातीं और झोंपड़ी मजे में उस पर उठकर आहिस्ते से उतर जाती। मानो किसी बजरे पर खड़ी हो और कुशल माँझी उसे कुशलता से चला रहा हो। झोंपड़ी और हमारे बीच का फासला कम होता गया। आदमी झोंपड़ी में गुम हो गया। धुआँ अब भी उठता रहा। रहस्य गहराता गया। अभय को भी उठा दिया। उन्होंने अनखकर गमछा हटाया, एक नजर उधर देखकर मुँह ढक

लिया, फिर गमछा हटाया, फिर देखा और इस बार उठकर बैठ गए। वे भी झोंपड़ी के विचित्र सन्तरण से अचरज में पड़ गए–'गुरू! ई सरवा कौन बवेला हौ?'

बराबर उधर बढ़ते रहे। झोंपड़ी उठती-बैठती रही। लहरों जैसा दोलन हमारे भीतर भी चला। कुछ ही गज का फासला रह जाने पर देखा–झोंपड़ी एक तीन फीट मोटे और कम से कम पचहत्तर वर्ग फीट आकार के बाँस के बेड़े पर तैर रही है। वह आदमी प्रेत नहीं बाकायदा आदमी है और चूल्हे पर दाल बदक रही है। बेड़े का पानी के ऊपर का कुछ ही इंच हिस्सा लहरों की छीपा-छापी में दूर से नहीं दिखा।

पता चला, छोटानागपुर वन-प्रखंड से काटकर लाए गए बाँसों से गंगा किनारे बड़े-बड़े बेड़े बाँधे जाते हैं। उस पर झोंपड़ी बनाकर, धारा में ढकेलकर, एक-दो आदमी भी सवार हो लेते हैं और लम्बी-लम्बी बाँस की लग्गियों, धारा और हवा के सहारे निचले प्रवाह पर नियत स्थलों तक पहुँच जाते हैं।

पटना में मिला भागीरथी स्टीमर तेजी से मोड़ घूमकर सायरन बजाने लगा। अभय ने उसे पल भर में पहचानकर हाथ हिलाकर स्वागत किया। स्टीमर पास आकर ठहर गया। सिंह साहब ने स्टीमर पर ही छूटी रह गई अभय की नेकर और तौलिया उन्हें वापस की और पूछा–किसी तरह की जरूरत हो तो बताइए?

8

दो-तीन मील चलने पर, हवा का रुख पलटते ही मस्तूल-गरारी चढ़ाकर पाल खींच दिया। देखते ही देखते कच्छप-गति से रेंगती डोंगी तिरछा उतर रहे गरुड़ जैसी तैर चली। पसीना सनी देह पर हवा लगी तो सारे सुख एक साथ मिल गए। रह-रहकर पाल तनने लगा, मैं किलवारी पर झूल गया, पतवार लहरों के सीने पर चाकू चलाने लगी।

कुछ ही मिनटों में सुलतानगंज की पहाड़ी पर बने मन्दिर दिखने लगे। उधर देखते-देखते डोंगी की सुध खोकर हम किनारे तक जा पहुँचे। सामने की चट्टानों पर अन्धाधुन्ध टकराती लहरों पर नजर पड़ी तब होश में आए। अब तक अभय ने पाल की रस्सियाँ खोल दी थीं। हड़बड़ाहट में दोनों डाँड़े पानी में सीधे करके खड़ा हो गया। पाल उड़कर धारा में जा गिरा। डोंगी सँभलते-सँभलते भी चट्टानों से बचकर किनारे तैर रहे बाँस के बेड़ों पर चढ़ गई। कड़कड़ाहट की तेज आवाज के साथ डाँड़े हाथ से छटककर दूर जा पड़े। सब कुछ पलक झपकते घटा। फिर भी, खूब बचे।

यहाँ का मन्दिर अजगैबीनाथ नाम से प्रख्यात है। कहते हैं पुराणों का सोमद्वीप यही है और अगस्त्य मुनि का आश्रम यहीं था। सोम की तपस्या से प्रसन्न भोले बाबा

ने चन्द्र को मस्तक पर स्थान दिया, स्थल कलश तीर्थ के रूप में जाना गया। प्रतिवर्ष यहाँ से कलश भर-भरकर वैद्यनाथ धाम की ओर बढ़नेवालों की कतारें बँध जाती हैं।

बौद्ध भी इस पहाड़ी को पवित्र मानते हैं। पहाड़ी पर बौद्ध प्रतिमाएँ हैं। महावग्ग में उल्लिखित भद्दिया से अंगुत्तराय जाने के लिए बुद्ध ने यहाँ गंगा पार की थी।

9

सुबह पुरवइया के खिलाफती तेवर देख फिर से सो गए। आठ बजे के आस-पास आलू छौंके जाने की आवाज के साथ नींद खुली। तभी अभय ने कहा–'का गुरू! आज चलबा नाहीं?'

'डोंगी में पानी भी ज्यादा भरने लगा है, आज थोड़ी मरम्मत हो जाए।'

अभय ने कमर में लुंगी खोंस डोंगी का सामान उतारकर डोंगी रेत पर उलट दी। मरम्मत में जुटा देख पास खड़ी बड़ी नाव के मल्लाह मदद करने आ गए। लीक-स्टॉप न होने पर, डोंगी के सूराख मूँदने के परम्परागत तरीके उनसे सीखे, ऐसे में ऊन, रूई, मोम, मिट्टी, कुश, कपड़े या कमल के पत्ते का उपयोग किया जाता है।

बचे हुए पेंट से डोंगी रँग डाली, ब्लैक-जापान का डबल कोट मारा। रेत पर पैर फैलाकर आराम से डाँड़े रँगते समय अभियान के खट्टे-मीठे वाकये भी याद आने लगे। एक सुन्दर मुस्कुराता चेहरा धीरे-धीरे सुधियों में आकार लेने लगा–

हँसती आँखें, खुले रक्तिम अधर, धवल दन्तपंक्ति...मुस्कुराहट कितनी आकर्षक! किस कदर खींचती! लम्बा चेहरा, छोटी-छोटी प्यारी आँखें और कटे बालों में बिलकुल 'वेताल' की साथिन 'डायना' जैसी। खेल से सन्तुलित इकहरा बदन। पैंट-शर्ट में कैसी चुस्त...। डहेलिया की माला–

अभय को आता देख सोचने-रँगने पर एक साथ ब्रेक लगा। तो डाँड़े पर ध्यान गया–अवचेतन में एक डाँड़ पर अपना नाम लिखा और दूसरे पर उसका।

अभय के नाश्ता लगाकर बुलाने पर अचानक भूख जाग उठी। बड़ी प्लेट में मसालेदार कचालू और 'फ्राइंग पैन' भर के दूध की दलिया। कलेवा में इससे ज्यादा स्वाद मुझे कभी नहीं मिला।

लहरें कुछ शान्त दिखीं। बदली के कारण मौसम सुहावना हो गया। डोंगी पानी में ढकेली, सामान रखा। सोचा जितना भी निकल जाएँ अच्छा ही है। साफ-सुथरी, रँगी-चुँगी डोंगी चली तो हमें ही नई-नई लगी। पहला हाथ मारते ही रंग-बिरंगे डाँड़े पर लिखे उसके नाम पर नजर पड़ती और एक मुस्कुराता चेहरा उभर आता।

गोल घूमती कगार दूर से धारदार चाकू से कटे फलक जैसी सपाट और चिकनी दिखी। लम्बे मोड़ के ऊपर दूर तक शीशम के पेड़ नजर आने लगे। छोटे-छोटे गाँव

और केले के गाछ दिखे। सामने से एक स्टीमर सायरन बजाता आया। कगार के किनारे रुका। कुछ सवारियाँ उतरीं, कुछ चढ़ीं। फिर सायरन बजाया, जैसे कोई रोगी जोर से खँखार रहा हो। निकट आने पर खुशदिल सवारियों ने उत्साह से हाथ हिलाए, कुछ ने टोपियाँ उछालकर खुशी जाहिर की। लड़कों ने डोंगी पर बँगला लिखा देखकर समवेत स्वर में हल्ला मचाया—'ओए दादा! लो-ऽ-मा-ऽ-र बाड़ी (घर) कोथा-ऽ-य?'

झक-झक, झक-झक करते स्टीमर के पंखे पानी उलट-उलटकर लहरें उठाते रहे। काली चिमनी से धुआँ उठता रहा। हमारे जवाब उसकी झकाझक में डूब गए।

उनकी आवाजें आती रहीं—'ओए दादा!...' वे सीटियाँ बजा-बजाकर नजर की ओट होने तक हाथ हिलाते रहे।

स्टीमर ओझल होने पर अभय ने पूछा—'बतावा एकर नाम कमला काहे हौ?'

'विष्णु की पत्नी का एक नाम कमला है।'

वे चट से बोले—'चूक गइला गुरू! इहाँ आगे एह नाम के एक ठे नदियौ हौ। बराते में ओहर गइल रहली तब्बै पता लागल एकर नाम ओही पे पड़ल होई।'

बातों-बातों में अँधेरा घिरने लगा। भागलपुर की रोशनी गंगा में जगमगाने लगी। धारा के बीचोबीच सामने आ गए टीले पर डोंगी चढ़ा दी।

10

गोनारी की रस्सी सुलझाकर मस्तूल से बाँध दी। घुटने भर पानी में घुसकर डोंगी को गहरे में ठेला, उछलकर ऊपर चढ़े। इससे पहले कि लहरें दुबारा डोंगी को रेत पर चढ़ा दें, गहरे हाथ मारकर किनारे से दूर हटा ले गए। सुबह की उलटी हवा खल गई। एकाएक जोर पड़ने से अकड़े रग-पुट्ठों की पेशियाँ ऐंठ-ऐंठ कर दुखने लगीं। बनैला धान पैरों में चुभने लगा। मुलायम बालू की तह आने पर राहत मिलती। नरम ठंडी बालू पर पैर पड़ते तो लगता नीचे गलीचा आ गया। दौड़ती चली आती लहरें पाँव पखार जातीं। सोचता—बालू कभी न खत्म हो। लेकिन ऐसे सुखदायी टुकड़े बरसाती धूप जैसे निकले। कई बार गिरकर कीचड़ में लिथड़ा। तलवों, पिंडलियों में काँटे खुभ गए, राने खुजलाने लगीं, मुँह सूख चला। अभय के रेडियो पर बेवक्त की शहनाई जैसा गाना बजने लगा—'गर्दिश में हों तारे, ना घबराना प्यारे।'

वे झूम-झूमकर गरदन हिलाने लगे।

मैं खीझ गया—'गाने सुनने में क्या बढ़िया हैं लेकिन अभी हाथ में डाँड़ पकड़ा दें तब देखैं कितना गाना सूझता है?'

गाना बजता रहा—'बाजुओं में द-ऽ म है फिर काहे का गम है।'

अभय का झूमना तनिक न भाया। उनकी मस्ती आग में घी जैसी पड़ी। गोनारी उठाकर फेंक दी–'सा–ऽ ला आराम से बैठकर सबको फिलास्फी सूझती है।'

गहरे खिसकती डोंगी सँभालने के चक्कर में अभय झूमना छोड़कर किनारे बढ़ने को हड़बड़ाए। किसी तरह दाएँ-बाएँ हाथ मारते इधर आने लगे। उनकी परेशानी देखकर मुझे बड़ा मजा आया।

लहरों का तर्जन चलता रहा। रह–रहकर 'कुररी' गोते मारती रही। अभय नाश्ता बनाने में जुट गए। ट्रांजिस्टर पर 'जिया जी' की 'सूटिंग्स शर्टिंग्स' के विज्ञापन के बाद 'मसीहा' का विज्ञापन होने लगा। थोड़ी देर आराम पाकर शान्त मन दूसरी ओर घूमा–'कुछ भी हो मुकेश गाता गजब का है!' ट्रांजिस्टर फुल पे चलता रहा–

'सजन रे झूठ मत बोलो खुदा के पास...न हाथी है न घोड़ा है...'

मन के मीटर पर तेजी से काँपता काँटा स्थिर होते ही धनात्मक दिशा में घूमा–

'प्रबल इच्छाशक्ति के बूते लोग सचमुच मरते रहने तक लड़े भी हैं।'

जीवट वाले पुरुषों के कारनामे याद आने लगे। बैसाखी लगाकर माउंट किलीमंजारो पर चढ़नेवाला, पैर छोटा रह जाने पर भी पोलवाल्ट में विश्व कीर्तिमान बनानेवाला, मेड़ पर लेटा आरुणि, और वह रूसी हवाबाज–उनकी तुलना में जरा सी मेहनत पर गोनारी फेंककर बैठ रहना बचकाने खेल जैसा लगने लगा।

आत्मग्लानि से भरकर फिर गोन थाम लिया। बादलों की गरज और लहरों की फुफकार साधारण लगने लगी। कन्धों के घाव खरोंचों से भी हलके लगने लगे। बड़ों के पिछलग्गू भी सामान्य लोगों को कठिन लगनेवाले कुछ काम कर लेते हैं। मैं नहीं वहाँ हवाबाज के पुरुषार्थ का अल्पांश चल रहा था। भागलपुर तक की वही दूरी प्रबल इच्छाशक्ति के जीवन्त प्रतीक उन विकट साहसी को समर्पित है।

कोसी–सँकरी गली निहारी

1

प्रख्यात बँगला कथाकार शरच्चन्द्र तब तेरह–चौदह बरस के शरारती बालक थे। इन्द्रनाथ उनका प्यारा दोस्त और पथ–प्रदर्शक था। दोनों भागलपुर में रहते और जो काम बड़ों ने मना कर रखे हों वही करते। शरच्चन्द्र ठहरे आभिजात्य घराने के। नाटक खेलना उनके समाज में ओछा काम समझा जाता तो शरच्चन्द्र–इन्द्रनाथ की जोड़ी नाटक जरूर खेलती। कविता–कहानी पर पाबन्दी तो वे कविता लिखे बगैर जी नहीं सकते। शहर में प्लेग फैला, लोग पटापट मरने लगे। छूत की बीमारी के डर से मुर्दों को कौन छुए? इन्द्रनाथ के नेतृत्व में शरत उनकी दवा–दारू जुटाते। मर गया तो भय से पसीने–पसीने होते हुए भी डरे–सिमटे, इन्द्र के साथ, रात में चोरी से गंगा किनारे मुर्दे फुँकवाने ले जाते। तभी कभी इन्द्रनाथ उन्हें साथ लेकर गंगा किनारे आया। काली रात में हाथ को हाथ न सूझे, आसमान में घिरे बादल और इन्द्रनाथ ने सीधी कगार से उतरकर चुपचाप डोंगी खोली। उस पार धीवरों की मछलियाँ चुराने चल दिए। इन्द्र की किसी सपेरन से दोस्ती थी जो गंगा पार कहीं रहती थी। एक दिन उससे साँप के जहर वाले दाँत निकालने का फन सीखने भी गए। यही सब बाद में शरत बाबू के मशहूर उपन्यास श्रीकान्त में उभरा। चौदह बरस की उम्र में यह किताब मेरे हाथ लगी तो ये हिस्सा कई–कई बार पढ़ा और हर बार रोमांचित हो उठा। भय और रहस्य–जनित आकर्षण ने मुझे खींचा। उस अनुभव का बयान नहीं कर सकता। वैसी ही घनी रात में वैसा ही करने का रोमांचक भूत सिर पर चढ़ गया।

गंगा किनारे डोंगी लगाकर दिन में शरत बाबू के मामा का घर देख आया। देर तक बरगद के छतनार पेड़ तले बैठा रहा। शरत बाबू का बचपन यहीं बीता। शायद शरत बाबू से मिलकर भी वह तुष्टि न मिलती जो उनके पीछे छूटी छायाओं के साथ उस पेड़–मकान और मरघट पर मिली।

रात में लंगर उठाया तो अभय चौंके–'का हो! आज रतिया में कहाँ?'

'उस पार रुकेंगे, इधर लहर मारती है।'

उनके मतलब की बात न हो तो ज्यादा सवाल–जवाब की उनकी आदत नहीं।

चुपचाप डाँड़ खींचने लगा। अँधियारे पाख की काली रात में उस पार जलती चिता की लाल-पीली लपटें, रह-रहकर आते हवा के झोंके, बिखरी अस्थियाँ, साँय-साँय करते मरघट किनारे पागल लहरों का पदाघात। चिरप्रतीक्षित रात। बचपन से ही मन में बसी इस भागलपुरी रात के जादू ने ही राशन-पानी आ जाने के बाद भी चलने न दिया। क्योंकि मैं बचपन से दिल में बसी उस रात को जीना चाहता था। इसलिए इतनी रात गए अँधेरे में डोंगी खोलकर चला। लेकिन ऐसा करने में जब कोई सिहरन, रोमांच नहीं महसूस हुआ तो निराशा घेरने लगी। डोंगी सहज ही उस किनारे की ओर बढ़ चली। सब कुछ सामान्य सा रहा। मन ही मन श्रीकान्त का विवरण दोहराकर मरघट, सपेरों की बस्ती और छाया जैसे बढ़ते धीवरों की याद जगाई फिर भी वह अनोखी अनुभूति पकड़ में न आई। थोड़ी ही देर में डोंगी खसखसाकर उस पार की बालू पर लग गई। पानी में उतरकर बुझे मन से लंगर फेंका।

जिन क्षणों को पाने की इतनी तैयारी और गहरी आकांक्षा से रात में चले, मौका आने पर चिकने माँगुर जैसे फिसल गए। हताश मन डोंगी के कोने पर बैठकर सोचने लगा—यह अनुभव इतना साधारण तो न होना था। उस समय केवल पढ़कर सहज ही जो पाया कोशिश करने पर भी उसका अल्पांश तक न मिला।

देर तक गुपचुप विचार-सागर में गोता लगाने के बाद समझ में आया कि हर अनुभव एक उम्र, समय और योग्यता पर ही मिलता है। चौदह वर्ष की कच्ची उम्र में भयावह काली रात से घिरी गंगा की उफनती चौड़ी धार पर चुपचाप डोंगी से जाकर मल्लाहों की मछलियाँ चुराने और पीछा किए जाने पर साँपों की सरसराहट के बीच से किसी तरह भागने के 'थ्रिल' से मन में उठी सनसनाहट को पन्द्रह सौ किलोमीटर से भी अधिक दूरी तक डाँड़ चलाकर,, रोज ही मरघट पर सोने के बाद, तेईस बरस की भरी जवानी में खोजना, छाया पकड़ने जैसा ही तो है!

2

मई के गरम महीने में आमतौर पर लोग छतों पर या खुले में एक चादर ओढ़कर रात भर मजे से सोते हैं लेकिन गंगा की गोद में यह नहीं चला। वहाँ तो शाम होते ही तीन फीट की ऊँचाई पर मस्तूल से एक लम्बा बाँस बाँधकर तिरछा-तिरछा पिछले सिरे से कस देते। इसके बाद ऊपर से पाल डालकर किनारों पर बाँधते तो झोंपड़ी। इतने से भी काम न चलता तो ठंड की वजह से कम्बल ओढ़ते।

दो-तीन दिनों से रोज रात में जबर्दस्त बिजली चमकती, बादल जोर-जोर से गरजकर धमकाते। पुरवइया झूम के चलती। लगता बादल अब फटे तब फटे।

सब सामान सँभालकर रखते लेकिन गरजते बादल बरसते नहीं। उस दिन भी मौसम का पुराना हाल रहा। नदी के बीच दिखते एक टापू पर घुटने भर पानी में लंगर डाला।

पुरवइया तेज हो गई और बिजली चमचमाती रही। रात में जब-जब नींद खुली बिजली की क्षणिक रोशनी में काले-भूरे बादलों का घिराव और डोंगी के बगल गड़े लम्बे लचकते बाँस पर फड़फड़ाता झंडा दिखा।

अचानक भयावह आवाजों से नींद टूटी तो सकते में आ गए। बिजली-पानी का रौद्र रूप सामने आया। चाँद-तारों का कुछ पता न था। उनचासों पवन जी छोड़कर भागे। नदी में खलबलाहट मच गई। गरजते बादल बेतहाशा बरसने लगे। प्रकृति का ऐसा रूप कभी न देखा था। बेखबर सोते अभय उठ बैठे। डोंगी को लेकर उड़नेवाले पाल, जो इस समय झोंपड़ी का काम कर रहे थे, तेजी से फड़फड़ाने लगे। लगा अब डैने उखड़ने ही वाले हैं। जल्दी-जल्दी सारा सामान छुपाया और कम्बल के नीचे दुबककर ऊपर से तिरपाल ओढ़ लिया।

थोड़ी ही देर में बरसात इस कदर रफ्तार पकड़ गई जैसे समूचा आसमान ही फट पड़ा। तूफानी हवा डोंगी से सिर मारने लगी। हवा के जबर्दस्त थप्पड़ के साथ डोंगी एक ओर से थोड़ा ऊपर उठ जाती, तभी दूसरा थप्पड़ पड़ता और आगे जा गिरती। जान पड़ा अब उलटी कि तब। उलट जाती तो हम उसके नीचे आ जाते, फिर किसकी मजाल थी जो ऊपर आ पाता।

मोटी-मोटी बूँदें पड़तीं तो चोट लगती। ऊपर से हू-हू करती हवा, चकाचौंध मचाती तड़ित और हाथ कँपकँपा देनेवाली तेज कड़कड़ाहट। तिरपाल के नीचे सिर छुपाना भी बेमानी हो गया। ठंड से कँपकँपाकर अंग-अंग सुन्न हुए जाते।

पानी कुछ थमा तो अभय ने साफी-चिलम टटोल ली, गैस के लाइटर ने इस समय कमाल दिखाया और फिर–'अ-ऽ-ल-ऽ ख निरंजन। बो-ऽ-ल बम। लगा दम, मिटा ऽ गम। काँटा गड़े न कंकड़। जाड़ा लगे न पाला। बोल साँचे दरबार की...'

पहला दम खींचकर फिर से भोले बाबा को गोहराने चले कि चंडी दुबारा नाचने लगी। इस बार पानी ही नहीं छोटे-छोटे ओले भी चले आए। अभय ने आड़ लगाकर दो-चार दम और मारे, चोला मगन। ओलों से बचने के लिए हमने कम्बलों में सिर छुपाया।

सुबह चीं-चीं करती ढेरों चिड़ियाँ आस-पास चकराने लगीं। छुटकी चिरैया टोंट के बल पानी में गोता लगातीं, जहाँ-तहाँ सूँइस की सुसकार सुन पड़ती। रात जहाँ लंगर डाला था वहाँ से करीब पचहत्तर फीट दूर रेत पर चार इंच उथले पानी में पड़े थे। एकाएक विश्वास न हुआ कि हवा इतनी तेज भी हो सकती है।

3

घोघा से पहले ही गंगा ने नया कलेवर बदला। मटमैले पानी का चौड़ा बहाव। धारा कहीं चपल कहीं गोल घेरा लिये। फिर किनारे की गीली बालू का गहरा भूरापन। उससे पीछे गुलाबी रंग लिये सफेद और भूरा पाट। पृष्ठभूमि में चरती गाएँ, दो बड़ी नावें, सर पर गठरी रखे आते-जाते मुसाफिर, लग्गी लगाता मल्लाह, साफ-सुथरे पहाड़ों की कतार। भूरे-सफेद बादल। सामने लाल छतों वाले झोंपड़ीदार मकान, हरियाली, धान रोपते छतरी लगाए किसान। कहलगाँव के लाल-भूरे-सफेद मकान। लाल धारीवाला सुन्दर छोटा पुल, किनारे से गुजरती रेलगाड़ी। सब कुछ साफ-सुथरा, सुन्दर, धुला-धुला और मनभावन जैसे एक विशाल रंगीन चित्रपटी सामने रखी हो।

गंगा, गेडुआ और भेन की तिरमुहानी से होकर कहलगाँव की ओर घूम गए। नदी के घुमाव, लाल मोरंग, धारा के बीच धँसी पहाड़ियाँ और ऊपर के पर्वतों ने मिलकर गंगा तटीय इस क्षेत्र को विशिष्ट सुन्दरता प्रदान कर दी। यहाँ गंगा 'जाह्नवी' कहलाती है। भगीरथ के रथ का अनुसरण करती चल रही गंगा जब यहाँ पहुँचकर जह्नु ऋषि के आश्रम को भी बहा ले जाने को उद्यत हुई तो ऋषि को क्रोध आ गया। उन्होंने गंगा को अंजलि में रखकर पी लिया। भगीरथ ने कठिन तपस्या की तब कहीं ऋषि ने प्रसन्न होकर गंगा को मुक्त किया। तभी से उसे जाह्नवी भी कहा गया।

चाहे भगीरथ को श्रम का प्रतीक मान लें या यही मान लें कि भगीरथ नामक राजर्षि गंगा को लेकर यहाँ पहुँचे। यहाँ की पहाड़ियों ने गंगा का रास्ता रोक लिया। पहाड़ियों पर जह्नु ऋषि का आश्रम भी था। प्रतीकात्मक रूप में कह दिया गया—ऋषि ही गंगा को पी गए। तदुपरान्त भगीरथ ने अत्यधिक श्रम या तपस्या करके गंगा के आगे बढ़ने का रास्ता बनाया अथवा गंगा ने भगीरथ-श्रम से पर्वत को काटकर अपना मार्ग खोला।

कहलगाँव में 'पी.टी. भागीरथी स्टीमर' के कर्मचारी भी मिले। अभय बाजार चले गए और लौटे तो बढ़िया तिरपाल, रैक्सीन और नायलॉन की रस्सी ले आए। एक रात के भुगते अब हम तनिक भी खतरा लेने को तैयार न थे। स्टीमर पर पता चला कि रात भर किनारे की चट्टानों से टकराकर टूट-फूट से बचने के लिए उन्हें इंजन चालू रखने पड़े। जैसे-जैसे तूफान ने जोर पकड़ा उन्हें हमारी चिन्ता होने लगी। शौकीन लड़के ऐसे तूफान में कहाँ कैसे होंगे? सलामत सामने पाया तो चैन की साँस ली।

लोग बताते हैं—धारा की बीच वाली पहाड़ियों में से एक पर एक साधु रहता था। किसी विवाद पर साधु जेल चला गया तो साधु का पालतू बन्दर साक्षात् बजरंगबली बन बैठा। क्या मजाल कि कोई उस पहाड़ी पर पहुँच जाए। बन्दर किटकिटाकर टूट पड़ता। कभी-कभी रेलगाड़ी की छत पर बैठकर भागलपुर पहुँच जाता और जेल में साधु से मुलाकात भी कर आता।

कहलगाँव से चलकर बटेसर रुके। जहाँ पाँच गुफाएँ हैं। कभी इसके पूरब में जगत प्रसिद्ध विक्रमशिला विश्वविद्यालय हुआ करता था। दिन रहते ही लंगर डाला।

4

ताप और धूप में निरन्तर चलते जाने का यह नतीजा हुआ कि हाथ-पैर और अपना चेहरा तक पराए लगने लगे। झुर्रियों भरी खाल लटक आई। हाथ की रगड़ या तौलिया से बदन पोंछते धूप से जली खाल की परतें छूटने लगीं। लगता जगह-जगह सफेद दाग पड़ गए हैं। ताजी त्वचा आने पर ये दाग चरक जैसे लगते। बचने का कोई रास्ता न था। नौ बजे चढ़ी धूप सायं पाँच तक सान चढ़ी तलवार जैसी कौंधती। दिन भर बैठे रहने से काम नहीं चलता। एक ही रास्ता बचा चाहे आग पड़े या पानी, चलते जाना है।

गंगा-कोसी संगम दिखने लगा। धारा फैलकर दाएँ घूम गई। कगार तराशती चली आ रही कोसी के भव्य प्रवाह पर बड़ी-बड़ी नावें चढ़ती-उतरती दिखीं। डोंगी धारा के तेज बहाव में बह चली। महिमामयी कौशिकी के दर्शन कर मन भर आया—

'जय कोसिका महारानी की। तेरी महिमा अपरम्पार। दोनों महाकाव्य और अठारहों पुराण तेरा गुण गाते हैं।'

हिमालय से चलकर गंगा में मिलती कोसी बीच के प्रवाह-पथ में सप्तधाराओं का जाल फैलाए, पूर्णिया-सहरसा जिलों पर शिकंजा कसे है। कभी बंगाल-बिहार की सीमा बनाती, आज बीच बिहार में फैली है। इधर-उधर खिसकने-खेलने में कोसी द्वारा की गई धरती की दुर्दशा की मिसाल ढूँढ़े नहीं मिलती। ब्रह्मपुत्र, तीस्ता और घाघरा के रहते हुए भी कोसी की पटरी अगर बैठ सकती है तो बस चीन देश की यांगतिसी क्यांग जैसी सर्वग्रसिनी, प्रलयंकारी नदी से। फिर भी तिरहुत वासी उसे मइया ही कहते हैं। कोसी मइया की कथा घर-घर में गाई सुनी जाती है—'कोसिका महारानी नदी नहीं तिरहुत की कन्या। बंगाल में ब्याही गई। झगड़ालू सास-ननदों के अत्याचार सहते-सहते दुखी होकर लड़ पड़ी, खीझ के मारे सोरह मन के चमचमाते चाँदी के आभूषण चूर-चूर करके धूर कर डाले और चिटककर तिरहुत की ओर भागी। ननदों ने कुल्हाड़े वाले हजार दानव लेकर चलनेवाली कुल्हाड़ी-आँधी और पहाड़ डुबानेवाले पहड़िया पानी पीछे लगा दिए। कोसी मइया जान छोड़कर भागीं, बंगाला जादू के जोर से आँधी-पानी ने पीछा पकड़ लिया। जहाँ-जहाँ कोसी भागी आँधी-पानी ने सब नष्ट कर डाला। इलाका उजाड़ हो गया। तब तक कोसी मइया की दुलारी बहिन दुलारी दाय ने एक दीया जलाकर जादू काट दिया। कोसी रुक गई।'

मजा ये कि इतने उत्पात मचाने के बाद भी दोष कोसी का नहीं, वह तो घर की बिटिया है न। सारा दोष ससुराल बंगाल देस के मत्थे। जनमानस की खूबियों,

खामियों और आस-पास के क्रिया-कलापों को किस खूबी से पिरोकर रस भरी तथ्यात्मक लोक-कथाओं में सँजो लिया जाता है।

कथा में रस पाकर अभय ने पूछा—'ई खिस्सा कहाँ से जनला गुरू!'

'रेणु जी का नाम सुना है?'

'नाहीं गुरू!'

'तीसरी कसम देखी थी?'

'चौंचक्क फिलिम रही। चलत मुसाफिर मोह लियो रे-ऽ पिंजरे वाली मुनिया।'

वे मस्त होकर गाने लगे।

'हाँ-ऽ। वही फिल्म। उसकी कहानी रेणु जी ने ही लिखी थी। अक्षरों में जान डालनेवाले महान कथा-शिल्पी रेणु ने अपनी जन्मभूमि कौशिकी की परती पर एक बोलती-गाती, चलती-फिरती और रोती-गाती कथा लिखी है—'परती-परिकथा'। उसी में ये कहानी भी आई है।'

'तब्बै-ऽ हम कहली नइया पर से त कहीं गइला नाहीं कहाँ से एतना जनकारी बटोरला!'

5

विस्तृत बालुका तट पर साफ-सुथरी सुन्दर कुटिया के शीर्ष पर तीन-चार लाल झंडियाँ फरफरा रही थीं। गेरुआ वस्त्र धारण किए कुछ साधु सन्ध्या में व्यस्त दिखे। यज्ञ-कुंड से उठती धुएँ की लहरियाँ अनवरत ऊपर उठ रही थीं। सूरज डूब चला। कुटिया के गाढ़े भूरे छप्पर में लाली घुल गई। दूर तक सीधी चली जाती खूब चौड़ी धारा की लहरें हलकी लाल पड़ गईं। एक स्टीमर सायरन बजाता निकल गया।

लहराकर नीचे आते टूटे पत्ते की तरह डोंगी धीरे से किनारे लग गई। दिन भर की भरपूर मेहनत के बाद मौका पाते ही आँखें बन्द करके हाथ-पाँव ढीले छोड़ दिए। तरावट भरी हवा अकड़े अंगों पर लहराई तो बड़ा सुख मिला। लहरों के साथ उठती-बैठती डोंगी की एकस्वर चप्प-चप्प और लहरों के कगार से टकराने की आवाज के साथ कुछ लोगों के क्रमशः निकट आते पदचाप अजब रहस्यमय लगे। पास आकर वे डोंगी पर लिखी इबारतें धीरे-धीरे पढ़ने लगे—

'युवा परिभ्रमण एवं सांस्कृतिक...दिल्ली से कलकत्ता। बड़ी लम्बी यात्रा पर निकले हैं। हजारों मील लम्बी यात्रा। रास्ते में तरह-तरह के गाँव, तीर्थ, नगर, नदियाँ...बड़ा पुण्य पा रहे हैं। ऐसे भाग सबके कहाँ?'

आडम्बरहीन, गम्भीर किन्तु मधुर स्वरों ने बहुत प्रभावित किया और जब अन्त में उन्होंने तीन बार 'अहो भाग्य...' उच्चारित किया तो अनायास ही आँखें खुल गईं।

तेजोदीप्त युवा संन्यासी का गौर मुख सामने आया। ऊँचा कद, उत्तम स्वास्थ्य, चेहरे पर छोटी–छोटी चमकदार काली दाढ़ी। छोटे–छोटे केश। आत्मविश्वास और सन्तुष्टिपूर्ण सुन्दर बड़ी–बड़ी काली आँखें। दोनों हाथ जोड़कर विनयपूर्वक बोला–'आप जैसे तपस्वी के दर्शन पाना हमारा सौभाग्य है। उलटा क्यों बोल रहे हैं?'

कौन किसे क्या क्या कह रहा है?

उन्होंने जो कहा मेरी यत्न से सँजोयी तर्क–शक्ति पर पहाड़–सा भारी पड़ा–'उलटी बात नहीं कर रहा भगवन्! जो कहा सोच–समझकर ही कहा। मिथ्या प्रशंसा साधु का धर्म नहीं। सचमुच हमारा सौभाग्य ही है जो आप लोगों के दर्शन–लाभ हुए। ऐसी यात्रा करनेवाला स्वयं तीर्थ हो जाता है...'

बात आगे बढ़ाने और तर्क के लिए शब्द न मिले। संन्यासी कमंडल सँभाले कुटिया की ओर चल दिए। थोड़ी देर बाद उनका एक शिष्य हमें कुटिया में बुला ले गया। सब लोग बीचोबीच बनी धूनी के आसपास बैठ गए। बातों–बातों में गंगा की महिमा बखानी जाने लगी तो अपना सिक्का जमाने के इरादे से प्रयाग–संगम से साथ हो लिये साधु से मिला ज्ञान बघारकर थोड़ी सी शेखी भी मार गए–'लेकिन बाबा जी! विष्णु के चरणों से निकली, शिव की जटाओं में उलझी, भगीरथ उन्हें लाए। गंगा स्वर्ग में जन्मीं और इन्द्र के ऐरावत ने उनके लिए रास्ता बनाया, वे तीनों लोकों में प्रवाहित हैं। इनके भौगोलिक तादात्म्य की बात तो कल्पना भरी लगती है।'

आसन जमाए युवा संन्यासी ध्यानपूर्वक सुनकर सहज भाव से मुस्कुराए। फिर गम्भीर होकर गंगा पर एक नजर डाल संयत स्वरों में समझाने लगे–'त्रिविक्रम विष्णु के आकाश–लोक नापने को उठे चरण ब्रह्मा ने गंगाजल से धोए, शिव ने व्योमकेश में गंगा को सँभाला। नदी में आनेवाला जल आकाश से ही बरसता है। बदरीनाथ के नारायण नामक पर्वत के चरणों में स्थित सतोपन्थ ताल से अलकनन्दा निकलती है या यों कह लें चरणों से निकलती है। नारायण विष्णु का ही एक नाम है। अब यूँ कहें कि गंगा नारायण के चरणों से निकलीं या विष्णु के चरणों से, बात एक ही है। गंगा हुई न विष्णुपदी।'

हम चकित रह गए। वे धारा–प्रवाह बोलते रहे–

'अलकनन्दा की सहायिकाएँ कैलास पर्वत की श्रेणियों की उलझी जटाओं जैसी वादियों से उन्हीं की तरह उलझती आकर अलकनन्दा का सर्जन करती हैं। कैलास शिव का धाम माना जाता है। उन धाराओं को शिव द्वारा जटाओं या अलकों में सँभालने का प्रतीकात्मक वर्णन करके प्राच्य ऋषियों ने त्रुटि नहीं की। अलकों में उलझने के कारण ही उसे अलकनन्दा नाम मिला।

'भगीरथ श्रम के प्रतीक हैं। हिमालय में मार्ग बनाने में गंगा को कठिन परिश्रम करना पड़ा होगा। हिमालय ने रास्ते में व्यवधान डाला होगा। उसके बाद वर्षाकाल में

इन्द्र के ऐरावत या बादलों ने घनघोर वर्षा द्वारा पहाड़ों को तोड़कर रास्ता खोला होगा। ऐरावत का अर्थ बादल है। ऊपरी हिमालय स्वर्ग, मध्यम मैदान और कदाचित निचले भाग में कहीं पाताललोक रहा होगा। जहाँ क्रमश: देवता-गन्धर्व, सामान्यजन तथा नागों का वास रहा होगा। इस तरह इन विवरणों में मुझे तो कल्पना नहीं दिखती, मात्र प्रतीकों का प्रयोग किया गया है।'

संन्यासी के चुप होने पर, थोड़ी देर शान्त रहकर, प्रश्न उठाया–'लेकिन आप केवल अलकनन्दा के बारे में बोले। जबकि गंगा का स्रोत तो गोमुख है और वहाँ से निकली धारा भागीरथी कहलाती है, अलकनन्दा नहीं।'

संन्यासी का मुखमंडल शान्त बना रहा। पूर्ववत् निश्चिन्त भाव से बोले–

'भागीरथी गंगा तो भागीरथ के तप के कारण इस नाम से जानी गईं। असल गंगा अलकनन्दा ही हैं। ऋषियों-मुनियों ने उक्त वर्णन अलकनन्दा के सन्दर्भ में ही किए हैं। भगीरथ द्वारा गंगा को लाने का प्रकरण तो मात्र उनके तप द्वारा ज्ञान पाकर उसके प्रभाव से अज्ञान के विनाश की कथा सुनाने के लिए गंगा के प्रतीकात्मक तादात्म्य हेतु हुआ है। अभी-अभी आपने कहा है कि गंगा ज्ञान की पर्याय है, उसी से समझ लीजिए कि राजा भगीरथ गंगा नाम की नदी नहीं वरन् ज्ञान लेकर आए थे। भागीरथी की अपेक्षा अलकनन्दा में कई गुना अधिक जल, अधिक लम्बाई और सहायिकाएँ अधिक हैं। हिमालय क्षेत्र के पाँचों प्रमुख प्रयाग–देव प्रयाग, रुद्र प्रयाग, कर्ण प्रयाग, नन्द प्रयाग और विष्णु प्रयाग–अलकनन्दा पर स्थित हैं। अलकनन्दा भागीरथी की अपेक्षा अधिक स्थिर और स्थापित है। नारायण और कैलास पर्वत अलकनन्दा के स्रोत-क्षेत्र में स्थित हैं। इसलिए मुझे हर तरह से अलकनन्दा ही गंगा की मुख्य धारा प्रतीत होती है।'

6

बालू से माँजकर डोंगी पर सजे चमचमाते बर्तन देख अभय प्रसन्न मन बोले–'का गुरू! तू त एक-एक बर्तन चमकाय देहला।'

चाय का पानी चढ़ाकर वे पास आ बैठे। फिर हम दोनों बाकी बर्तनों पर जुट गए। पानी में धुलकर चमचमाते बर्तन बाहर आते तो बड़ा सन्तोष मिलता। तभी रह-रहकर आती छन्न-छन्न आवाज सुनकर अभय का ध्यान उधर गया–'भगोनवा चूवै लागल का हो ?'

हाथ का बर्तन वहीं छोड़ स्टोव के पास पहुँचे। घुटनों के बल बालू पर झुककर तजवीजा फिर हाथों से रेत झाड़ते हुए बोले–'दे-ऽ खा गुरू! तू त माँजै के रहै दे-ऽ ऐसन मँजाई मँजला कि सरवा पेंदा में छेदा हो गइल। ऐसनै मँजबा त माँजत-माँजत बरतनवै घिस डरबा।'

होम करते हाथ जला। रोज के मुताबिक नरम-नरम बालू पर टहल रहा था। साहिबगंज से मनिहारी, मनिहारी से साहिबगंज तक सवारियाँ पहुँचाते स्टीमर फेरी लगाते दिख रहे थे। अभय को अकेले कपड़ा पछारते देख मदद के लिए बगल में धरे बर्तन माँजने लगा। लेकिन वहाँ भी सुनने को मिल गया-'जहँ-जहँ चरन परें सन्तन के तहँ-तहँ बंटाधार।'

शाम तक 'सँकरी गली' से गुजरते, दाएँ हाथ की ऊँची पहाड़ी के निकट खड़े स्टीमरों से थोड़ा आगे बढ़कर डोंगी किनारे लगा ली। अँधेरा घिरने में अभी घंटे-दो-घंटे की कसर। अभय राशन पानी के जुगाड़ में चले। इधर मैंने डायरी खोल ली।

किनारे पर कुछ बच्चे घरौंदे बनाते रहे। दूर उत्तर दिशा में पानी ही पानी लहराता दिखा। धारा के पार देखने पर लगता जितनी वनस्पतियाँ ऊपर हैं उतनी ही धारा के नीचे भी। जैसे मीलों लम्बा दर्पण फैला हो और उसके किनारे काली बाड़ लगी हो। सामने की पहाड़ी पर स्थित मन्दिर सूना-सूना लगा। उधर ताड़ के गाछों की अधिकायत और एक ताड़कुंज के नीचे की दुकान पर ताड़ी पीनेवालों की भीड़। बगल में खड़ा एक बड़ा स्टीमर, आधा बालू पर आधा पानी में पड़ा दूसरा स्टीमर।

कपड़ों की गठरी सँभाले एक लम्बी और मोटी चोटीवाला आदमी गंगा किनारे आया। कपड़े उतारकर सलीके से दबाए। कमर से गमछा लपेटता किनारे पर आया। थोड़ा-सा गंगाजल एक पात्र में लेकर हाथ-पाँव धोए। अंजलि में जल लेकर बुदबुदाते हुए पाँच बार सिर पर छिड़का 'ओम् नमो गंगायै विश्व रूपिण्यै नमो नमः।'

कमर बराबर गहरी धारा में उतरकर बुदबुदाते हुए पूरे बदन पर गंगा की चिकनी मिट्टी मलने लगे-

ज्ञानी होना चाहो तो गंगा जी का सेवन करो।
धनी होना चाहो तो धर्म को बढ़ाइए।

चिकनी मिट्टी के लेपयुक्त उनके पुष्ट शरीर पर फिरती अँगुलियों से आड़ी-तिरछी लकीरें खिंच गईं। मोटी शिखा खुलकर लहराने लगी। जल्दी-जल्दी कर्मकांड निपटाने और चारा काटनेवाली मशीन की तरह तेजी से गाने लगे-

जीवने को चाहो तो जीवन पर रक्षा करो।
भागने को चाहो तो पाप कर्म से भागो।
नाचना जो चाहो तो आवो गोविन्द शरण।
गाना जो चाहो तो गोविन्द गीत गाइए॥

तब तक देर से संकेत दे रहा झड़[1] आ पड़ा। पंडित जी हड़बड़ाकर कपड़े बटोरते रहे। चारों ओर बालू ही बालू उड़ चली। लहरें चाप चढ़ाए दौड़ पड़ीं। बच्चों की मदद से डोंगी खींचकर रेत पर चढ़ा दी। स्टीमरवालों ने इंजन स्टार्ट कर लिये। ऐसा

1. तूफान

न करने पर लहरें स्टीमर को बालू पर ढकेल दें तो दुबारा उन्हें गहरे पानी में लाना जी का जंजाल हो जाए। अभय का अब भी कहीं अता-पता नहीं। तमाम आशंकाओं दु:शंकाओं से घिरा मजबूरन डोंगी पर लेट गया। भूख से अजब हाल, बार-बार बेचैनी से सामने की दुकानों की ओर देख लेता।

आधे घंटे तक अन्धड़ की उठा-पटक चलती रही। स्टीमर बराबर स्टार्ट रहे। बालों में बालू भर गई, चेहरे पर चिपक गई और दाँतों में फँसकर किर्र-किर्र करने लगी। तांडव थमा तो ताड़-कुंज से प्रकटे अभय हमारे। जान में जान आई, तसल्ली मिली—चलो हैं तो सही-सलामत!

7

अँधेरे में बड़ी-बड़ी कंदीलों जैसी छायाएँ भागी जा रही थीं। एक के पीछे दूसरी खटाखट निकलती चली जातीं। हैरानी से देखता रहा—कगार के मोड़ से एक मद्धिम रोशनीदार आकार उभरता और धारा पर तेजी से बढ़ता चला जाता। दूसरा निकलता, वह भी भागता चला जाता, तीसरा, चौथा...जैसे पहिएदार रोशनी वाली गाड़ियाँ धारा की सड़क पर लुढ़क रही हों। भय मिश्रित विस्मय के साथ उधर ही देखता रहा—आखिर यह कौन सी माया है? धारा पर ऐसी छायाएँ कहीं नहीं देखीं।

बादलों की झिरी के बीच से चाँद की दबी-दबी रोशनी फूटी तो चारों ओर हलका उजाला बिखर गया। मोड़ से फिर वैसी ही रोशनी आगे बढ़ी तो चकित रह गया, बला का खूबसूरत नजारा सामने आया। बड़ी-बड़ी नावों के ऊँचे मस्तूलों पर तने पालों के पीछे लटकी लालटेनें उन्हें कन्दीलों का रूप दे रही थीं। मस्तूल, कुछ रस्से, थोड़ा पाल और नाव का कुछ हिस्सा रोशनी में चमकता और बाकी काली छाया जैसा लगता।

हवा जोर पकड़ने लगी तो अनुभवी मल्लाह झट से पाल चढ़ाकर घुप अँधेरी रात में भी माल लदी बड़ी-बड़ी नावें लेकर उड़ चले। एक-एक मोड़ और धारा से सुविज्ञ मल्लाह हवा रहते, उलटी गंगा में भी, मीलों निकल गए होंगे। उनके इस कौशल पर बलि-बलि गया। ऐसे दृश्य देखना भाग्य वालों की ही किस्मत में लिखा होता है।

8

धारा एकाएक फैल गई। दूर तक पानी ही पानी लहरें मारता दिखा। प्रवाह की तीव्रता टूट गई। पाल वाली नावें भागती नजर आईं। डोंगी की लम्बी उठी नोक पर बैठे माँझियों का लापरवाह अन्दाज में दोनों हाथों से डाँड़े खींचना देखते ही बनता। हवा भरे तिकोनिया पाल नौकाओं को पैराशूट से उतरते हवाबाजों जैसी मस्तानी गति

प्रदान करते। यहाँ की नावों के आकार में फिर परिवर्तन दिखा। यहाँ आनेवाले तूफानों ने ही लम्बे नुकीले सिरे और कम चौड़ाई वाली नावें व डोंगियाँ बनाने की दिशा दी जिससे हमलावर लहरों से किसी हद तक बचा जा सके।

राजमहल घाट पर नावों का ट्रैफिक जाम मिला। ऊपर से आनेवाली नावों-डोंगियों को लंगर डालने या किनारे लगने की जगह न मिलती। जगह पाने और सामान उतारते-चढ़ाते लड़ते-झगड़ते माँझी। घाट से निकट आते-आते हवा भरे पाल उतर जाने पर तेजी से चढ़ी चली आ रही नावें कन्ने से कटी पतंग जैसी पत्ताने[1] लगतीं। किनारे से नावों तक लम्बे-लम्बे पड़े पटरे से किसी नाव पर छोटे केलों वाले भारी गाध लदते, किसी पर अनाज के बोरे। छोटी डोंगियों पर नन्ही-नन्ही चमचमाती मछलियों की गन्ध से जी मितलाने लगा।

माल लादते-उतारते श्यामवर्ण मजदूरों की भाग-दौड़ पर नजर फेंकते निकल गए। डाँड़ चलाने में लगता किसी नदी में नहीं जलाशय में चल रहे हैं। धारा का प्रवाह, उससे उपजी आवाज और छोटे-बड़े घूर्णित वलयचक्र। डाँड़ों की अबाध ध्वनि गहरे से फूटती, देर तक गूँजती, उससे उठी चक्करदार लहरियाँ दूर तक फैलती चलतीं। बढ़ती डोंगी की चौड़ी लीक जल-सतह पर दूर तक दिखती।

सामने की फटी रेत पर डेरा डाले बड़की नावों का पहचाना-पहचाना सा बेड़ा देखकर उधर ही मुड़ लिये। पता चला मिर्जापुरी-बनारसी मल्लाहों की नावें हैं। यों तो इधर के घाटों पर स्थानीय नावें चलती हैं लेकिन बनारस, रामनगर, चुनार और मिर्जापुर तक की नावें रास्ते में एक का माल उतारती, दूसरे का लादती चलती हैं। पुरुषार्थी मल्लाह इसी तरह फरक्का तक सैकड़ों किलोमीटर तक निर्द्वन्द्व घूमते हैं। एक-एक नइया पर कई-कई आदमी और एक-एक बेड़े में छह-सात बड़की नइया। इनके पास सुरक्षा के लिए अच्छा-खासा गोला-बारूद रहता है।

दो सहस्राब्दियों से भी अधिक समय से इनके पुरखे ढाका-चटगाँव, ताम्रलिप्ति, साकेत, और मथुरा-इन्द्रप्रस्थ के बीच पद्मा, ब्रह्मपुत्र, सरजू और गंगा-यमुना के जलीय महापन्थों पर अपने तीन-तीन पालों के ऊपर झंडी फरफराते दौड़ा करते। रोजी-रोटी के जुगाड़ में अनुभवी मुखियों के नेतृत्व में गाँव से प्रस्थान करते तो विधिवत् माँ गंगा-यमुना-सरयू आदि नदियों, इन्द्र-वरुण और नौका की पूजा होती। पाँच पूड़ियाँ, रोली चावल चढ़ाकर कुशलतापूर्वक लौटने की मनौतियाँ मानी जातीं। लौटने की कोई मियाद नहीं होती। हित-बान्धव अश्रुपूरित नयनों से विदाई देते। अब बँगलादेश और कलकत्ता के फाटक फरक्का ने बन्दकर दिए हैं।

---

1. हवा में उड़ते पत्ते की तरह

हर चप्पा हरियाला

1

धान की हरी-हरी पत्तियों पर हजारों पनीले मोती ढुलक रहे थे। बहुत ही बारीक पानी की रिमझिम के साथ चलती हलकी-हलकी हवा से झीनी पनीली चुनरी-सी लहराने लगी और खुले मुँह-हाथ पर मानो पतले स्प्रेयर से बौछारें मारकर छेड़ती रही। बदली, रिमझिम ठंडी हवा और सुन्दर दृश्यों ने मन में आनन्द की हिलोरें उठा दीं। इतने दिनों के लम्बे अभियान में एक बार फिर सर्वसुखद अवसर आया।

सामने जलीय विस्तार का अन्त-अनुमान नहीं दिखता। रात में फरक्का की रोशनी देखी थी, अन्दाज से उसी ओर बढ़ चले। आस-पास अथाह पानी ऊँची हिलोरें लेता रहा। दाहिनी ओर दूर तक धानी हरियाली लहरा रही थी। एक ओर राजमहल पर्वत की श्रेणियाँ किसी महल के ऊँचे कंगूरों जैसी सिर उठाए खड़ी थीं। पर्वतीय ढाल हरियाली से पटा हुआ था। कहीं-कहीं कदली-कुंजों में बसे छोटे गाँव जन्माष्टमी में सजाए गए खिलौने के जैसे सुन्दर लगते। मछलीमारों की तिरती डोंगियाँ दृश्य का आकर्षण बढ़ातीं धीरे-धीरे इधर से उधर सरकती जातीं। वर्षा की झिरी से देखने पर लगता जैसे किसी सधे कलाकार ने पीपल की विशाल सूखी पत्ती के महीन रेशों पर रंगीन और जीवन्त 'लैंड स्केप' पेंट किया हो।

डोंगी राजसी चाल में बढ़ती रही। इतनी धूप-लू झेलने के बाद ऐसा सवेरा पाकर उल्लसित हो उठे। थोड़ी देर बाद हवा तेज हो गई। पाल तन गए और डोंगी तनिक-सी तिरछी होकर एक झटके से रफ्तार पकड़ गई। विस्तृत जलाशय का विस्तार, राजमहल पहाड़ और नौका-समूह तेजी से निकट सरकने लगे। बैराज का स्वरूप उभर आया। किनारे पर स्नानार्थियों की आवाजाही स्पष्ट हो गई। किनारा पास आते ही पाल उतार दिया। एक नोटिस बोर्ड सामने आया–'इससे आगे कोई नाव नहीं जा सकती।' गंगा के पूरे प्रवाह को मीलों लम्बे जलाशय में बदलनेवाला बैराज देखकर अचरज में पड़ गए। सारा बहाव एकबारगी यहाँ आकर ठिठक गया।

कहते हैं गोमुख से राजा भगीरथ के साथ चली गंगा को यहीं आकर पहले भी एक बार ठहरना पड़ा था। तब उसे किसी बैराज ने नहीं भगीरथ के मान ने टोका था। अपनी ही तरंग में बहती त्रिभुवनतारिणी गंगा करोड़ों जीवों को जीवन प्रदान करती भूल ही गई कि गंगासागर द्वीप पर भगीरथ के पुरखों की भस्म मुक्ति की आकांक्षा में उनकी राह देख रही है। भगीरथ ने चिन्ताकुल होकर गंगा को चेताया तो मुख्य प्रवाह से एक धारा निकलकर गंगासागर की ओर चल दी जिसे 'भागीरथी' कहा गया। मुख्य धारा आज के बँगलादेश में बहती है और पद्मा कहलाती है।

अभी हाल तक भागीरथी की धारा गंगासागर पहुँचने का सहज मार्ग बनी रही लेकिन सत्रहवीं शती के आरम्भ से गंगा के साथ आए मलबे ने इसमें बड़े स्टीमरों का चलना मुश्किल कर दिया। सफाई के लिए मिट्टी-बालू निकालते नाक में दम आ गया। कलकत्ता बन्दरगाह के बन्द होने के आसार देख मजबूरन मुख्य गंगा से पानी निकालकर भागीरथी में डालने की योजना बनी।

स्टोव पर चाय चढ़ाकर अभय डोंगी की सफाई करते गुनगुनाए जा रहे थे–

'तोहरे करनवा...घरवा छुट्टल, छुट्टल देस जहान।'

सारा सामान सिरजा। कम्बल-चादर तहाकर एक तरफ रखे और कपड़े से डोंगी पोंछ डाली। काम निपट गया तो चाय निकालकर मेरी ओर बढ़ाई फिर सिगरेट सुलगाकर बैठ गए। ऐसा मस्ताना साथी सबके नसीब में कहाँ? दिल आ जाए तो जान लुटा दे नहीं तो कानी छिदन्नी भी भारी। फरक्का तक पहुँचकर बाबू साहब उत्साह से लरज-लरज उठते। गंगा किनारे पूजा कराने आए पुजारी बाबा लौटने लगे तो उनकी छेड़छाड़ की तरंग जागी–'ऐ पुजारी बब्बा-ऽ-ऐ पुजारी बब्बा-ऽ-।'

पुजारी जी रुक गए। अभय निर्लिप्त भाव से सिगरेट का धुआँ उड़ाने लगे जैसे उन्होंने पुकारा ही न हो। इधर-उधर ताककर पुजारी चल पड़ा।

अभय ने फिर गोहराया–'ऐ बब्बा-ऽ-ऽ-तोहीं के बुलावत हई।'

पुजारी फिर घूमे।

'तोके नाहीं बुलावत हई।'

पुजारी के चेहरे पर क्रोध उभरने लगा।

'अँखिया का तरेरत हए रे! का तोहीं एक बब्बा हए। चला-चला इहाँ से।'

पुजारी थोड़ा ही चला होगा कि अभय ने फिर पुकारा–'ऐ बब्बा-ऽ-ऽ-'

मुझसे रहा न गया तो टोका–'क्या बूढ़े आदमी को परेशान करते हो? बिगड़ गया तो आस-पड़ोस का आदमी भी उसी का साथ देंगे।'

'तोहार बस चलै त तू त सँसियौ लेवै पै इमरजेंसी लगाए देआ-ऽ।'

उन्होंने मेरी ओर कान न दिया। घाट पर जुटे लड़के हँस पड़े। उनका मौन समर्थन पाते ही भइया ने पुजारी को चिढ़ाने के लिए गाँव के शरारती बच्चों की तरह जोर-जोर से गाना शुरू कर दिया–

'काली माई करिय-ऽ-र, भवानी माई गो-ऽ-र।
डीह बा-ऽ-ऽ-बा लंगर। पुजारी बा-ऽ-बा-ऽ चो-ऽ-र।'

2

घूमते-घामते फरक्का 'फीडर कैनाल' के किनारे पहुँचे। आसपास फौजी मुस्तैद दिखे। पता चला इस बैराज के निर्माण के खिलाफ बँगलादेश के वयोवृद्ध नेता मौलाना भसानी अपनी जनसेना सहित मार्च करने वाले हैं।

रूसी सहयोग से बना यह बैराज भारत के लिए बहुत काम का है। इसमें से प्रतिदिन चालीस हजार क्यूसेक पानी फरक्का फीडर कैनाल के जरिए भागीरथी में डाला जाता है जिससे कलकत्ता बन्दरगाह पर बड़े-बड़े मालवाही जहाज पहुँच सकें और व्यापार में सुविधा रहे। फरक्का से जंगीपुर तक बनी चौवन किलोमीटर लम्बी 'फीडर कैनाल' इतनी चौड़ी है कि इसमें दो छोटे स्टीमर आसानी से एक साथ चल सकते हैं। बैराज के लम्बे-चौड़े काम को देखते हुए उसके लिए 'फरक्का बैराज मंत्रालय' नाम से अलग ही व्यवस्था की गई है। यहाँ काम करनेवालों की एक बस्ती बसाई गई है। सुरक्षा के लिए 'सीमा सुरक्षा बल' और दूसरी सैनिक इकाइयों के सैकड़ों जवान तैनात हैं। बैराज के कारण भारत को जितना फायदा हुआ, बँगलादेश वाले कहते हैं कि उन्हें उतना ही नुकसान हुआ है।

फरक्का को लेकर चाहे जो चर्चाएँ, आन्दोलन हों, नतीजा भी चाहे जो हो, इसके चलते फरक्का का अनजाना सा कस्बा सारे भारत, बँगलादेश और पाकिस्तान से भी आगे तक चर्चित है।

नहर के चौड़े पथरीले किनारे पर बहुत देर से चुपचाप सिगरेट फूँकते अभय तेज बहाव में कंकड़ फेंक-फेंककर ऊब गए तो थोड़ी देर इधर-उधर टहले, फिर, जलाशय के किनारे की रेलिंग थामकर खड़े हो गए। जलाशय की ओर से नहर में खुले कपाट से गिरते झागदार पानी में तेज गोले घूम रहे थे। वे तरंग में गाने लगे–

'एहि पा ऽ-र आरा जिला-ऽ ओहि पा-ऽ-र छपरा हो।
कि, बी-ऽ-च में बहेला बालू रेती रे मुरलिया-ऽ।
ओही बालू रेतिया-ऽ में बुढ़िया बंगालिन बाड़े।
जदुवा के मारे ओकर भरल बा-ऽ-सरि र वा-ऽ।
जदुवा के मारि मारि भेड़वा बनउले हौ।

डाली दे लै लोहे के पिंजड़वा मुरलिया-ऽ ॥'

मुझे अपनी ओर ध्यान लगाए देखकर अभय खोपड़ी हिला-हिलाकर गाते रहे-

'दिनवा पढ़ावै ज-ऽ-य सित्ता रा-ऽ-म, सित्ता रा-ऽ-म।

रतिया के सेजिया सोवावै रे मुरलिया-ऽ ॥

'हाँ गुरू! बंगाल देश में आए गइला ना! चेति के चलत जइहा। बँगला मेहरारू बंगाला जादू मारै लीं और देखतै देखत मनई भइल भेंड़ा, कितौ सुग्गा।'

मैं हँसा–'अपने को बचाओ, मेरी चिन्ता न करो।'

'हाँ-हाँ काहे नाहीं। तू त पहिलवैं सुग्गा नियर पिंजरा में तड़पत हउआ।'

बातों के बीच ही अभय ने बगल की दुकान से चाय लाने का इशारा किया। वहाँ मौलाना भसानी के मार्च की चर्चा बहस की आग पर उफना रही थी। उन्होंने ध्यान नहीं नहीं दिया तो अभय खुद ही बढ़े-'का हो गुरू! कुछ धन्धौ-पानी करबा कि मौलनवै संझा के भातौ-मछरी पहुँचाए जाई।'

अपने हाथ से दो गिलास चाय ढालकर अभय फिर वहीं आ खड़े हुए। चायवाला उनके अन्दाज पर मुस्कुराने लगा।

काली टोपीवाली चिड़ियों का झुंड पानी के ऊपर घेरा डाले उड़ता रहा। उड़ती-उड़ती चिड़ियाँ ऊपर हवा में एक ही जगह ठहरकर जल्दी-जल्दी डैने चलातीं, सन्तुलन साधे रहतीं, फिर, एकाएक तीर-सी तेजी से टोंट के बल पानी पर गिरतीं। मछली पा जातीं तो उदरस्थ करतीं या दुबारा मोर्चे पर डट जातीं। लम्बी चोंच, छोटे पैर और नुकीले डैनों वाले इन सुन्दर परिन्दों के सिर गरमियों में काले और दूसरे हिस्से सिलेटी या सफेद हो जाते हैं। देखकर लगता जैसे काली चमकदार मखमली टोपी पहनी हो। नदियों के किनारे रहनेवाली इन चिड़ियों को यहाँ 'कुररी' कहते हैं। यह एकफुटे पक्षी मछलियों की खोज में बराबर पानी पर उड़ते रहते हैं। समुद्री 'गल' इसी जाति के पक्षी हैं। नाविक इन्हें 'पाइलट-चिड़िया' कहते हैं। समुद्र में चलते समय इन्हें आसमान में उड़ते देख समझ जाते हैं कि पास ही कहीं बन्दरगाह या टापू है।

3

पूछताछ से पता चला कि नहर से होकर जाने की 'परमीशन' ब्रिगेडियर कठूरिया से लेनी होगी। बढ़ी दाढ़ी और उलझे बाल सँभालता उनके घर की ओर चला। इतने बड़े आदमी से मिलने चला तो कपड़े और चेहरे-मोहरे का भी खयाल आया। कपड़े साफ होते तो पहने जा सकते थे लेकिन सबके सब मिट्टी के दाग से भरे दिखे। फिर ध्यान आया—कपड़े बदल लूँ तो भी धूप से जली झुर्री खाई खाल और चेहरा कहाँ से बदलूँगा? पीली-पीली गँदली आँखें कहाँ छुपाऊँगा?

आगे-आगे चल रहे, गंगा नहाकर गीले कपड़े सँभाले लौटते लम्बोदर भद्र पुरुष बड़े लय में गाने लगे–

कूरम पै कोल कोलहू पै शेष कुंडली है
कुंडली पै फबी फैल सुफन हजार की।
कहै पदमाकर ज्यौं फन पै फबी है भूमि
भूमि पै फबी थिति रजत पहार की।
रजत पहार पै संभु सुरनायक हैं,
संभु पर ज्योति जटा-जूटन अपार की।
संभु जटा-जूटन पै चन्द की छुटी है छटा,
चन्द की छटान पै छटा है गंगाधार की॥

उसे देखकर सोचने लगा कि यह आदमी यहाँ का तो नहीं जान पड़ता, गाने के टोन से तो अवधी लगता है। दोहरा बदन चलता तो चर्बी के थक्के-थलथलाते। कुछ दूर चल के उससे आगे निकलते हुए टोका–'श्रीमन् आपका निवास यहीं है?'

वे सहसा चौंककर रुक गए–'सीतापुर, उत्तर प्रदेश का रहनेवाला हूँ।'

यह सुनकर सुखद आश्चर्य से भरा आगे का परिचय पाकर प्रसन्नता से झूम उठा। वह अपनी जन्मभूमि के निकट का ही निवासी निकला–'यू तो बड़ी सुन्दर भेंट हुई भइया! तुम बिसवाँ केरे मन्दिर स्कूल माँ पढ़े हौ। हमार ममान आए हुँआ।'

वे और अधिक उत्साहित होकर सुनाने लगे–'हिंया आए रहेन तौ ज्याब मेहिंया याकौ दाम नहीं रहे। न घरू न बारू, मुला जहाँ रहै नरू तहाँ बसै घरू। कि नहीं मोर भइया! हिम्मतु नहीं हारा, लागि गएन ठेकेदारन के साथु तौनु माया उप्पर वाले की सब अल्लग-गल्लम जुटि गा।...'

उनसे विदा लेकर ब्रिगेडियर साहब के बँगले की तरफ बढ़े, गेट पर तैनात गोरखा सिपाही ने ऊपर से नीचे तक परखकर दरवाजे पर ही रोक लिया। लाख समझाया कि मिलना जरूरी है लेकिन उसकी समझ में धेला भर न आया। उससे कहा जाकर खबर तो करो, मना कर देंगे तो कोई बात नहीं लेकिन उसने नजर भी सीधी न की।

तभी एक तरकीब दिमाग में कौंधी। डोंगी पर वापस आया। लाट साहब का पत्र निकाला और झपटता हुआ ब्रिगेडियर साहब के बँगले पर लौटा। ड्यूटी बदल चुकी थी। दरवाजे पर दूसरा गोरखा मुस्तैद मिला। उसके कन्धों पर लगी दो छोटी खुखरियों वाला बैज और कमर की भारी मूठ वाली खुखरी खूब चमक रही थी। मैंने कहा–'ब्रिगेडियर साहब से मिलना है?'

उसने पहले वाले सिपाही की ही तरह ऊपर से नीचे तक नजर दौड़ाई। आँखों में सवाल और मनाही साथ-साथ उभरने लगी। उसके कुछ कहने से पहले ही मैंने लाट साहब का रुक्का थमा दिया। उसने लिफाफे पर अशोक की लाट देखी तो मुझे

वहीं ठहराकर खुद भीतर गया। व्याकुल मन इन्तजार करता रहा। वह जल्दी ही लौटा–'साहब बुलाते हैं।'

ब्रिगेडियर साहब के हाथ में राज्यपाल का पत्र था। पहुँचते ही सवाल किया–'यू आर आइरन मैन (श्याम सुन्दर शर्मा)', '(तुम आइरन मैन हो)।'

'नहीं, मेरा नाम...है।'

'खत तो सम शर्मा के नाम है।'

'वे हमारी संस्था के सचिव हैं इसलिए पत्र उनके नाम है।'

'मैं आपकी क्या मदद कर सकता हूँ?'

'नहर से जाने की 'परमीशन' चाहिए।'

'अरे भाई! इतनी भी क्या जल्दी है। फरक्का में एक-दो दिन तो रुकिए। नाव कहाँ है? सारे रास्ते 'सेल' करके आए? मुझे भी ले चलो वहाँ, अपनी डिंगी तो दिखाओ। अच्छा शाम तक वहीं आऊँगा।'

4

ब्रिगेडियर कठूरिया को बैराज के किनारे टहलते देख वहाँ के सारे कर्मचारी जुट आए। नहर के पास पहुँचते ही पूछने लगे–'नहर में डिंगी कैसे आएगी?'

'बैराज का नहर वाला कपाट उठवा दें, उसी से निकाल लूँगा।'

एक भद्रपुरुष ने आशंका व्यक्त की–'नहीं साहब, डूब जाएगी।'

वे कुछ देर सोचते रहे फिर अपने लोगों की ओर देखकर पूछा–'नाव है ही कितनी बड़ी हमारे जवान इधर उतार देंगे। क्यों?'

उन लोगों ने एक साथ जवाब दिया–'हाँ साहब।'

नहर में नाव ले जाने की लिखित आज्ञा मिलने में एक घंटा भी न लगा। बात की बात में सुपरिंटेंडिंग इंजीनियर के.पी. चौधरी को आर्डर मिला–

'ही शुड बी एसिस्टेड टु शिफ्ट हिज बोट फ्रॉम अपस्ट्रीम ऑफ गंगा टू फीडर कैनाल।'

अगले दिन, छोटी-सी नाव और इतने सधे हुए मजबूत हाथ। बात की बात में डोंगी ऐसा सँभालकर पानी में उतारी गई कि किनारे से छुई तक नहीं।

दोनों ओर की ऊँची कगारों के पार कुछ न दिखता। तेज धार में भागती डोंगी को डाँड़ मारने की जरूरत ही नहीं पड़ती।

5

पुठीमारी से लंगर उठाकर नहर की राह चल दिए। लोहे का पुल मिला, कुछ मिट्टी खोदनेवाले जहाज या ड्रेजर मिले, कई 'लांच' फर्राटे भरते निकले। कुछ घंटे चलने

पर सामने हरियाली शुरू हो गई। यहाँ पहुँचकर मुक्ति का अहसास हुआ। नहर में बेतहाशा भागता पानी खुले में आते ही फैल गया। तेजी हलकी पड़ गई। छोटे-छोटे गाँव, कदली कुंज, पतली-पतली लम्बी नोक वाली सुन्दर नावें, नहाते बच्चे, मछली मारनेवाले बाँस के तिकोने जाल और दूर तक फैली हरियाली ने मन मोह लिया।

जंगीपुर घाट पर बहुत चहल-पहल थी। उस पार कोई मेला था। मोटर लांचें व एक डाँड़ वाली नावें इस पार से उस पार सवारियाँ उतारने में व्यस्त थीं। पहली बार ठेठ बंगाल का कस्बा देखा। तमाम भीड़-भाड़, गन्दगी और सँकरी गलियों के बावजूद अच्छा लगा। थोड़ा आगे, किनारे झुके पेड़ की डाल में डोंगी बाँधकर किनारे उतरे। बगल की लीची के बगीचे वाले खासे दिलदार निकले, ढेरों लीचियाँ डोंगी में लाद दीं।

पहली लीची छीलते ही अभय ने टोका—'सँभार के खइहा। पेट छूटत देर न लागी।'

किनारों पर खेलते-नहाते बच्चों-बड़ों का ऐसा रेला मानो बंगाल में पूरी छुट्टी हो और भागीरथी-स्नान पुण्य पर्व। हमारी लाल डोंगी उनके बगल से गुजरी तो विशेषकर बच्चों और युवकों ने पुकारा—'ओए दादा! तोमा-ऽ-र बा-ऽ-ड़ी कोथा-ऽ-य।'

जगह-जगह घाट, सड़कें, गाँव। केले के गाछ, बाँस की पत्तियों से छाए झोंपड़े, बाँस के बाड़े, बाँस की गोल टोपियाँ लगाए गोरू चराते बच्चे, एड़ियाँ रगड़ती-पानी भरती बड़ी-बड़ी सुन्दर आँखों वाली युवतियाँ, सब मिलकर बेहद आकर्षित करते। नदी किनारे ऊँची कगारें न होने से लगता धारा नहीं सड़क पर सफर कर रहे हों।

थोड़े-थोड़े फासले पर लगे 'लिफ्ट सिंचाई योजना' के पम्प। कुछ कच्चे, कुछ पक्के घर और कुछ शानदार इमारतें। टीन से मढ़कर मजबूत किए गए कुछ झोंपड़ों की छत के कोने। धारा के किनारे तमाम ढहे हुए मकानों के खँडहर नदी में बार-बार आई बाढ़ की कहानी सुनाते।

चारों ओर गजब की हरियाली। जहाँ तक नजर जाती हरा ही हरा। लीची और आम के हरे-हरे बाग, कटहल हरा, ताड़ और बाँस हरे, धान और पटूल के खेत हरे, और धानी कपड़ों की हरियाली। बंगाल की हरियाली का अपना बिलकुल अलग और खास रंग है। ऐसी हरियाली बंगाल के अलावा कहीं नहीं दिखती। स्काउटिंग के कैम्प-फायर के समय चहक-चहककर गाते थे—

आओ बच्चों तुम्हें दिखाएँ झाँकी हिन्दुस्तान की...
यह देखो यह राजपूताना नाज इसे तलवारों पर
यह देखो यह मुल्क मराठा यहाँ शिवाजी डोला था

... ...

यह देखो बंगाल यहाँ का हर चप्पा हरियाला है।

... ...

ढाला है बिजली ने इसको तूफानों ने पाला है।

हम जोश-खरोश के साथ गाते चले जाते, इनके अर्थ की ओर ध्यान देने का खयाल भी न आता। बहुत सोचा तो समझा, गेहूँ के खेत, आम के बाग या ताल में भरी जलकुम्भी जैसी हरियाली होगी और बिजली-तूफान जैसे देखे थे समझ लेते ऐसे ही होंगे, लेकिन बंगाल के हरियालेपन का अर्थ वहाँ पहुँचकर ही समझ सका। गंगा-यमुना दोआब के मीलों फैले हरे खेतों, पहाड़ों की सीढ़ीदार खेतों की हरियाली, केरल के ताड़, नारियल और धान की हरीतिमा से ये हरियाली कतई मेल नहीं खाती। इसकी पहचान ही अलग है, जिसे इस हरियाली को समझना हो एक बार बंगाल जरूर जाए।

बंगाल के झड़ (तूफान) से पाला पड़ने के बाद ही यह भी समझ पाया कि बिजली और तूफानों में ढलने के मतलब क्या हैं। चीते जैसी फुर्ती से एकाएक टूट पड़नेवाले ऐसे आकस्मिक तूफान और ऐसी भयावह किटकिटाहट भरी बिजली इधर आने से पहले कभी न देखी थी। इतना जान लेने के बाद कवि की प्रतिभा पर पहली बार अचरज हुआ। सादे-सरल शब्दों में कितना गूढ़ अर्थ भरा है।

6

जगह-जगह मोड़ लेती नदी का पाट शनैः-शनैः फैलने लगा। धारा के बीच छोटे-छोटे द्वीप आने लगे। झाऊ की झाड़ियाँ बढ़ गईं। खेतों में सबसे ज्यादा परवल की खेती दिखी। कहीं-कहीं गन्ने के खेत भी मिले। ठेठ नदी तक की गई बोवाई सुन्दर लगती। कोई गाँव या कस्बा नजदीक आने पर गाछ ज्यादा घने हो जाते और किनारों पर आधे-ढहे मकानों की तादाद बढ़ जाती।

भागीरथी के तट पर पहला नगर मुर्शिदाबाद आया। कुली जफर खान के नाम पर इसे यह नाम मिला। मुगलों के समय में उसने इसे सूबा-ए-बंगाल की राजधानी बनाया था। यहाँ की 'बालूचर बूरीदार' साड़ियों पर मन ललचाता है। मुझे तो साड़ियों का बालूचर नाम ही बड़ा भाया। हालाँकि मुर्शीद कुली के किले में सँजोई सामग्री देखनेवालों की खासी आमदरफ्त रहती है, फिर भी, इसका कद छोटे कस्बे से ज्यादा नहीं।

थोड़ा आगे चलकर अभय के कहने पर डोंगी लगा ली। वे थोड़ा लाई-चूड़ा और दही खरीद लाए। एक प्लेट में निकालकर मुझे दिया और खुद डोंगी साफ करने लगे। सामान सिरजने के चक्कर में पटना के गोपी भाई से उपहार में मिली पुस्तक 'सार्थवाह' का एक पन्ना खुल गया। पढ़ने लगा तो उलझता ही चला गया—

'एक समय सुवर्ण-भूमि के व्यापारियों ने सुप्पारम नामक नौ-विद्या में कुशल नाविक से जलयान लेकर दूर देश चलने का अनुरोध किया। पहले तो उसने अनिच्छा और दृष्टि की कमजोरी के कारण इनकार किया लेकिन बार-बार मनाने पर चलने को

तैयार हो गया। जहाज कुछ दिनों में मछलियों से भरे समुद्र में पहुँचकर रंगीन धारियों वाली फेनिल लहरों पर, आकाश छूते नीले समुद्र में भँवरों के बीच फँस गया। ऐसा लगने लगा कि प्रलय निकट है। इधर-उधर फेंके जा रहे जहाज के यात्री अन्त निकट जानकर घबराए मन से अपने-अपने इष्ट देवताओं का स्मरण करने लगे।

'भटकता जलयान कई दिनों तक सागर में बहता रहा, भयावह तूफानी लक्षणों को देखकर व्यापारी बहुत चिन्तित हुए। सुप्पारम ने कहा–ये तूफान के लक्षण हैं। विपत्ति का रास्ता न होने पर क्लैव्य छोड़िए। कर्तव्यनिष्ठ व्यक्ति तकलीफों को हँसकर उड़ा देते हैं। सुप्पारम के उत्साहवर्द्धक शब्द काम कर गए और वे अपनी घबराहट छोड़कर समुद्र की ओर देखने लगे। उनमें से कुछ ने स्त्री-मत्स्य देखे। सुप्पारम ने बताया कि वे खुरमाली समुद्र की मछलियाँ थीं। व्यापारियों ने अपने जहाज का रास्ता बदलना चाहा पर लहरों की चपेट में पड़ा जलयान एक फेनिल समुद्र से दूसरे में बहता गया। अंगारों की तरह लाल पानी वाले समुद्र और अगले दो समुद्रों के नाम सुप्पारम ने क्रमशः अग्निमाल, कृषमाल और नलमाल बताए।

'समुद्र के शोर का पता लगने पर सुप्पारम द्वारा वहाँ ज्वालामुखी पर्वत होने और पृथ्वी का अन्त आ जाने की बात सुनकर मृत्यु-भय से कुछ व्यापारी रोने लगे, कुछ व्यापारी इन्द्र, आदित्य, रुद्र, मरुत, वायु, समुद्र इत्यादि का आवाहन करने लगे। सुप्पारम ने उन्हें सान्त्वना दी और उसकी प्रार्थना से जलयान ज्वालामुखी पर्वत के मुख तक जाकर भी लौट आया। बाद में सुप्पारम ने उनसे वहाँ की रेत और पत्थर जहाज में भर लेने को कहा। वापस लौटने पर व्यापारियों को पता चला कि वह सब रेत-पत्थर नहीं बल्कि सोना-चाँदी और रत्न थे।'

यह तो हुई सुप्पारम जातक की कथा। महाजनक जातक में उल्लिखित पोत भग्न होने की इससे भी अधिक रोचक और रोमांचक व प्रेरणादायक कथा का उल्लेख भी पढ़ने को मिला–

जलयान भग्न होने पर महाजनक नामक महानाविक समुद्र के अथाह जल में हाथ-पैर मारने लगा। समुद्र की देवी मणिमेखलई ने कहा–'ये कौन है जो समुद्र के बीच जहाँ कहीं किनारा नहीं दिखता हाथ मार रहा है? किसके भरोसे तू ऐसा उद्यम कर रहा है?

'देवि! मेरा विश्वास है कि जीवन में जब तक बने, तब तक व्यायाम (प्रयास) करना चाहिए। इसीलिए यद्यपि तीर नहीं दिखता पर मैं उद्यम कर रहा हूँ।'

'इस अथाह समुद्र में तेरा पुरुषार्थ करना व्यर्थ है। तू तट तक पहुँचे बिना समाप्त हो जाएगा।'

'देवि! ऐसा क्यों कहती हो? व्यायाम करता हुआ मर जाऊँ तो भी निन्दा से तो बचूँगा। जो पुरुष की तरह उद्यम करता है वह पीछे पछताता नहीं।'

'किन्तु जिस काम के पार नहीं पहुँचा जा सकता, जिसका परिणाम नहीं दिखाई पड़ता, वहाँ व्यायाम करने का क्या नतीजा, जब मृत्यु का आना निश्चित हो!'

'जो व्यक्ति यह सोचकर कि पार न पाऊँगा, उद्यम छोड़ देता है, तो होनेवाली हानि में उसके दुर्बल प्राणों का ही दोष है। सफल हों या न हों, मनुष्य अपने लक्ष्य के अनुसार लोक में कार्यों की योजना बनाते हैं और यत्न करते हैं। कर्म का फल निश्चित है यह तो इसी से प्रकट है कि मेरे और साथी डूब गए, पर मैं अभी तक तैरता हुआ जीवित हूँ। जब तक मुझमें शक्ति है, मैं व्यायाम करूँगा, जब तक मुझमें बल है, समुद्र के पार पहुँचने का पुरुषार्थ अवश्य करूँगा।'

अगल-बगल से स्टीमर, बड़ी नावें और लोग गुजरते रहे। मैं सार्थवाह में दत्त-चित्त डूबा रहा। व्यापारियों और नौका-यात्रियों के बारे में सर्वथा अनोखी जानकारियाँ निकलने लगीं। पढ़ते-पढ़ते आश्चर्य और आनन्द से तरंगित होने लगा। पता चला कि नाविकों की देवी का नाम 'मणिमेखलई' और पैदल यात्रियों के देवता 'मणिभद्र' हैं। कावेरी के मुहाने पर 'मणिभद्र' का मन्दिर था। मणिभद्र की पूजा का प्रमुख केन्द्र पद्मपवाया था। इनकी पूजा आज से लगभग दो-ढाई हजार वर्ष पूर्व से ही चल रही है। अंग्रेजी 'डिंगी' और अरबी 'दोनीज' संस्कृत के 'डोंगी' शब्द से उद्‌भूत हैं।

यह जानकर तो और भी अधिक अचरज में पड़ा कि हमसे जगह-जगह पूछे जानेवाले सवाल 'कहाँ की डोंगी है? कहाँ से आती है? ओए दादा! तोमार बाड़ी कोथाय?' कम से कम दो हजार साल से पूछे जा रहे हैं।

7

हवा अनुकूल पाकर पाल चढ़ा दिया। धीरे-धीरे सरकती डोंगी कालीगंज की ओर बढ़ी। तिकोनिया पाल लगाए कई नावें निकलीं। पतंग उड़ाते बच्चे पेंच लड़ाते रहे। नदी के ठीक ऊपर की इमारतों के साथ धारा को छूती धानी हरियाली। किनारे एक टिकठी लेकर चला आ रहा दुखी बंगाली समुदाय 'बोल हरी', 'बोल हरी' के बोल लगाता तट पर आया।

डोंगी पुल के नीचे से सरककर बर्दवान जिले में चलने लगी। कटवा नामक कस्बे के पास भागीरथी ने एकाएक पाट पसारकर 'बौला' और 'अजया' नदियों को समेट लिया। किनारे के माँझियों को दोनों डाँड़ चलाने की बात अटपटी लगी–'ओए दादा! एकले दूनों डाँड़ टानिए लेबौ?'

बल्लभपाड़ा के लिए नाव की प्रतीक्षा में रुके कुछ यात्री भी इकट्ठा हो गए–'ओए बाबा! दिल्ली से आता है?'

पहले से ही अचरज में पड़े माँझी और भी चौंके–'दिल्ली से एकला आता?'

'बनारसी पट्ठे हैं, बनारसी! क्या समझते हो कोई यहाँ का आदमी है? हमारे यहाँ सब ऐसे ही टानता है।'

बनारस का नाम आते ही ध्यान उधर गया। कन्धे पर गमछा डाले दो माँझी बोले जा रहे थे। चेहरे-मोहरे से बंगाली नहीं लगे। थोड़ी देर डींग मार के हमारी ओर घूमे–'एन्हन से कहिली हमरे देस के जवान हउवन।'

उनमें से एक गाँव नरौली, धानापुर, बनारस और दूसरा जौनपुर का रहनेवाला निकला। फरक्का बाँध बनने के पहले पिता के साथ नावें लेकर यहाँ आए, जमीन खरीदकर बस गए और अब यहीं नाव चलाते हैं। लीलारामपुर में इनकी काफी तादाद है, अपनी तरफ के आदमी देखकर उमग गए।

'आप लोगों ने जाना कैसे कि हम उधर के हैं?'

'इहौ कउनौ जानै के बात हौ, ऐसन डाँड़ा सारी दुनिया में कहूँ नाहीं बना ला।'

वे अपने साथियों पर बनारसी जवानों का रुआब झाड़े जा रहे थे–'अरे ऐसन मोट-मोट तो मुसुक हो ला, औ ऐसन चाकल सीना।'

बाँहों की मछलियाँ दिखाते हुए हाथ फैलाकर बांग्ला भाइयों से भी भोजपुरी–'हम दूरिऐ से कहिली ऐसन लम्मा जवान छोड़ बनारस कहीं होई नाहीं सकतैं।'

बात की बात में खासा मजमा जुट गया। बनारसी अखाड़ों और पान की चर्चा चली तो हनुमान जी की पूँछ हो गई। उनका दबदबा अंगद के पाँव-सा जम गया–

'ली आवा आध-आध सेर दूध, इहाँ केहू का खाए के दूध पी–ऽ–सकैला–।'

तब तक उन्हें खयाल आया दुकानदार तो बंगाली है। वह बेचारा अचरज में मुँह ताक रहा था।

8

पता नहीं क्यों हरियाणा, राजस्थान आदि अन्य राज्यों के विपरीत बंगाल के गाँवों के निकट डोंगी किनारे लगाने पर लोग पास नहीं आए। जो आ भी रहा होता रास्ता बदल देता। इसकी वजह आज तक समझ में नहीं आई।

मैं थका था, डोंगी रुकते ही पड़ गया। अभय चुपचाप बैठकर सिगरेट के धुएँ से छल्ले बनाते रहे। कुशलता से बनाए गए छल्लों में से छल्ले निकल जाते तो मजा आता। इसी तरह दो-तीन सिगरेटें सुलग गईं तो मैं चौंका–'क्या बात है अभय! आज भूखा ही रखोगे। सब्जी खतम। अचार की शीशी गंगा माई की जै हो चुकी। जो कुछ खिचड़ी-विचड़ी बनानी है चढ़ाओ।'

'घबरावा जिन अबहियै कुल मिली। रचिक अँधियारा घिर आवै द।'

'अरे भाई, मुझे तो अभी से भूख सता रही है।'

अभय इत्मीनान से बोले–'अच्छा, सबर करा। निपट नहाए तो लेवै देबा।'

वे खेतों की ओर चले गए। सुलगती सिगरेट की चमक दूर तक दिखती रही।

लौटे तो ढेर-सा परवल और एक अध-कटा कटहल लेकर। ताजे कटे कटहल से टपकता और उनकी खुखरी पर जमकर भूरा पड़ चला गाढ़ा लासा दिखा। समझते देर न लगी, अभय बाबू ने कुछ कला दिखा दी है। नेकर पहने कमर तक पानी में घुसकर देह रगड़ते हुए उन्होंने बो-ऽ-ल श-ऽ-ङ-र की हुंकार लगाई। मुँह में पानी भरके ग-ऽ-ल-ऽ-ल-ऽ ग-ऽ-ल-ऽ आवाज निकाली फिर देह पोंछते हुए बोले–'निपटै के बहाने बैठिली तो देखली बड़ लम्मा-लम्मा परवल हौ। लौटनी बेला एक कटहर के बाग देखाय गइल, सोचली इहौ लेहले चली, सरवा सुआद बनि जाई। रोज-रोज आलू खात-खात जिऔ उबियाय गइल रहल। निचवाँ काँटा रूझल रहल। खुखरी मरली तो आधै कटि के हाथे आइल और आधा पेड़े पर रहि गइल।'

जब तक परवल-कटहल कटा-चढ़ा मैंने लम्बी तान ली। अभय ने जगाया तो पाया रात गहरी हो चली है। उनका ट्रांजिस्टर चुप है, 'लगा ग्यारह बज गए', उठ बैठा। पता लगा सब्जी नहीं चावल-आटा भी चुक गया है। लेकिन भोजन का जायका मिलते ही काया नाच उठी। परवल और कटहल का सूप एक बर्तन में और प्याज-लहसुन व जीरे से छौंकी स्वादिष्ट दाल दूसरे में। इतने दिन खिचड़ी खाने के बाद इनका जो स्वाद मिला उसे छप्पनों व्यंजन छककर भी कोई क्या समझेगा। अभय की इसी अदा पर तो दिल फिदा हो जाता है।

9

मील-डेढ़ मील सीधी चलकर भागीरथी तुरन्त घूम जाती। रूसा-मदार-झाऊ आदि की झाड़ियाँ घनी हो गईं। बड़ी गंगा जैसे धसके कगार दीखने लगे। मस्त चलते रहे। ट्रांजिस्टर पर गाने आने लगे–'ओए माँझी-रे-ऽ-ऽ-।' पानी से टकराकर गूँजती आवाज अपना अलग ही राग सुनाने लगी। जलधारा में तिरती नाव पर, हरियाली और कुदरती माहौल में, इन गीतों का मजा ही निराला है। बंगाल में आने के बाद माँझी-नदिया के गीत कुछ ज्यादा ही सुन पड़ने लगे। इनका सही सन्दर्भ भी यहीं मिला। यहाँ नदियों के जाल फैले हैं और माँझी-नावों की कमी नहीं। इसीलिए इसे माँझी, नाव और नदियों का देश कहा गया है।

हवा साँस खींचे रही। पत्ता भी न हिलता। मुँह सूखने लगा और सारे बदन में महीन सुइयाँ-सी चुभने लगीं। पसीने से लथपथ डाँड़ खींचते चले। दूर किनारों पर लगे पेड़ और गाँव पानी पर ही टिके लगते। जब धूप-ताप से लस्त हुए तो बेचैन होकर बार-बार माँझियों से पूछने लगे–'नवद्वीप कितनी दूर है?'

उत्तर मिला–'थोड़ी ही दूर है, दो मोड़ बाद।'

निकट ही होने के खयाल और जल्दी पहुँचने के इरादे से तेज डाँड़ खींचते गए। एक मोड़, दो, तीन और चार-पाँच मोड़ पार करके भी नवद्वीप पहुँचना तो दूर उसके दर्शन तक न मिलने पर खीझकर दूसरे से पूछते और फिर वही जवाब मिलता।

आसमान ने रंग बदला। चीलें घेरा बनाकर उतराने लगीं। चिड़ियाँ घबराकर जल्दी-जल्दी एक ही दिशा में उड़ने लगीं, हँसिया सँभाले किसान हड़बड़ाते हुए घर की ओर लपके, मल्लाहों ने अपनी नावें कोलों में घुसकर मजबूती से बाँध दीं। नदी का किनारा जैसे चोंच उठाए खड़ी काली बगुला पाँति से सज गया। ये सब लक्षण झड़ (तूफान) आने की मुनादी कर रहे थे। आसपास कहीं 'कोल' (अन्दर तक कटा हुआ किनारा) नहीं मिला, फिर भी डोंगी फुर्ती से गहरे किनारे से दूर लगा ली।

धूल भरे तूफान के साथ ढेरों बादल आसमान में छा गए। हम तिरपाल के नीचे दुबक गए। दूसरे किनारे की कगार पर लहरों की भयावह टक्कर गूँजने लगी। ऊँची-ऊँची लहरें मतवाले हाथियों जैसी चिग्घाड़ती हुई कगार पर चढ़ जातीं। दस-दस फीट ऊपर तक पानी उछल जाता। कभी-कभी लहरों की छलाँग कगार पार कर जाती। उस किनारे पर रुक गए होते तो डोंगी न बचती।

कुछ देर बाद एकाएक तूफान थम गया। लहरें शान्त और वर्षा हलकी पड़ गई। चटपट टेंट तानना शुरू किया। सूरज निकला, बादलों ने भूरा-काला-गुलाबी और आसमान ने हरा रूप धरा। दूसरी ओर तना बड़ा-सा सतरंगी इन्द्रधनुष। कई तूफान झेलने के बाद हम समझने लगे थे कि 'ये मौसम का छलावा है। लगता है, तूफान चला गया लेकिन तनिक सी असावधानी में धोखा हो जाए। ये तूफान अरने[1] भैंसे से कम घातक नहीं होते जो एक वार करके जंगल में धँस जाता है, आप समझते हैं चला गया और तभी वह भयावह रूप धरे नथुनों से फुफकारें छोड़ता झपटता दिखता है। हम पूरी तरह सजग और सोचते रहे कि बस लौटता ही होगा, इस बार उलटा आएगा।

टेंट बँधने से पहले ही हू-ऽ-हू-ऽ-ऽ हुंकार लगाता तूफान दूनी रफ्तार से टूटा। जैसे-तैसे डोंगी रेते पर चढ़ाई। तूफान इतना जबर्दस्त कि कदम एक जगह नहीं रुकते। इन्द्रधनुष छिन्न-भिन्न हो गया। रंगबिरंगे मोहक आकाश में घने काले बादलों की भरमार हो गई। लहरों ने उलटकर पैतरा बदला।

---

1. जंगली भैंसा

बलम कलकत्ता* पहुँच गए

1

उस दिन कलकत्ता के अखबारों में छपीं दर्दनाक खबरों से पढ़नेवालों के दिल हिल गए। बंगाली यूँ भी कुछ ज्यादा भावुक होते हैं फिर एक साथ इतनी अकाल मौतों ने तो सबको झकझोरकर रख दिया। पिछली शाम अचानक बाज जैसी टूट पड़ी 'झड़' के पंजों में तमाम निरीह माँझियों के प्राण-पखेरू उड़ गए। सवारियों से भरी एक बड़ी नाव माँझियों सहित बीच हुगली नदी में डूब गई। किसी को भी बचाया न जा सका।

बेचारे माँझी नाव खोलने से पहले ही आगाह कर रहे थे—पार जाने लायक नहीं। सहमी आँखों से वे बार-बार आसमान पर चढ़ी आ रही झड़ की ओर देख लेते। सवारियों को मौसम का अन्दाज न रहा हो, ऐसी बात नहीं लेकिन मौत जब आती है, निकलने का रास्ता नहीं छोड़ती। किसी को उस पार बहुत जरूरी काम आ पड़ा। यूँ तो माँझी न चलते लेकिन उस असरदार आदमी का कहा टालने की हिम्मत न कर सके। बीच राह में तूफानी यमदूत टूट पड़े। जहाँ पहुँचना था वहाँ तो पहुँचे नहीं यमपुरी की सैर पर निकल पड़े, तीस-पैंतीस को और भी लेते गए।

चौबीस परगना, नदिया, मुर्शिदाबाद तमाम जिलों की तबाही के समाचार अखबारों में भरे पड़े थे। कई मछलीमार नावें और माँझी समुद्र में लापता हो गए, कई और नावें भी डूब गईं, कितनी ही उलट-पलट गईं। टेलीफोन लाइन, संचार व्यवस्था अस्त-व्यस्त हो गई। ऐसी खबरों से बंगालियों का पुराना वास्ता है लेकिन अभी तक उनके जज्बाती दिल कुन्द नहीं हो सके हैं। रोने-हँसने का माद्दा अब भी इनमें भरपूर है। हँस-हँस के जान की बाजी लगानेवाला और तनिक से दुख में रो देनेवाला बंगाली ही मिलेगा। खबरें पढ़-पढ़कर लोग गहरे दुख से भर गए।

ऐसे तूफान और लोगों के डूबने की खबरें पढ़कर 'मिहिरसेन साहब' का चिन्ता के मारे बुरा हाल हुआ। रोमांचक दुनिया में बेजोड़। सात समुन्दर उन्होंने तैरकर जीते, लेकिन जज्बातों की छोटी तलैया की एक ही लहर से पस्त। आखिर बंगाली ही ठहरे! व्यग्रता का पारावार नहीं, रह-रहकर टेलीफोन के क्रेडल पर अँगुलियाँ घूम

* कोलकाता तब कलकत्ता के नाम से जाना जाता था।

जातीं। समाचार जगत भी बराबर खबर की टोह में टेलीफोन खड़काए रहा–'कुछ पता चला? कहाँ, कब, कलकत्ता पहुँच रहे हैं?'

सेन साहब जवाब देते तो क्या? यही हाल रिवर ट्रैफिक-पुलिस कार्यालय का भी था। जब से तूफान आया तभी से उनका पूरा तंत्र प्रभाव में आ गया था। उनकी खोजी नौकाएँ दो दिन से कलकत्ता-नवद्वीप एक किए दे रही थीं लेकिन दोनों लड़के डोंगी सहित लापता थे।

ऐसे बेमौके, अपने बच्चों के स्वागत में उनके अभिभावक भी कलकत्ता पहुँचे। सेन साहब से बात हुई तो वे और भी घबराए, 'इन्हें कैसे बताते कि यहाँ मौत ने छापा मारा है।' उतनी दूर से बच्चों की अगवानी के लिए बड़ी साध लेकर आए माँ-बाप को यहाँ कुछ पता ही न लगता। किससे पूछें? क्या करें? अखबारों में भयानक तूफान की खबरों ने उन्हें घोर दुःशंकाओं से घेर लिया। कुछ न हुआ तो नवद्वीप से कलकत्ता तक घाट-घाट, थाने में, बाजारों में, जगह-जगह पूछा, लेकिन कुछ पता न चला। एक ओर भयानक दुर्घटना की आशंका सिर उठाती, दूसरी ओर मन मानने को तैयार न होता।

ऐसी डाँवाँडोल स्थिति में रिवर-पुलिस के बेतार के तारों से खबर आने लगी–

'दोनों लड़के नाव सहित डूब गए हैं। उनकी लाशें पानी पर तैर रही हैं।'

सेन साहब इस खबर के लिए तैयार न थे। उधर पुलिस कहती–'लाशों की पहचान करानी होगी।'

पुलिस अधिकारी और सेन साहब दुविधा में–'जब तक पक्का न हो जाए लाशें उन्हीं की हैं, कैसे यकीन किया जाए?'

इसी बीच लड़कों के अभिभावकों का फोन आया–'कुछ पता चला?'

कुछ पता न चलने का बहाना करके सेन साहब टाल गए। व्यक्तिगत तौर पर भी तलाश जारी रखी। उधर, तूफानी भिड़न्त से पाला छूटने पर हमारा ध्यान भोजन की ओर गया। स्टोव बिगड़ा निकला। राशन पहले ही चुक चुका था। 'पोटलि-ग्राम' से खरीदी छोटी पाव-रोटियों के साथ चीनी फाँककर काम चलाया। तीन दिन पहले तलुए में गड़ा काँटा टीसने लगा, अभय सुई लेकर उसकी तलाश में जुट गए। घने अँधेरे में रह-रहकर जुगनू चमक जाते और किनारों पर टकराती लहरों की छप्प-छप्प सुन पड़ती।

2

सुबह आसमान की ओर देखते ही इरादा बना लिया–तिरपाल की छत नहीं उतारेंगे, जाने कब पानी बरसने लगे। रह-रहकर फुहारें पड़ती रहीं। मोड़ों पर घूमते-घूमते आखिर मायापुर के मन्दिर और नवद्वीप के मकान दीखने लगे। उस पार से नवद्वीप और नवद्वीप से उस पार तक तेजी से चक्कर लगाती सवारियों से लदी मोटरबोटें। बड़ा स्टीमर सायरन बजाता चला। घाट पर सवारियों व स्टीमरों की मिली-जुली आवाजों का विचित्र शोर। मोटरबोटों पर इस कदर लदी सवारियाँ कि तनिक से असन्तुलन में सभी गोता लगा जाएँ।

बाएँ से जलंगी की खासी चौड़ी धारा भागीरथी में मिल गई। उसके ऊपरी प्रवाह की ओर बढ़ते लांच और स्टीमर, तटवर्ती घनी हरियाली और धारा का तेज बहाव आकर्षक लगा। हम नवद्वीप में घाट के ऊपर मायापुर के बाजार में खड़े थे, खाने के ढेरों पकवान और मिठाइयाँ लेकिन हमारी जेब की माया ने लाचार कर दिया। थोड़ा-सा चावल खरीदा, थोड़ी-सी दाल और दो सेर आलू 'पटूल तो सरवा खेतै से आई'। बच रहे कुल पचासी रुपए, सत्तर हावड़ा से बनारस तक के किराए के रखकर बोले–'कलकत्ता में जेतना कहिबा ओतना मिली, ढेर चिन्ता जिन करा। चपक के खावा अउर तान के सुत्ता।'

अभय कतई निश्चिन्त थे लेकिन मेरा शंकालु मन न माना–वहाँ माँगेंगे किससे? सत्तर रुपए किराए के और दस रास्ते वगैरह के रिजर्व में रखकर पाँच अभय को थमा दिए, 'इतने में आगे का काम चलाना है।' लौटते समय दुकानों पर सजी बंगाली मिठाइयों पर नजर पड़ते ही मुँह में पानी भर आया। मन दबाए, हसरत की नजर डालते आए।

भले ही विवादित हो कि महाप्रभु चैतन्य की जन्मस्थली मायापुर है या भागीरथी के पश्चिम में, यहाँ की शान निराली है। महाप्रभु के प्रति बंगालियों की जो श्रद्धा-भक्ति है सो तो है ही, विदेशियों की आमदरफ्त भी बढ़ चुकी है। सिर घुटाए, माथे पर वैष्णवी टीका लगाए गोरे भक्त विचित्र लगते हैं। स्नेह और भक्ति से छलकते इस सन्त को कौन नहीं जानता! जिस नगर, जिस बस्ती में जाते, वहीं नाचने और भजन गानेवालों का रेला उमड़ पड़ता। अजब दृश्य उपस्थित हो जाता। दोनों हाथों से करताल बजाते एक भाव-विभोर गौरांग सन्त को नृत्य करते देख कुछ ही पलों में तमाम भक्त प्रसन्नता से ओत-प्रोत नृत्य-ताल में डूब जाते। प्रेम और भक्तिरस के इस समुन्दर में जो भी आया डूब गया। महापुरुष किसी एक जगह, गाँव या देश का नहीं सारी सृष्टि का हो जाता है। उनके जन्मस्थल के दावों के लिए लड़ना एक हद के बाद बेमानी है।

स्टीमरों की आवाजाही अधिक हो गई। जगह-जगह ड्रेजर मिलने लगे। उनके पास बालू के ऊँचे-ऊँचे ढेर होते। कलना-घाट पर सवारियों से बुरी तरह लदा एक बड़ा स्टीमर चलने के लिए तैयार मिला। उसकी छत पर और नीचे डेक पर आदमी ही आदमी भरे थे। गोल चिमनी से ढेरों धुआँ निकल रहा था। दो-तीन सायरन बजे और स्टीमर का गोल चक्का घूम-घूमकर पानी फेंकने लगा। घरघराहट की तेज आवाज के साथ चला तो पूरी नदी में लहरों की हलचल मच गई। स्टीमर पर खड़े लोगों ने हमारी ओर हाथ उठाए, कुछ ने तेज सीटियाँ बजाईं और कुछ ने आवाज लगाई–'ओए-ऽ-दादा-ऽ! तोमा-ऽ-र। बाड़ी-ई-ई–कोथा-ऽ-ऽ-य?'

शाम ढलते हमने रात गुजारने के इरादे से डोंगी किनारे कर ली। 'गंगा बैराज 6' नामक स्टीमर के मोहम्मद जाकिर हुसैन साहब ने गर्मजोशी से हमारा स्वागत किया। कुछ ही देर में सबसे हमारा परिचय हो गया। सब लोग घाट पर बैठकर बातें करने

लगे। मछलियाँ रह-रहकर पानी पर उछल जातीं। भाटा लगा होने से धीरे-धीरे पानी उतरने लगा। अभय ने कहा–'का हो गुरु! एहर 'सुँइस' नाहीं देखात।'

स्टीमर के बंगाली कर्मचारी उत्सुकता से उनका मुँह देखने लगे। उनके साथी यादव जी ने बताया–'ये गंगा में मिलनेवाली 'डॉल्फिन' की बात कर रहे हैं।'

'नाहीं भा–ऽ–य! हम सुँइस के बात करत हई। सरवा सूँ-ऽ-सूँ-ऽ-सुँसुवाए ली एही से ओके सुँइस कहै लै। डॉल्फिन तौ कहूँ यूरोप में मिलै ली उहां ओकर खेला देखावै लें। सुँइस कै आँखी केहू नाहीं देखलेस। जे देख ले एतना धनी हो जाए कि राजा इन्दर ओकरे आगे पानी भरें। ओकर चर्बी पुरान दरद, बाय, गठिया में बड़ी करारा असर करैली।'

यादव जी ने बताया–'आप जिसे सूँइस कह रहे हैं उसी को डॉल्फिन भी कहते हैं। गंगा में पाई जाती है और आँखी नहीं होती है। साँस लेने के लिए अक्सर पानी में से सतह पर आकर हवा खींचती है तो सूँ-ऽ-सूँ-ऽ-आवाज होती है। इसीलिए वैज्ञानिकों ने इसे 'ब्लाइंड गैंजीज सूँ-सूँ' नाम दिया। इसी को कुछ लोग 'गदहा-मछली' भी कहते हैं। आदमी का नुकसान नहीं करती। समुद्री 'डॉल्फिन' को नाविक अपना मित्र मानते हैं, कहते हैं कि यह भटके जलयानों को रास्ते पर लगाती है और डूबते को बचाती है।'

3

अगली सुबह हमारी डोंगी भाटा लगने की वजह से किनारे से करीबन तीस फीट बाहर कीचड़ में पड़ी दिखी। किनारे पर लगी सभी नावों और स्टीमर का भी यही हाल। सबको ज्वार लगने और नदी में पानी बढ़ने का इन्तजार करना पड़ा। बीच गहरी धारा में स्टीमरों तक पहुँचने के लिए स्टीमर वालों ने पटरे लगा दिए। दो-तीन छोटे स्टीमर तेजी से चले गए, मिट्टी खोदनेवाली मशीन के बगल का मिट्टी का पहाड़ धीरे-धीरे ऊँचा होता रहा। ज्वार लगने में अभी दो घंटे की देर थी।

जाकिर साहब ने चाय के लिए बुलावा भेजा। रास्ते की बातें चल निकलीं, चम्बल पर स्टीमर चलानेवालों का भी जिक्र आया। धीरे-धीरे ज्वार का पानी बढ़ने लगा। जब तक हम स्टीमर से लौटे लहरों ने डोंगी को छू लिया। सामान सँभाला, स्टीमरवालों से विदाई ली और लंगर खींच लिया।

अब तक जाकिर साहब ने रोटी-सब्जी बनवाकर रास्ते के लिए बँधवा दीं। जहाज को काम पर लगना था और हमें आगे चलना था। पानी काटता स्टीमर इस ड्रेजर (मिट्टी निकालनेवाली मशीन) से उस ड्रेजर तक फेरी लगाने लगा और मैं डाँड़ खींचता त्रिवेणी की ओर बढ़ लिया।

हवा बन्द थी। ज्वार अब भी लगा रहा। धीरे-धीरे आगे रेंगने लगे। डाँड़ खींचने में बड़ी कठिनाई होती। अभय ने अँगोछे से मुँह ढककर लम्बी तान ली। कई नाव

वाले हमें अचरज के साथ देखते। ज्वार के बहाव में उलटे बढ़ गए। देखते ही देखते कई मोड़ और केले की गाछों वाले कई सुन्दर गाँव निकल गए, यही लगभग दस मील का फासला निकल गया। बाँहें शिथिल पड़ने लगीं और देह चिनचिनाने लगी।

दो घंटे बाद ऊपर से एक स्टीमर आता दिखा। डोंगी किनारे कर ली। तेज रफ्तार में चला आ रहा स्टीमर रह-रहकर सायरन बजाने लगा तो अभय खिझियाए– 'ई सरवा लात खाई का? एतना निरल्ले चलि अइली। तब्बौ नाहीं मानत हौ!'

डोंगी और किनारे कर ली। लेकिन वह सीधे हमारी ही ओर बढ़ा चला आया। मैं हड़बड़ा गया। 'आखिर इनकी मंशा क्या है?' तब तक स्टीमर पर से कई लोग हाथ हिलाते दिखे। उनकी रफ्तार भी थम गई। अभय बोले–'ई त जाकिर हउअन हौ।'

ध्यान से देखा तो अचरज में पड़ा। उन्होंने स्टीमर घुमाकर डोंगी के बगल में रोक लिया। स्टीमर के घूमने से उठी लहरों पर डोंगी झूलने लगी। जाकिर साहब ने मिलते ही अभय को साथ लाए पान पेश किए। फिर साथ के एक व्यक्ति से मिलाया–'ये हैं मिस्टर बी.के. दास। सुबह इन्हें आने में देर हो गई। आप लोगों के आने, रुकने और अभियान के बारे में सुना तो बहुत अफसोस करने लगे कि मेरी मुलाकात न हो सकी। आप लोगों से मिलने और आपकी नाव देखने की इच्छा न दबा सके तो स्टीमर लेकर चले आए।'

'बड़ी प्रसन्नता हुई आपसे मिलकर। इतनी दूर से आप हमसे मिलने आए।'

मन ही मन प्रसन्न हो उठा। कोई हमसे मिलने इतनी दूर से इतनी जहमत उठाकर आया। हम उनके प्रति श्रद्धा से भर गए। उन्होंने अपनी छोटी-सी डायरी में हमें अपने हस्ताक्षर बनाने का सुअवसर दिया। अपने साथ वे कलकत्ता से प्रकाशित 'युगान्तर' अखबार की एक कटिंग लाए थे। उसमें हमारे बारे में खबर छपी थी।

एक साफ नीले कागज पर उन्होंने उसका अनुवाद भी मोती जैसी लिखावट में कर दिया था। दोनों कागज उन्होंने हमें भेंट कर दिए। अभय का मुँह दोस्ती के पान से लाल हो उठा। जाकिर साहब का मुँह भी लाल। थोड़ी ही देर में स्टीमर मुड़ा और सायरन बजाता वापस चला। केबिन की रेलिंग पर खड़े दोस्तों के हाथ हिलते रहे। बंगाली ऐसे स्नेही और भावुक होते हैं। ड्यूटी छोड़कर केवल एक बार देखने-मिलने के लिए यहाँ तक चले आए। कितने जतन से कटिंग और उसका अनुवाद लेकर आए। डाँड़ छोड़कर युगान्तर की कटिंग देखते हुए सोचने लगे–बचपन से जिन्हें सात समुन्दर तैर जानेवाले दुस्साहसी के रूप में पढ़ता-सुनता रहा। आज वे हमारे स्वागत की अप्रत्याशित अपील कर रहे हैं।

खुशी से झूमकर फिर से डाँड़े थाम लिये। एक मोड़ घूमते, दूसरा आ जाता। भाटा लग चुका था। डाँड़ चलाने में कठिनाई न हुई। उधर से ईंटें लादे बढ़ती नावों में गोन खिंच रहा था। गरमी ने ज्यादा त्रस्त किया तो अभय ने पानी में गोता लगा

लिया, लेकिन अब उनकी देह और अधिक चिटकने लगी। कभी पीठ कभी पेट खुजलाते बुरी हालत हो गई। इस पानी पर प्रदूषण का खेल चलने लगा है। थोड़े दिन में इसे पीनेवाला सीधा मुत्यु-लोक जाएगा।

त्रिवेणी के औद्योगिक क्षेत्र की चिमनियों का दिखना और रिमझिम वर्षा की शुरुआत एक साथ हुई। एक-एक चिमनी को लक्ष्य बनाकर लगातार बढ़ते गए। ठंडी-ठंडी हवा चलती और हलका-हलका पानी बरसता रहा।

कब ज्वार लगेगा कब भाटा, इसका पूरा चार्ट स्टीमर और लांच वालों के पास मौजूद रहता है। हमारे लिए जरूरी था कि समय रहते कोई ढंग का ठिकाना तलाश लें वरना ज्वार लगते ही दिक्कत हो जाती। धुआँ उगलती चिमनियों और कारखानों की बढ़ती तादाद के साथ उत्साह बढ़ने लगा, मंजिल अब दूर नहीं। बगल में एक बड़ी नाव रुकी देखकर हमने डोंगी सटा दी। नाव पर ईंटें लद रही थीं। सारे मजदूर और मल्लाह बिहार के छपरा जिले के थे।

पता चला आगे जाने से कोई फायदा नहीं। ज्वार लगने में ज्यादा देर नहीं। फिर डेरा डालने का भी कोई अच्छा ठिकाना नहीं। हमारे आने की खबर मजदूरों की मार्फत भट्ठे के मालिक तक पहुँच गई। वे वैशाली के रहनेवाले थे। खुद घाट पर आए। हमारी नाव अपने आदमियों को सौंपी और अपने डेरे पर ले गए। बात ही बात में बढ़िया दही, चीनी और चूड़ा आ गया। शाम को एक माँझी के साथ उस पार बाजार में गए। बाजार की सँकरी गलियों पर जिधर देखो आदमी ही आदमी। ज्यादातर भट्ठों- कारखानों में काम करनेवाले मजदूर और बाबू टाइप लोग। भीड़ में दम घुटने लगा। जिधर से भी निकलते निगाहें उठ जातीं। आगे बढ़ते ही किसी की फुसफुसाहट के स्वरों में किया गया सम्बोधन दिल छलनी कर देता–'हिन्दुस्तानी।'

हिन्दुस्तानी के मतलब बंगाल में गैर-बंगाली, खासतौर पर उत्तर प्रदेश या बिहार वालों से लगाया जाता है। बंगाल में गैर-बंगाली हैं भी बहुत अधिक। भट्ठों में, कारखानों में, जेट्टी पर, बाजारों में हर जगह हिन्दुस्तानियों की संख्या ज्यादा है। लेकिन कितनी दारुण दशा है, कल तक के बंगाल के ही एक हिस्से बिहार का रहनेवाला बाहरी हो गया। हमारा देश ऐसी अनगिनत भयावह सीमाओं में बँट गया है।

4

कारखानों के जंगल से होकर जहर के दरिया में बढ़ने लगे। मिलों की अन्तहीन कगारों के बीच पीने के साफ पानी के बिना हुगली में डोंगी पर चलना उससे कम नहीं। दोनों ओर के सैकड़ों कारखानों का दूषित पानी सीधे धारा में आता है और चिमनियों से निकला ढेरों धुआँ प्रलयंकारी बादलों जैसा छाया हुआ। पानी पीना तो बड़ी बात नहाने में, हाथ-पैर धोने तक में सैकड़ों संकट। छलाँगें लगा-लगाकर बच्चे सीधे बीमारियों

को न्योता देते हैं। तथाकथित अत्याधुनिक प्रगतिशील सभ्यता के दावेदारों का यह भी तो फर्ज है कि कम से कम इनके लिए पीने-नहाने के साफ पानी की व्यवस्था करें या फिर इतना आगे बढ़ते ही नहीं कि कुदरत का दिया अमृत जैसा गंगाजल भी विष बन जाए। आदमी से हवा-पानी छीनकर उसे उन्नतिशील कहा जा रहा है।

बड़ी नावें तेजी से नीचे उतरती जा रही थीं। बारह आदमियों की संयुक्त टुकड़ी के हाथ-पैर एकताल आगे-पीछे गति पा रहे थे। कुछ नावें केवल पतवार के सहारे भाटे में उतरती रहीं। कई पतवारों के निचले सिरों पर ठोड़ी पर हाथ धरे 'निपटनेवाले' निरपेक्ष भाव से जमे हुए। आवासों के अभाव में ये जाएँ तो जाएँ कहाँ? सोना नाव पर, भोजन नाव पर, मजूरी वहीं, घर-बार वहीं। गगरे के पानी में थोड़ी फिटकरी डाल ली, प्रदूषण से बचत का यही एक तरीका इन्हें मालूम है। जब सारी गृहस्थी या यों कह लीजिए सारी दुनिया नाव तक ही सीमित है तो बेचारे नहाने-निपटने ओबेराय कांटीनेंटल तो जाएँगे नहीं! हजारों ऐसे आदमी कीड़ों की तरह गन्दगी में लिजलिजा रहे हैं। ऐसे में उनकी शर्म-हया की संवेदनाएँ बची ही कहाँ रहती हैं!

गंगा किनारे के एक मित्र की याद आने लगी। बचपन में लघुशंका के लिए कभी धारा के किनारे खड़े हुए ही थे। उधर से उनके बाबा आ गए और फिर न पूछिए–'यू कुल बोरना हमरे हिंया कइसे जनम गवा। भला बताओ! गंगा मइया माँ मूतै ला-ऽ-ग। अइसा घोर कलजुग। पुरखन क्यार आतमा तरि गै होई।'

और, बेंत जितने पड़े वे बेचारे क्या गिनते!

पुरखों की आत्मा कहीं से यह सब देखती होगी तो पक्का समझिए हार्ट फेल जरूर होता होगा। हम समझते हैं बूढ़ों की सारी बातें दकियानूसी हैं, लेकिन इतना पक्का है कि बुजुर्गों के आशीर्वाद के बिना आज तक कोई पीढ़ी पनपी नहीं। जहाँ जरूरी है बदल डालिए। सब कुछ कूड़ेदान में फेंकिएगा तो काम नहीं चलनेवाला।

स्वप्निल गृहस्थी में पहला कदम रखते ही पुरबिया जवान देखते कि दुनिया में पैसे बिना सब बेकार, लुग्गा, सेन्दुर, इतर-फुलेल, झुलनिया सब पैसे से, और दुलहिया को इनके बिना चैन नहीं। एक जमाने में इधर के लोगों के लिए कलकत्ता में रोजगार पाने के अच्छे ठिकाने थे इसलिए वे सोचते कि कलकत्ता जाकर ढेरों पैसा कमाएँगे, लौटेंगे तो दुलहिया की सारी फरमाइशें पूर देंगे। उन दिनों एक गाना खूब चला–'लागा झुलनिया का झटका बलम कलकत्ता पहुँच गए।' और विरहाकुल दुलहिया गाने लगतीं–'रेलिया न बैरी, जहजवा न बैरी, बैरी इहै रुपयवा हो राम।'

किसी तरह उन्हें कलकत्ता में उनके रहने के हाल दिख जाएँ तो देखें उनके गज भर छाती वाले सजना क्यों बित्ता भर मांस थोपे लौटते हैं, चेहरे क्यों पिचककर खोड़र बन जाते हैं। मस्त गजराज की सूँड़ जैसी बाँहें कैसे डाँड़ खींचकर पथरा जाती हैं। पल्लेदारी जैसे कामों में खटते मनुहारी सजना की लिजलिजाती जिन्दगी देखेंगी

तो झुलनिया, गहना, कपड़ा सब भूल जाएँगी। और फिर, कभी नहीं लौटने देंगी ऐसी जगह जहाँ अनमोल जवानी दाँव पर लगाने के बाद दो चटक लुग्गे, कुछ रुपए, सीसा, जस्ते की मुँदरी, चाँदी के पानी वाला हार और पायल किसी तरह ला पाते हैं।

उस नरक-नदी में न घाटों का अन्त आया न कारखानों का। मोड़ घूमते जाते और दोनों हाथ बाँधे खड़ी चिमनियाँ-कारखाने दिखते। सोचते अगले मोड़ पर पुल दिखेगा, आज तो मंजिल पा ही लेंगे लेकिन दूसरा मोड़ घूमते फिर वही मनहूस कारखाने और चिमनियाँ सामने आ जातीं। कितने ही सुन्दर बँगले, आलीशान बहुमंजिली इमारतें, बजबजाते नाले, जैट्टी, और पार्क निकल गए। डनलप, डालमिया, कॉटन मिल सबकी सामर्थ्य के विज्ञापन-पट्ट दिखते रहे लेकिन हावड़ा पुल नहीं दिखा।

5

हावड़ा पुल न दिखा तो थक-हारकर लंगर डालने के दुरुस्त ठिकाने के चक्कर में दाएँ-बाएँ नजरें दौड़ाने लगे। दोनों ओर विशाल अट्टालिकाएँ और पक्के घाट, कहीं भी कोल नहीं, कटा-फटा किनारा नहीं। झड़ आ गया तो क्या होगा? इमारतों और पक्के घाटों का क्रम न टूटा तो मजबूरन एक घाट पर रुकना पड़ा। नहानेवालों से पता चला यह इलाका 'अगरपाड़ा' कहलाता है।

थोड़ी ही देर में हमारे वहाँ टिकने की खबर ऊपरी इलाकों तक पहुँच गई। छोटे-छोटे समूहों में लोग जुटने लगे। बगल में स्टीमर बनाने का छोटा कारखाना, दो करीबन तैयार लांच और एक छोटी मोटरबोट किनारे पर। कारखाने के मालिक का पूरा परिवार ही जुट गया। बड़े-बूढ़े और बच्चे हर किसी में आगन्तुकों के प्रति सहज जिज्ञासा। कैसे-कैसे आए, कहाँ से आए? इत्ती छोटी-सी नाव से? बँगला भाषा के मधुर उच्चारण, कुछ समझ आए कुछ की सींग-पूँछ न समाए।

हिन्दी न आए न सही, सवाल पूछने की तत्परता फिर भी न रुके, जवाब मिले न मिले, मैं समझूँ या बौड़म जैसा मुँह ताकूँ, वे धाराप्रवाह बोलते चले जाएँ। कुछ लोग आधा तीतर-आधा बटेर हिन्दी-बंगाली मिलाकर बोलें। जितनी उत्सुकता बच्चों, स्कूली लड़कों और मुहल्ले के बड़े-बूढ़ों में उसकी दूनी बड़ी-बूढ़ियों, महिलाओं और युवतियों में। जिज्ञासा भरी बड़ी-बड़ी सुन्दर कजरारी आँखें। बंगाली युवतियों की मछली जैसी इन्हीं लुभावनी आँखों के जादू से परदेस गए जवानों को भेड़ा, बकरा, तोता-मैना बनाकर दरवाजे पर टाँग लेने के किस्से रचे गए हैं। उन आँखों में ऐसा गजब का आकर्षण कि बार-बार उधर ही नजरें उठ जातीं।

अभय डोंगी से उतरकर शहर चले गए। उन्हें कलकत्ता के अपने मित्रों से मिल-जुलकर पता करना था कि डोंगी कहाँ रखी जा सकती है और कैसे कब वापस जाना है। मैं घाट पर अकेला रह गया। जिज्ञासु जन बढ़ते रहे। हिन्दी-अंग्रेजी में बात

कर लेनेवाले सवाल-जवाब करते और दूसरे मजबूरी में अकुलाते रहते। कुछ लोग हिन्दी वालों से बँगला में अपनी बात बताने लगे, उसने तर्जुमा किया, और इसी तरह मेरे जवाब भी उन तक पहुँचे। बातचीत के बीच ही मेरा ध्यान आसमान की ओर गया, मौसम भृकुटी तानने लगा था। सोचने लगा–लगता है झड़ आएगा।

लक्षण दिखते ही चिन्तित हो उठा। इधर देखा, उधर देखा, सुरक्षित जगह कहीं नजर न आई तो घबराने लगा—ऐसे में तो डोंगी डूब जाएगी। मेरे उठने से सबका ध्यान ऊपर गया। कई लोग एक साथ बोले—'झड़ आएगा।' कुछ सूझ न रहा था। पक्के घाटों ने दुविधा में डाल दिया। कोई रास्ता न पाकर डोंगी की रस्सियाँ ऊपर के खम्भों में बाँधने लगा। तब तक झड़ का पहला लहरा आ गया।

हुगली में चल रही नावों, मोटरबोटों व स्टीमरों में भगदड़ मच गई। लहरें उठ गईं, डोंगी बुरी तरह डगमगाने लगी। रस्से रगड़-रगड़ कर कटने लगे। केवल एक दिन का रास्ता रह जाने पर मंजिल के इतने करीब दुर्घटनाग्रस्त होने की आशंका से दिल बैठने लगा। डोंगी पानी पर पटकी खाती रही, रस्से दरकने लगे, डोंगी में पानी भरने लगा। हताश होकर सबकी ओर देखने लगा। वे भी बड़ी व्याकुलता से सब देख रहे थे। तभी, देर से चुप खड़े एक भद्र पुरुष ने लगभग आदेश सा दिया–'नाव खोलकर उधर उन अधबने स्टीमरों तक ले चलो।' डोंगी खुलते ही गहरे डाँड़ खींचकर सीधे निर्दिष्ट जगह पर जा पहुँचा। कई युवा हाथ मदद के लिए बढ़ आए। जरा सी देर में डोंगी लहरों से कई गज ऊपर धरी थी। डोंगी का सारा सामान अधबनी लांच में पहुँच गया। हुगली की जानलेवा लहरें फाहें मारती रहीं।

जगह पाते ही लांच की लम्बी आरामदायक सीट पर पसर गया। दसवीं कक्षा के छात्र रघुनाथ पाल ने डोंगी खिंचवाने और सामान उठवाने में उम्र के लिहाज से सबसे ज्यादा फुर्ती दिखलाई, एक बुजुर्ग सज्जन भी देर तक पास ही बैठे रहे। नाव और मोहल्ले वालों का स्नेह भरा व्यवहार। बात की बात में सन्देश और दूसरी स्वादिष्ट मिठाइयाँ आ गईं। लांच सभाकक्ष में बदल गई। तभी अभय ने लौटकर हँसते हुए बताया–'यहाँ तो अपनी मौत की अफवाह गरम है।'

यह सुनकर उठकर बैठ गया–'सो कैसे ?'

'दो-तीन दिन पहले के तूफान में कई आदमी मर गए। मिहिर सेन साहब ने पता लगवाया तो रिवर ट्रैफिक पुलिस ने खबर दी कि वे लोग डूब गए। नाव का पता नहीं लगता। कहिए तो लाशें निकालें।'

'आपके गार्जियन परेशान थे। उन्हें ये खबर नहीं दी गई। बेचारे नवद्वीप तक भागे गए। कुछ पता नहीं चला। बहुत चिन्तित हुए...।'

'गार्जियन ? कौन गार्जियन ? पिता जी ?' सोच में पड़ गया—'लेकिन वे यहाँ कैसे हो सकते हैं ? अभय के पापा आए होंगे ?' मैंने इत्मीनान से पूछा।

'नहीं, आपके पापा-मम्मी आए हैं।'

'हूँ! वे लोग ? तो उन्हें अपने सही-सलामत होने की खबर कर दी ?'

'अभी नहीं। अब बताने जा रहे हैं। तुम्हें खबर करने आए थे।'

6

टेलीफोन से हमारे सुरक्षित होने के सुखद समाचारों से अभिभावकों और सेन साहब की दु:शंकाएँ दूर हो गईं। दुविधा में पड़े पत्रकार आश्वस्त हुए। जिन्हें अब तक काल के गाल में समाया समझा जा रहा था वे तो कलकत्ता के ही एक मुहल्ले में बंग-बन्धुओं के बीच मौज मनाते मिले। अभय और उनके साथी लौट गए। पीछे छोड़ गए आश्चर्य भरे नए सवाल–'मिहिर सेन को कैसे जानता तुम्हारा बाबू बहोत बड़ा आदमी है– ? हमरा लरका लोग को नौकरी लगवा देगा...'

लाख समझाने पर भी कोई मानने को तैयार नहीं। जितनी सफाई दूँ उतना ही उलझता जाऊँ। वे समझते बहका रहा हूँ।

अब तक लांच बनानेवाले मेजबान बन गए। बातों के बीच ही पूड़ी-सब्जी आ गई। मुहल्ले के बच्चे हटने का नाम ही न लेते। रात में देर तक उन्मुक्त मन पक्षी दूर-दूर तक उड़ता रहा–

कल आखिरी बार डोंगी चलेगी...हावड़ा पुल मिलेगा...उसके नीचे से गुजरना...राय साहब...श्याम...ट्रक...ओए तू गड्डी रोक...डहेलिया की माला...चम्बल का किनारा...ओए चौधरी...हमारी मौत की खबर, तैरती लाशें, डूबी नाव...जे तो साधु हैं साधु...घोघा की तूफानी रात...फरक्का–

7

मेरे जगने से पहले ही प्रेमी मेजबान मय चाय-पानी के हाजिर मिले। रघुनाथ कह रहा था–ज्वार लगने पर नाव अपने आप पानी में आ जाएगी। उठाकर धारा में नहीं डालनी पड़ेगी। घाट पर नहानेवालों का रेला। पानी धीरे-धीरे बढ़ने लगा। वे लोग मुझे घर ले गए। पूड़ी, तरकारी, मिठाई, आम की प्लेटें लग गईं। इतना सब सामने देख कुछ खाया न गया। वैसे भी तबीयत कुछ ठीक न थी, पेट और सिर में दर्द, और जोड़ बुरी तरह ऐंठते। लेकिन वे 'थोड़ा और, थोड़ा और' का आग्रह करते।

ज्वार थमने पर डोंगी के निकट पहुँचे। मोहल्ले वाले उमड़ पड़े। मेजबानों का पूरा परिवार ही घाट पर मिला। सुघड़ गृहिणियों के हाथ में रोली-चावल के थाल। अपने पारिवारिक सदस्यों की विदाई के अनुरूप उन्होंने हमारे माथों पर तिलक

लगाया, अक्षत छिड़का। समस्त भद्रजनों ने अनेकानेक शुभ कामनाएँ व्यक्त कीं। कुछ ने वादा किया, आगे 'बाबूघाट' पर मिलेंगे।

धारा में आकर डोंगी ने भाटे के साथ गति धर ली। सामने अनेक स्नेहिल हाथ हिलते रहे। बड़ी-बड़ी नावों पर भारी-भरकम डाँड़ सँभाले, छह एक ओर और छह दूसरी ओर, पूरे बारह आदमियों की टोलियाँ खेने में जुटी दिखीं। एक साथ छह आदमी आगे जाते, छह पीछे, जैसे किसी नृत्य-मंडली के सधे नर्तक नौका-नृत्य कर रहे हों।

लम्बे-लम्बे तारपीडो लिये स्टीमर नदी पार करते रहे। उनके आने-जाने से धारा पर लहरें ही लहरें उठ जातीं। कई मोटर-लांचें तेजी से धार चीरती दिखतीं। दोनों ओर माल उतारने-चढ़ाने के लिए बनी जेट्टियों की कतार पर अनगिनत आदमी काम पर लगे नजर आते। नावों, लांचों और स्टीमरों के बीच से किसी तरह तीव्रगामी डोंगी सँभालते काटते-बचते बढ़ते रहे। जलमार्ग मोटर-मार्गों से कम व्यस्त न था।

मंजिल के निकट पहुँचकर सोचने लगा—इस अभियान में जैसा सोचा था तकरीबन वैसा नहीं हुआ। कहाँ तो बनारस से डोंगी खरीदने की योजना और खरीदी कानपुर से। चलनेवाले थे टोली बनाकर, अकेले ही सिर मारने निकले, जिनके साथ चलना चाहा वे अटक गए, जिनसे इस विषय में बात भी न थी वे साथी बने। नहर और चम्बल में चलने की कोई योजना न थी लेकिन चलना पड़ा। परिस्थितियाँ ही रास्ता दिखाती रहीं। सोचा था—दो-तीन लोग बारी-बारी एक-एक घंटा नाव चलाएँगे, लेकिन बनारस तक अकेले डाँड़ खींचने के बाद आकस्मिक निर्णय लिया क्यों न आखिर तक अकेले ही आजमाया जाए, और आखिर डोंगी मंजिल तक पहुँच भी गई।

जितनी जरूरी है अभियान पर निकलने से पहले की तैयारी, उतनी ही जरूरी है तैयारियों के चक्कर में ज्यादा पड़े बिना एक बार निकल पड़ना। फिर तो रास्ता बनता ही जाता है। अधिक आगा-पीछा सोचकर चलना चाहते तब तो ऐसे अभियान पर निकलने की कल्पना भी मेरे बस की न होती।

अभय यहाँ भी शरारत से बाज न आए। किलवारी पर बैठकर निपटते मल्लाह को डरवाया—'देखा-देखा ओहर से नइया पै एक ठे साँप चढ़त हौ।' वो बेचारा चौंककर उधर घूमा और पानी में गिरता-गिरता बचा। बगल-बगल चल रही बड़ी नाव के बूढ़े मुछैल मल्लाह से प्यार से बोले–'ऐ बब्बा!'

उसने भी प्यार से कहा–'बोला बचवा!'

अभय ने फिर पुकारा–'ऐ बब्बा!'

बूढ़ा मुस्कुराकर बोला–'कहत जा बचवा!'

'तोर मोछा कबार लेब।'

'काहे नाहीं बचवा! एही बदे तो पाल-पोस के एतना बड़ा कइली।'

बूढ़े ने हँसकर किलवारी का हत्था थोड़ा-सा घुमाया। नाव ने दिशा बदली।

अभय हँसकर बोले–'बुढ़वा चगढ़[1] लागत बा हो!'

हुगली नदी पर जरूरत के हिसाब से पुल कम हैं और आरपार आने-जानेवालों की संख्या बहुत अधिक, इसलिए लोग घाटों पर फेरी लगाती मोटरबोट से आते-जाते हैं। छोटे जलयान भी हुगली के रास्ते शहर तक चले आते हैं और आयात-निर्यात की सामग्री ले जानेवाले स्टीमर बड़ी संख्या में चलते हैं। ज्वार या भाटा लगने पर ऊपर या नीचे जाने के लिए माल-लदी तैयार खड़ी बारह माँझियों वाली बड़ी-बड़ी नावें अपने ठिकानों की ओर निकल पड़ती हैं। ऐसे में ज्वार या भाटे के समय हुगली में सड़कों की व्यस्त ट्रैफिक की तरह विविध आकार-प्रकार की छोटी-बड़ी, धीमी और तीव्रगामी नावों-स्टीमरों की दौड़ से हलचल मची रहती है।

हावड़ा का विशाल लौह-सेतु सामने देख रोमांचित हो उठा। कलेंडर और सिनेमा में बहुत बार देखे इस पुल को पहली बार अपनी आँखों देखा। 'अमर प्रेम' सिनेमा के हुगली पर फिल्माए दृश्य और गीत 'मा-ऽ-झी ज-ऽ-ब नाव डुबाए-ऽ-ऽ' देख-सुनकर कभी ख्वाहिश की थी–'काश! यहाँ नाव चलाने का मौका पा सकता! और संयोग कुछ ऐसा कि पहली बार कलकत्ता आया, पहली-पहली बार हावड़ा पुल देखा और वह भी नाव से ही। ऐसे कितने होंगे जो किसी अनदेखे शहर में अपनी मनभावनी रीति से इस तरह प्रवेश कर सकें!

अनोखे पुल के लौह-आवर्त मानो बाँहें फैलाए कलकत्ता में हमारा स्वागत कर रहे हों। ख्वाहिश से कहीं ज्यादा पाकर छलछलाया मन लक्ष्य-प्राप्ति की अपूर्व सन्तुष्टि से तरंगित हो उठा। भर आँख पुल पर नजर गड़ाए रहा। तभी तेजी से उतर रही डोंगी एक बड़ी नाव से टकराई एवं मोटर लांच बगल से तेज रफ्तार निकल गई। अचकचाकर होश में आया। तनिक सी असावधानी में मुँह तक आया सफलता का प्याला छिन जाता। अभय कुनमुनाए–'का गुरू! ऐसनै चली नइया-ऽ-। तोके तो नाहीं, हम्मैं ए-ऽ दुनिया में बहुत कुछ देखै के हौ। अबहियन बियाहौ नाहीं भइल सरवा कि केहू टेसुवै चुआवै वाला मिलि सकै।'

हुगली के सूने तट पर कभी तीन गाँव बसे थे–सुतान्ता, गोविन्दपुर और कालीकाता। 1609 में एक अंग्रेज व्यापारी जॉब कारलॉक ने मुगल बादशाह से बन्दरगाह बनाने के लिए ये गाँव किराए पर लिये। यहाँ एक किला बनवाया जिसे 'फोर्ट विलियम' नाम मिला। देखते ही देखते छोटे गाँवों की जगह आलीशान इमारतें बनने लगीं। हरे-भरे गाछों के जंगल काटे गए, मकानों-सड़कों ने उनकी जगह ले ली। गाँव नगर में और नगर महानगर के रूप में उभर आया, जिसे कालीकाता गाँव के नाम पर अंग्रेजों ने 'कैलकटा' कहा। हम भइया लोग उसे 'कलकत्ता' कहते हैं। अंग्रेजों के लिए इसका जो महत्त्व है सो तो है ही, हमारा पवित्र बेलूर मठ भी यहीं है।

---

1. मजबूत, रोबदार

यहाँ की दुर्गा पूजा में ढोल व मृदंग की थाप पर महिषासुरमर्दिनी दुर्गा भवानी की प्रतिमाओं के सम्मुख सुगन्धित धूम्रपात्र लेकर तन्मय होकर नाचते नर्तकों की भंगिमाओं से सारे भारत में कौन नहीं परिचित है! फुटबॉल के प्रेमियों और उनके झगड़ों की शोहरत भी सारे जहाँ में उजागर है। और कुछ नहीं तो हावड़ा पुल के चर्चे तो सबने सुने ही हैं। अखबारों के जरिए यहाँ के उद्योगों, गोदी कर्मचारियों की हड़ताल, नक्सलवाद, हर साल आनेवाले भीषण समुद्री चक्रवातों की विनाश-लीला, राजनीतिक चेतना और...के बारे में भी कम-ज्यादा जानते ही हैं।

पुल पर जबरदस्त आमदरफ्त नजर आई। ट्रैफिक जाम था। कुछ लोग झाँक झाँककर हमारी ओर देखने लगे। सबसे ज्यादा अचरज में थे बड़ी नावों के बारह-माँझी दस्ते, स्टीमर व मोटरबोट वाले, सोचते होंगे—'यह पिद्दी नाव हमारे बीच कहाँ से आ पहुँची!

पुल के पार ऊँची और भव्य इमारत का सुन्दर गुम्बद और बहुमंजिली आलीशान इमारतों की पृष्ठभूमि के साथ जेट्टियों पर तमाम नावें, मोटरबोट, स्टीमर और कारगो व कुछ बड़े जलयान खड़े नजर आए। हुगली का पानी बेतहाशा उतरता रहा।

8

एक बड़ी लांच पर सरगरमी देखकर उधर ध्यान गया। कुछ लोग दूरबीन घुमा-घुमाकर कुछ तलाशने में लगे थे। नजदीक आने पर उनकी पहचान उभरने लगी—'गुरू! ये तो पिता जी और माँ लग रहे हैं!'

मन प्रसन्नता और उत्साह से भर उठा। अभय भी उधर ही देखने लगे।

लांच नजदीक आने पर भाटे में तेजी से उतर रहे पानी के साथ उसी तेजी से बह रही डोंगी का रस्सा लांच पर खड़े स्वजनों की ओर उछाल दिया, उन्होंने उसे रेलिंग से कस दिया। उनके हाथों के सहारे हम लोग लपक-लपककर ऊपर चढ़ गए। अभी पिता और माँ के पैरों की चरण-रज ही ली थी कि—'बड़े नालायक हो तुम लोग! बहुत गैर-जिम्मेदार हो। तुम लोगों को किसी की परवाह नहीं रहती।...तबाह करके रख दिया... ।'

पिता जी के क्रोध के बादल अप्रत्याशित 'झड़' जैसे फट पड़े। हमारी प्रसन्नता की डोंगियाँ तितर-बितर हो गईं। एकबारगी कुछ समझ ही न पाए कि ऐसा आशीर्वाद क्यों बरस रहा है। उनके चेहरे पर झंझावात उतर पड़ा—'जगह-जगह, जेट्टी, थानों में अपने गुजरने की खबर देते हुए चलना था। लेकिन तुम बेवकूफों को इतना भी न सूझा। सब के सब नालायक निकल गए।'

हमें मालूम न था कि वहाँ पिता जी हमारे स्वागत में आने वाले हैं। मालूम होता तो बीस दिन पहले से ही खर्च के खाते में लाल निशान लगाकर पेट काटते हुए पैसे बचाने

की बेवकूफी क्यों करते ? हम तो परेशान हुए जा रहे थे कि कलकत्ता में डोंगी कहाँ रखेंगे, रुकेंगे कहाँ और फिर कैसे ट्रेन से चलेंगे ? माता–पिता के स्वागत में आने की तो स्वप्न में भी आशा न थी। तमतमाए पिता जी बरसते रहे–'इन लोगों की अकल मारी गई है... ।'

नवद्वीप, शान्तिपुर और जाने कहाँ–कहाँ हमारी तलाश में भाग–दौड़कर घोर आशंका में डूबने–उतराने के बाद उनका इतना सा क्रोध तो स्वाभाविक ही था। और वह भी हमें सुरक्षित पाने की व्याकुलता से उपजा था। सही–सलामत देखकर एकाएक अन्दर दबी चिन्ता की आग धधक उठी, फिर धीरे–धीरे सहजता लौट आई। कोकाकोला, लड्डू, दूसरी तमाम स्वादिष्ट भोज्य–सामग्री का ढेर लग गया।

सबसे पहले हमसे मिलनेवाले स्टेट्समैन के पत्रकार सुधीर भाई अपने ही विश्वविद्यालय छात्र यूनियन के पूर्व महासचिव निकले। सुखद वार्तालापों में रम गए, फिर उन्होंने तरह–तरह के सवाल पूछने शुरू किए।

थोड़ी ही देर में चारों ओर से पत्रकारों को लेकर आई लांचों का घेरा पड़ गया। अभय अपने ही अन्दाज में जवाब देने लगे–'देखा भा–ऽ–य। हम तो कटहर–परवल कै चोरी वाला खिस्सा सुनाइब।'

एक पत्रकार मानव–खोपड़ी में रुचि लेने लगे–'मूड़ी काहे को रखा ?'

अभय मेरी ओर घूमे–'का हो गुरू! बताय देई काहे रखले हई!'

'जो मन करे सुनाओ भाई। मेरे कहे तुम कहाँ रुकने ही वाले हो।'

पत्रकारों को उनकी बातों में रस मिलने लगा। पिता जी ने मीठी झिड़की दी–'अभ–ऽ–य वा बड़ा पा–ऽ–जी है। देखो कैसा उड़ाए है!'

'आउट्रम घाट' पर डोंगी लगाने के निर्देश मिले। धूप चटकने लगी थी। हवा का कहीं पता नहीं, चिनचिनाहट के मारे बुरा हाल। माथे का पसीना आँख–मुँह में घुस गया। टेलीविजन का मूवी कैमरा देख मच्छी वालों ने समझा किसी फिल्म की शूटिंग चल रही है। वे धीरे–धीरे नाव लेकर निकट आने लगे। लांच पर सवार सफेद वर्दी वालों ने धमकाया तो सँभलते–सँभलते भी घबराहट में बेचारे तेज उतरते भाटे के प्रवाह में नीचे बह गए।

एक के बाद एक कल्पनातीत सुखद आश्चर्य घेरते चले। ऐसा अभूतपूर्व भाव–भीना स्वागत। कुछ समय पहले तक हमें तनिक भी न लगा था कि हमने कुछ ऐसा किया है जिसके लिए इतने पत्रकारों के बीच उत्सुकता के केन्द्र बनेंगे या इतने भावुक बंगाली हमारे स्वागत के लिए टूट पड़ेंगे।

घाट उतरते ही सेन साहब ने गले लगा लिया। बचपन से ही जेहन में समाए ऐसी लोकप्रिय शख्सियत से मिलने की खुशी बयान नहीं की जा सकती। उनके मिलने की तरंग देर तक स्पन्दित किए रही। मेजर जनरल रिखी व श्रीमती रिखी ने फूलों के गुलदस्ते भेंट किए। कुछ ही क्षणों में कलकत्ता ने हमें अपने आप में समेट लिया।

9

दिल्ली से चलकर 22 मई को कलकत्ता के इस मुकाम पर उतरने तक पूरे-पूरे 62 दिन लगे। बंगाल में मिला प्यार और स्नेह भरा स्वागत यादों के बगीचे में आजीवन रातरानी-सा महकता रहेगा। बाढ़-सी उफनती भीड़ में कोई युवक रोक लेता, कैंटीन, रेस्टोरेंट-होटलों में लोग कुर्सियाँ छोड़-छोड़कर घेर लेते, प्रशंसा भरी आँखें पल भर में निकटता ला देतीं, स्मित अधरों से सुकोमल फूलों से बोल झरते–

'ओए दादा! तुम्हीं हो जो दिल्ली से यहाँ तक डोंगी लेकर आया।

कैसे कैसे आया?

बहुत हिम्मत का काम किया!

डर नहीं लगा!

यमुना से होकर आया!'

चलने लगते तो बिल का भुगतान करने से रोका जाता–'इनका पैसा हम देंगे, ये हमारा मेहमान है। इनसे पैसा नहीं लेगा।'

दूसरे दिन कलकत्ता के अखबारों के पहले पन्ने पर मुख्य समाचार के रूप में अपने अभियान का सचित्र विवरण देख प्रसन्नता से तरबतर हो गए। उससे भी कई गुना अधिक गहरी सन्तुष्टि यह देखकर मिली कि साहित्य, राजनीति, कला व खेल की महत्त्वपूर्ण उपलब्धियों को समान महत्त्व देने की भावना, सूझबूझ, क्षमता और साहस भी कम से कम बंगाल के भावुक पत्रकारों में व्यावहारिक धरातल पर जीवित है वरना पहले पन्ने ज्यादातर राजनीतिक और आपराधिक घटनाओं के लिए आरक्षित रहते हैं।

शाम ढले टहलते हुए हुगली-तट पर जा खड़े हुए। पानी पर पड़ती जगमगाती इमारतों की हिलती-डुलती छाया और हावड़ा पुल से गुजरते वाहनों की रोशनी देखता चुपचाप खड़ा रहा। एक सपना पूरा हुआ। बंगाल, जहाँ की धरती से वीर सुभाष, जतीन दा, मास्टर सूर्यसेन दा, रामकृष्ण परमहंस, स्वामी विवेकानन्द, रवीन्द्रनाथ ठाकुर और साहित्य शिरोमणि शरच्चन्द्र जैसी महान हस्तियाँ जुड़ी हैं, उसी धरती पर उनके वंशजों से अपरिमित नेह पाकर खड़े होने के गहरे अहसास से पुलकित, बारम्बार रोमांचित, परमानन्द के ज्वार जैसा चढ़ता देर तक हुगली का जल-तल निहारता रहा।

□□□

नाव यात्रा
दिल्ली से कलकत्ता

Two Men In A Boat Reach Calcutta

দোতলা ট্রেন

শ্রীনগর, (সমাচার) ২২শে মে :— আগামী বছর থেকে দেশে দোতলা ট্রেন চালু হবে। আজ এখানে রেল দপ্তরের রাষ্ট্রমন্ত্রী মহম্মদ শাফি কুরেশী একথা বলেন।

তিনি জানান, এশিয়ায় দোতলা ট্রেন এই প্রথম। প্রথমে চলবে স্বল্প দূরত্বে। দোতলা ট্রেনের প্রোটো টাইপ এখন পরীক্ষার ভিত্তিতে চলছে।